WANDLER
VERLAG

JACK CADY

DES DUNKELS WEGEN

UND ANDERE NOVELLEN

Deutsch von

Horst Pukallus
Cecilia Palinkas
und
Walter Ahlers

WANDLER
VERLAG

Wandler 03

Covers by shutterstock

Übersetzung:
Horst Pukallus
Cecilia Palinkas
Walter Ahlers

Lektorat: Michael Schmitt
Korrektur: Lars Dangel & Eric Hantsch
Satz/Layout: Eric Hantsch, Neustadt in Sachsen
Druck: TZ Verlag & Print GmbH, Roßdorf

Wandler Verlag
18442 Wendorf
www.wandler-verlag.com

ISBN: 978-3-948825-10-2

Inhalt

Die Nacht, als wir Pistenhengst begruben
- Seite 9 -

Kilroy war hier
- Seite 97 -

Des Dunkels wegen
- Seite 177 -

Anmerkung des Herausgebers

Alle drei in diesem Band versammelten Novellen liegen hier in ihrer ursprünglichen Fassung vor; so, wie sie ihre jeweiligen Übersetzerinnen und Übersetzer zur damaligen Zeit anfertigten.

Diese Neuausgabe soll allen an Jack Cadys Werk Interessierten die Möglichkeit bieten, seine auf Deutsch erschienenen Erzählungen, die allesamt vergriffen sind, in einem Buch zu genießen.

Ich danke Walter Ahlers und Elisabeth von der Goltz, Cecilia Palinkas und Horst Pukallus für die großzügige Abdruckgenehmigung ihrer Übersetzungen.

Desweiteren Ronald M. Hahn für wertvolle Ratschläge und Hilfe.

Und zuletzt, Jacks Ehefrau, Carol Orlock, für ihre Tatkraft und Begeisterung.

Michael Schmitt

Die Nacht, als wir Pistenhengst begruben

(The night we buried Road Dog/1993)

Erstmalig erschienen in »Ansleys Dämonen«
Heyne SF & F, 1995
übersetzt von Horst Pukallus
ed. von Roland M. Hahn

1.

Bruder Jesse begrub seinen 1947er Hudson 1961, und die Straßen wurden um ein Auto einsamer. Die Autobahn 2 im nördlichen Montana, wo die Schlitten aus den Reservaten vorüberrauschten, dröhnte noch von Motoren; sie erstreckte sich wie ein Tunnel aus Finsternis vor den Scheinwerfern großer Brummis. Lastzüge rumpelten dahin, und ständig tönte das harte Rumsen des Herunterschaltens übers Wiesenland, wenn Laster an den Bars vorbeirappelten, die an jeder Kreuzung standen. Zur Kennzeichnung aller Schauplätze schwerer Verkehrsunfälle mit Todesfolge hatte die Landesregierung Metallkreuze errichtet. Rings um die Lokale sprossen die Metallkreuze wie Dickicht.

Der Hudson hieß Miss Molly, 350 000 km hatte er auf dem Tacho, ohne dass je die Kupplung heiß gelaufen wäre. Mit den Jahren gewann er das respektabel-stattliche Äußere, das alte Maschinen annehmen. Er fuhr schneidig wie ein Polyp, hatte auf einer Seite einen Sprung im Fenster und in einigen Dellen Spachtelmasse kleben. Er hatte das robuste, kraftvolle Aussehen eines Jagdhunds beim Weidwerk. Damals war ich noch erheblich jünger, aber nicht so jung, dass ich keine Furcht gekannt hätte. Das Begräbnis hatte irgendwie etwas mit Mysterien zu schaffen, und Bruder Jesse setzte die Beerdigung um Mitternacht an.

Dank Dusel oder Vorsehung war Bruder Jesse in den Besitz

von achtzig Morgen unkultivierten Landes gelangt, mit dem sich kaum etwas anfangen ließ. Für Viehzucht war es zu klein, und anpflanzen ließ sich darauf nichts, so dass man dort höchstens diesen oder jenen Quatsch treiben konnte. Jesse stellte auf dem Gelände einen alten Wohnanhänger ab, stapelte rund um ihn, wenn in Montana Winter herrschte, Strohballen auf, um für Wärme zu sorgen, und füllte gerade so viel in den Wassertank, wie er brauchte. Als sein Hudson verreckte, war er endlich bereit, an eine Neuanschaffung zu denken.

»Jed«, sagte er am Abend vor dem Begräbnis zu mir, »ich schreibe trotz dieser beschissenen Demokratenregierung nun ’n bisschen Geschichte.« Neben dem Wohnwagen parkte der Hudson, als stünde er in den Startlöchern, um an einem Straßenrennen teilzunehmen, aber die arme Karre hatte den Geist aufgegeben. Zwischen Frühlingsgewölk leuchtete Mondschein herab, und im Westen schimmerten Schnee und Mond auf den Berggipfeln. Ein Todesfahrer stockte seine liederliche, alte Ford-Benzinkutsche versehentlich im zweiten Gang über die A2. Man konnte hören, wie die Ventile flatterten.

»Irgend so ’n kleines Liebchen muss dem Jung auf die Eier gegangen sein«, lautete Jesses Kommentar über den Fahrer. »Das wird’s wohl sein, warum er im Graben landen will.«

Jesse gab ein Aufstöhnen von sich; seine Stimme klang traurig. »Wenigstens isses ’ne angenehme Nacht. Ein Begräbnis im Winter wär für mich zu viel gewesen.«

»Ist das Pistenhengst?« Ich meinte den Fahrer des Ford, ein Beweis dafür, wie jung ich damals noch gewesen bin.

»Das is nich Pistenhengst«, erwiderte mir Jesse. »Pistenhengst is ’n richtiger Überlebenskünstler.«

Man wusste nie, woher Bruder Jesse seinen Kram bezog, und ob es sich bei ihm wirklich um jemandes Bruder handelte, wusste auch niemand. »Ich stamme aus ’ner so stabilen Familie wie du«, antwortete er auf das einzige Mal, als ich ihn danach fragte, und diese Auskunft hatte für mich keinen Sinn ergeben. Mein Vater starb, als ich erst zwölf Jahre zählte, und als ich siebzehn wurde, wiederverheiratete sich meine Mutter. Sie packte ihren Krempel und zog nach Wisconsin.

Kein Mensch wusste übrigens, wie Jesse ins Gebiet von Montana gekommen war, oder wann. Eines Tages guckten wir hin, und da war er, sozusagen ganz natürlich, als wäre er immer zugegen gewesen, einfach da, und vielleicht hatten wir ihn tatsächlich seit jeher um uns gehabt. Allmählich verteilte er Besitztümer auf seinen achtzig Morgen Land. Veraltete Druckerpressen gesellten sich zueinander und hielten Maulaffen feil wie Kaffeekränzchen-Tanten beim Klatsch. Ein sonstwo organisiertes, zweckentfremdetes Treibhaus diente als Lager für Hundefutter, Motorteile, verchromte Haartrockner aus den Schönheitssalons der 30er Jahre, Pennymarkt-Keramikwaren, Klingen für Haarschneidegeräte, Garbenbindeschnur, eine alte Quersäge mit Benzinmotor, Sitze aus einem Schulbus sowie einen Haufen übrigen, nicht einmal im entferntesten so nützlichen Krimskrams.

Ein paar gefleckte Katzen wohnten im Treibhaus, doch die Großkatze blieb stets draußen: ein alter D6-Big-Cat-Bulldozer mit Schaufel, den Jesse lediglich von Zeit zu Zeit benutzte. Meistens stand er nur herum. Im Sommer bot er Jesses Hunden Schatten: Stoffel, einem braunen, nicht allzu schlauen Fettsack, und Chip, einem kleinen Wuschel. Gelegentlich fuhren sie mit Jesse weg, manchmal blieben sie daheim. Entweder fütterte ich sie, oder Mike Tarbush erledigte es. Sobald irgendetwas Außergewöhnliches geschah, durfte man sich darauf verlassen, dass die zwei Hunde einem vor die Füße liefen. Außer mir gaben sie die einzigen Teilnehmer der Bestattung ab.

»Wir müssen's hinter uns bringen«, sagte Jesse kummervoll. »Wat mutt, dat mutt.«

Er warf Big Cat an, schaltete die Lampen ein, steuerte ihn zur Grabstätte; die Hanglage mit Ausblick auf die A2 hatte. Derzeit glänzte Jesses schwarzes Haar noch, und im Dunkeln wirkte es um so schwarzer. Es hing locker um ein Gesicht mit indianischer Stirn und schottischer Nase. Einen Großteil seiner nahezu zwei Meter bedeckte Jeansstoff, und als schlaksig konnte er nicht gelten; vielmehr war er dürr. Er hatte Füße, die zu seiner Körpergröße passten, und man hätte meinen können, die Hände seien noch größer als die Füße; trotzdem verfügte dieser Mann über die Fähigkeit, einen Big-Cat-Bulldozer mit äußerster Feinfühligkeit zu bedienen. Ich stand im Mondschein und schaute ihm bei der Arbeit zu. Dem Auspuffrohr des Bulldozers entstob ein schwaches Flämmchen.

Vor dem Hintergrund der fernen Berge durchzuckte sie die Dunkelheit. Glutheiß fauchte sie heraus ins kühle Mondlicht des Frühlings. Ziemlich rasch schachtete Jesse die groben Umrisse des Grabs aus, bewegte eine Menge Erde, dann machte er sich an die Feinheiten. Wiederholt gestaltete er die anfängliche Mulde um. Er trennte an einer Seite noch ein wenig mehr Erdreich ab, setzte den Bulldozer zurück, bewertete die Abschürfung als unbefriedigend. Zusätzlich schabte er kaum einen knappen Löffel voll Erde fort, um die Seite der Grube zu begradigen, befasste sich anschließend mit der Einfahrt ins Grab. Man sah, dass er eine leichte Steigung anlegen wollte, damit die Vorderfront des Hudson – als schnupperte seine Nase Benzindunst – in die Richtung der Straße wies. Stoffel, der alte Köter, hatte zwar für Hunde typische Schlappohren, aber keinen sonderlich guten Hundeverstand. Er heulte den Mond an.

Ich merkte, dass ich Angst hatte. Dabei fiel mir auf, eigentlich hatte ich sowieso die meiste Zeit hindurch Angst. Ich war neunzehn, und die Menschen redeten von Krieg in Übersee. Davon mochte ich überhaupt nichts hören. Außer dem Geschwätz über den Krieg trieben Frauen mich in den Wahnsinn; die von ihnen, die nein sagten, genauso wie jene, die ja sagten. Es artete geradezu zum Rätselraten aus, sich zumindest darüber klar zu werden, was von beidem schlimmer war.

Mit neunzehn verursacht es Probleme, immer genau zu wissen, wie man sich benehmen muss. Volle Wochen verstrichen, in denen ich mich wie ein gewöhnlicher Lümmel verhielt, aber dann ging irgendetwas schief. Gewissensbisse plagten mich, und ich legte mit einem Betragen los, als wäre ich Missionar.

»Jed«, rief Jesse mir vom Fahrersitz des Bulldozers herab zu, »du hängst jetzt 'n Abschleppseil an Miss Molly.«

Im Scheinwerferlicht ähnelte das Grab einer in den niedrigen Abhang eingebauten Garage. Bruder Jesse lenkte Big Cat noch einmal hinein, um die Einfahrt seinen Vorstellungen entsprechend anzugleichen. Langsam näherte ich mich dem Hudson, zwängte mich darunter und befestigte das Abschleppseil am Fahrgestell. Stoffel jaulte, Chip vollführte einen Aufstand wie ein tollwütiger Handfeger, mußte unbedingt an meinem Stiefel herumknabbern, als hätte er vor, mich unter dem Hudson hervorzuziehen. Ich lag auf dem Rücken und versuchte, Chip mit Tritten abzuschütteln und gleichzeitig das Abschleppseil festzumachen. Vor Grauen wäre ich fast gestorben, dermaßen gruselig war alles.

Nichts auf der Welt gleicht im Klang auch nur im geringsten der Zündung eines Hudson. Ihr Geräusch besteht aus der Mischung eines Winselns, Krachens und Aufbrummens. Selbst wenn ich seit tausend Jahren tot wäre, mit einer Hudson-Zündung könnte man mich jederzeit senkrecht aus der Gruft schrecken. Ihre Töne haben etwas Bedrohliches an sich. Und es schwingt darin die verhaltene Drohung mit, dass unversehens alles sehr schnell gehen, sehr rauh werden kann.

Die Zündung ging an. Der Hudson wackelte. Während der einen Halbsekunde, die ich brauchte, um unter dem Wagen wegzuhuschen, schoss mir alles Schlechte durch den Kopf, das ich im Leben je verbrochen hatte.

Ich war mir sicher, unmittelbar vor der Höllenfahrt zu sein. Als ich auf den Beinen stand, sah man mir keinen Tropfen Blut mehr an. Wenn die Alten weiß wie ein Laken sagen, meinen sie jemanden, der unter einem Hudson gelegen hat. Bruder Jesse kletterte von Big Cat herunter und rüttelte ein paarmal an mir.

»Sie ist gar nicht tot«, stotterte ich. »Der Motor hat sich gerührt. Miss Molly träumt noch vom Geschwindigkeitsrausch.« Von der A2 erscholl das Röhren von Mike Tarbushs 48er Roadmaster. Mike liebte und hätschelte das Auto. Bei um die hundertdreißig Sachen hatte es immer seine Bestform.

»In der Batterie ist noch 'n bißchen Saft«, meinte Jesse, über den Hudson gebeugt. »Wahrscheinlich hast du 'nen Kurzen ausgelöst.« Er wickelte das Abschleppseil um den Haken des Bulldozers. »Hock dich ans Steuer«, sagte er.

Trotz Jesses Äußerung fühlte das Lenkrad sich lebendig an. Ich kauerte hinter der Lenkung, während der Bulldozer den Hudson zur Grabstätte zerrte. Zweimal griffen die Bremsen, doch das Abschleppseil hielt. Das Gestopptwerden durch die Bremsen hatte beim Hudson einen Seitendrall zur Folge. Jedesmal schimpfte Jesse. Im kalten Frühjahrsmondschein erinnerte das schattendunkle Grab an eine mit nichts als Finsternis erfüllte Höhle.

Der Hudson beanspruchte seine Zeit. Wir rückten ihn vor der Einfahrt zurecht und mit dem Heck voran ins Grab. Beiderseits des Kühlergrill-Zähnefletschens wölbten sich die rundlichen Vorderkotflügel. Als einziges an dem ganzen Wagen zeichnete nur die vordere Stoßstange sich noch durch Sauberkeit und Unversehrtheit aus. Ich hätte schwören können, dass Miss Molly sich im Dunkel der Grabstätte regte, Anstalten machte, zur A2 zu sausen. Dann schien es, als fällte sie eine Art von Entscheidung, legte sie sich gewissermaßen zur Ruhe.

Jesse hielt die Grabrede.

»Dieses Auto hat sich allzeit wirklich taff bewährt«, leitete er den Nachruf ein. »Ich habe bestimmt eine Million miserable Mühlen gesehen, aber diese Schleuder gehört nicht dazu. Sie hatte ein zweites Getriebe, so was wie Hydramatic, und man konnte hundert fahren, bevor man in 'n Dritten wechseln musste. Sie kannte keine Schallgrenze, oder jedenfalls hatte ich nie den Mumm, sie auszutesten. Dieser Wagen bretterte hundertsechzig bei Nacht und Nebel, und in schönen Nächten wer weiß wie viel.«

Das Schnurren von Matt Simons 56er Dodge drang von der A2 herüber, er hatte fünf Gänge mit automatischer Gangschaltung, und Matt fuhr volles Rohr. Stoffel quetschte ein langgedehntes Klagegeheul hervor. Chip stieß ein Gewinsel aus. Jesse kratzte sich am Kopf, suchte nach passablen Worten, um die Trauerrede zu beenden. Sie überkamen ihn wie eine Erleuchtung.

»Beweisen kann ich's nicht«, sagte er. »Keiner kann's nämlich beweisen. Aber ich behaupte, dass dieses Auto Pistenhengst mindestens hundertmal überholt hat.« Er vollzog eine Bewegung, als wollte er sich bekreuzigen, doch da verdeutlichte er sich wohl, dass er ja Methodist war. »Ruhe in Frieden«, fügte er hinzu, die Augen voller Tränen. »Es gibt nur wenige, die Pistenhengst durchschauen.« Er kletterte zurück auf Big Cat und fing an, das Grab mit Erdreich zu füllen.

Am nächsten Tag glättete Jesse die Grabstätte mit wirklich großer Sorgfalt. Er errichtete eine Gedenktafel, die allerdings mehr Ähnlichkeit mit einem kleinen Hinweisschild hatte:

Hudson-Coupé Molly.
1947-1961
350 000 km mit Achtzylinder-Reihenmotor
Aus dem Verkehr gezogen wegen gebrochener
Kurbelwelle
In liebevollem Andenken
Jesse Still

In Montana sind die Straßen lang und einsam, und am einsamsten ist die A2. Man biegt auf sie an der Grenze zu Idaho ab, wo das Land gebirgig ist. Dort leben noch Bär und Puma, und Biber bauen ihre Dämme. Die Autobahn verläuft an einigen ziemlich hübschen Seen vorbei. Kanada ist nur einen Katzensprung entfernt, es liegt linker Hand, wenn man in den Osten fährt.

Kann man die Berge per Auto überwinden? Ja, o ja. Die Autobahn ist durchgehend zweispurig, und in den Hügeln hat sie zahlreiche Kurven. Von Libby düst man nach Kalispell, dann folgt man einem Knick nach Norden. Die Anhöhen erstrecken sich bis zum Reservat der Schwarzfuß-Indianer. Bis Cut Bank durchquert man Weideland; von da aus gelangt man nach Havre. Das ist die ungefähre Mitte des Bundesstaat.

Man lässt einfach den Motor von Ort zu Ort heulen. Die Straße führt durch rund ein Dutzend Ortschaften, bevor sie sich südwärts wendet. Und als nächstes erreicht man Glasgow und den Fluss. Bei Wolf Point befindet man sich in landwirtschaftlichem Nutzgebiet, und bis Chicago bleibt man in ebener Pampa.

Beinahe ist es mir zuwider, von dieser Straße zu erzählen, weil dann möglicherweise Ostküstler zu Besuch kommen. Wahrscheinlich richten sie dann in unübersichtlichen Streckenabschnitten irgendwelchen Blödsinn an, und die Landesregierung muss noch mehr Metallkreuze aufstellen. Hier verunglücken schon genug

Leute. Es ist schlichtweg keine Gegend für lahme Enten, affige schwedische Kombis oder teure deutsche Schrottkisten. Die A2 ist immer eine Piste für V8, besser für V12-Motoren gewesen, wenn man so einen hatte. In den, alten, alten Zeiten fuhren sogar ein paar Luxuskarossen mit V16-Motoren herum. Die Obergrenze der Entwicklung trat ein, als durch zu hohe Geschwindigkeit die Reibung die Reifen pellte.

Überhöhte Geschwindigkeit oder nicht; unweigerlich kreischten die Bremsen, wenn Autos an Miss Mollys Grab vorbeikamen. Fahrer setzten ihre Kleinlaster zurück und schlingerten aufs Bankett.

Einen Moment lang saßen die Männer erst einmal in ihren Wagen und kratzten sich an der Rübe, als trauten sie ihren Augen nicht. Dann stiegen sie aus, stapften zu dem Grab und lasen die Grabtafel.

Etwa die Hälfte von ihnen hielt sich anschließend die Rippen. Ein Kerl wälzte sich vor Lachen sogar auf dem Erdboden.

»Jetzt lachen diese Knaben sich 'n Ast«, meinte Bruder Jesse zu mir, »aber ich prophezeie, dass sich ihre Einstellung ändert. Ich schätze, sie überlegen sich's anders, ehe wir Schnee kriegen.«

Nach dem Totalschaden seines Wagens musste Jesse sich einen neuen fahrbaren Untersatz besorgen. Er tauschte eine ausgediente Mistgabel und einen Stapel Schallplatten gegen einen 49er Chevrolet ein.

»Mit dem Schnauferl fährste nicht mal um die nächste Ecke«, meckerte er. »Ich brauch sie bloß, bis ich den richtigen Wagen hab.«

Das gesamte Abwickeln seiner Neuanschaffung sollte einige Zeit dauern. Wie ich Jesse kannte, probierte er ein halbes Dutzend Autos aus, bevor er einen Wagen fand, der ihm zusagte. Und ich behielt recht.

Im Anschluss daran kreuzte er mit einem alten Packard-

Leichenwagen auf, den einmal ein Beerdigungsinstitut in Billing benutzt hatte. Für den Leichenwagen und einen vergoldeten, derartig protzigen Sarg, dass er für niemanden außer einen Fernsehpfarrer geeignet gewesen wäre, hatte er den Chevrolet gegeben. Den Leichenwagen tauschte er bei Sam Winder ein, der die Absicht hatte, damit zur Jagd zu fahren. Nur trauten Sams Jagdhunde sich nicht einmal in die Nähe des Fahrzeugs. Sam öffnete am Leichenwagen sämtliche Fenster und die Hecktür, drehte ein paar Runden, versuchte ihm durch diese radikale Lüftung die Geister allesamt auszutreiben.

Auch danach blieben seine Hunde dem Wagen so fern wie möglich. »Zum Teufel mit der Sargschaukel!«, kollerte Sam und stürzte sie in einen Hohlweg. Jedes Kaninchen, jeder Fuchs und alle sonstigen Viecher, die den Hohlweg bewohnten, kamen umgehend hervorgeflitzt, und nichts von ihnen ward mehr gesehen.

Den Sarg verschob Jesse an den alten Sack Jefferson, der ihn in seinem Holzschuppen deponierte. Jefferson pfiff angeblich aus dem letzten Loch, dachte sich jedoch, dass er, wenn sein bedauernswerter Greisenleib wüsste, er sollte in dieser Monstrosität von Sarg bestattet werden, nie und nimmer stürbe. Damit hatte er sogar mehrere Jahre lang Erfolg, bis ein besonders schwerer Winter anbrach und er den Sarg zu Brennholz zerkleinerte. Aber wir erinnern uns noch immer gern an ihn.

Jesse trugen diese Tauschgeschäfte einen 47er Pontiac und einen Ford Modell-T ein. Das Blechlieschen verscheuerte er an einen Sammler, und für den Pontiac nebst vierzig Ballen Heu erhandelte er einen 53er Studebaker. Für den Studebaker erfeilschte er sich einen klapprigen Lieferwagen und das komplette Interieur eines pleitegegangenen Restaurants. Er verscherbelte die Ausstattung an irgendeinen bedauernswerten Esel, der zweifellos im Gastronomiegewerbe gleichfalls einem baldigen Bankrott entgegensah. Schließlich tauschte er den Lieferwagen gegen ein Motorrad und einen 51er Plymouth ein, der sich beinahe selbst übertraf.

Als er zu guter Letzt auch diese zwei Fahrzeuge abstieß, hatte er die Taschen randvoll mit Bargeld und ging auf Schusters Rappen.

»Jed«, sagte er zu mir, »du und ich, wir beide, wir fahren in die große Stadt.« Er war recht zufrieden, aber ich entsann mich daran, welchen Bammel ich bei dem Begräbnis gehabt hatte. Ich gebe zu, ich bin ängstlich.

Von der Mitte Nord-Montanas aus konnte man nicht gerade eine Riesenauswahl an Großstädten anpeilen. Im Westen lag Seattle, das den Ruf genoss, verregnet und irgendwie ein Mythos zu sein. Im Norden Winnipeg, eigentlich nur ein Kuhkaff. Im Süden Salt Lake City. Im Osten ...

»Ach, scheiß an die Wand, Marie«, sagte Bruder Jesse. »Wir gurken nach Minneapolis.«

Bis dahin waren es ungefähr sechzehnhundert Kilometer. Das bedeutete, berücksichtigte man den Straßenzustand, fünfzehn Stunden Fahrt. In Montana und Nord-Dakota konnte man voll durchbrettern, aber den Bullen in Minnesota fehlte jeder Humor. Ich fuhr einen älteren, aber wirklich feschen 53er Desoto.

Unter der Motorhaube hatte er so einiges stecken, nur konnte die Federung selbst einem erwachsenen Mann Tränen abringen. Auf alle Fälle war er ein schönes Möhrchen. Hatte man ihn erst einmal auf Tempo gebracht, zog er ab wie von selbst. Die Polster sahen nagelneu aus. Das Radio funktionierte. Weder wies der Wagen einen Kratzer auf noch hatte er die kleinste Beule. Ich fuhr ein Auto, als wäre ich Börsenmakler, und dabei war ich erst neunzehn.

»Kann sein, wir wollen uns dort a bisserl umgucken«, sagte mir Jesse. »Also plane mal 'n paar Übernachtungen ein.«

Ich hatte einen Arbeitsplatz, dachte mir jedoch, ich müsste nun ruhig einmal Urlaub machen. Meinetwegen, überlegte ich. Bruder Jesse stellte den Katzen Futter hin und rief mit einem Triller die Hunde. Stoffel hopste auf seine behäbige, täppische Weise auf die Rückbank. Er hinterließ einen erwartungsvollen Eindruck. Chip zögerte aus irgendeinem Grund. Er tat einige Hüpfer senkrecht in die Höhe, wich dann zurück und verfiel in Gebell. Jesse klemmte ihn sich unter den Arm und schubste ihn zum alten Stoffel hinein.

»Meine Polsterung«, jammerte ich. Das war das erste Mal überhaupt, dass ich bei Jesse irgendwelche Bedenken anmeldete.

Jesse holte eine verschlissene Plane und breitete sie unter den Hunden über die Rückbank. »Wenn du ins Auto pisst«, klärte er Stoffel auf, »sind wir geschiedene Leute.«

In gleichmäßigem Tempo fuhren wir durch den frühsommerlichen Morgen. Der Desoto steuerte sich bei etwa hundertfünfundzwanzig am besten, mehr war in Anbetracht der Federung gar nicht wünschenswert.

Auf Weiden folgte Ackerland. Aus dem Radio plärrten Westernmusik und Fleischpreise, und gelegentlich quäkte ein Prediger »das Heil ist bei Gott« und »liebe Hörer, spenden Sie.« Die A2 verlief schnurstracks geradeaus, stieg stellenweise leicht an, so das voraus Autos stürmisch wie Gespensterkaleschen aus tieferliegenden Straßenabschnitten heraufschwuppten. Man sah flüchtig die Sonne auf einer Windschutzscheibe blinken. Gleich darauf erschien auch schon ein Wagen über die Geländewelle, und gewöhnlich in rasender Fahrt.

Kurz hinter Havre beobachteten wir einen scheußlichen Verkehrsunfall. Ein neuer Mercury-Kombi trudelte durch die Landschaft neben der Autobahn, überschlug sich ungefähr fünfzehnmal. Im Innern saßen zwei adrett gekleidete Leute und zwei Kinder. Keiner von ihnen hatte die kleinste Überlebenschance.

Sie flogen in dem Fahrzeug umher wie Würfel im Becher. Was es an der Unfallstelle zu sehen gab, zählte zu den Dingen, die ich eigentlich nicht sehen mochte. Vom Anblick schlimmer Verkehrsunfälle wurde mir jedesmal übel, allerdings nicht so sehr, dass ich hätte kotzen müssen. Das wäre ja unmännlich gewesen. Ich erübrigte zugunsten der Opfer ein halblautes Stoßgebet, fühlte mich dabei aber ganz schlottrig. An einer Autobahnraststätte hielten wir, um ein Sandwich zu essen und ein Bier zu trinken. Die Hunde sprangen hinaus. An in die Mauer der Raststätte gehauenen Nägeln hing eine Vielzahl von Radkappen. Wir nahmen zwei herunter und füllten sie mit Wasser aus einem außer Haus angebrachten Wasserhahn. Die Hunde soffen und pinkelten. »Ich habe selbst 'n paar Unfälle gehabt«, erzählte Jesse, der in Gedanken noch bei dem Unfall weilte. »Dreiundfünfzig hab ich 'n Terraplane von 'ner Brücke gefahren. Wäre verdammich ums Haar ertrunken.« War es Jesse unwohl in seiner Haut, zeigte er es nicht. Man merkte es nur an seiner plötzlichen Versonnenheit.

»Das ist hier 'n weites Land«, sagte er, als führte er ein Selbstgespräch. »Aber wenn man sich beeilt, kommt man schnell durch. Ich vermute, der Mercury war falsch beladen, oder 'n Reifen ist geplatzt.« Durch die Fenster der Raststätte sahen wir acht Metallkreuze die Autobahn säumen. An ein Kreuz hatte jemand rote Plastikrosen gebunden. Vergißmeinnicht und Veilchen aus Plastik schmückten ein anderes Kreuz. Ein wenig ließen wir uns Zeit. Jesse unterhielt sich mit dem Burschen hinter der Theke, und ich schob ein paar Kugeln am Billardtisch. Zum Schluss kaufte Jesse eine Sechserpackung Bier, während ich zum Klo ging. So früh am Tag war die Toilette noch sauber, die ganze gestrige Pisse und Spucke vom Fußboden aufgewischt. Erst vor ganz kurzem hatte jemand die Wände frisch gestrichen. Sie waren frei von Gekritzel, ausgenommen dem, das Pistenhengst hinterlassen hatte.

Wie steht's in Glocca Mora?
Pistenhengst

Er hatte eine gestochen deutliche, tadellose Handschrift, die an die Signatur eines Künstlers erinnerte. Diese Aufschrift haftete auf der Farbe, war aber noch klebrig. Wir hatten Pistenhengst um nur wenige Minuten verpasst.

In gewisser Hinsicht hatte Pistenhengst erhebliche Ähnlichkeit mit Jesse. Niemand konnte genau sagen, wann er zum ersten Mal auftauchte, aber eines Tages war er einfach da. Immer häufiger sahen wir in einem Schriftbild, das Matt Simon als *makellose Schrift nach dem Muster Herbert Spencers* einstufte, den Namen *Pistenhengst* geschrieben. Jedes Mal stand irgendein Satz dabei, und Matt bezeichnete die Aussagen als *kryptisch*.

Pistenhengsts Texte und Unterschrift fanden sich in vier Staaten an den Toilettenwänden von Bars, LKW-Raststätten und Autobahncafés.

Anfangs kannten wir Pistenhengsts Route nicht. Die meisten Kerls waren an ihre Arbeitsstelle oder ihr Zuhause gebunden, oder ihre Trägheit hinderte sie am Nachforschen. Doch im Laufe von ein, zwei Jahren gelang es, Pistenhengst auf die Fährte zu kommen. Sein Wandgekrakel erschien überall an der A2, ließ sich ostwärts bis ins nördliche Dakota aufspüren, bildete dann durch Süd-Dakota eine südwärtige Spur, die von dort aus westlich durch Wyoming verlief. Abschließend nahm sie einen nördlichen Verlauf durch Missoula und führte den Bundesstaat hoch, bis sie wieder auf die A2 stieß. Pistenhengst, wer er auch sein mochte, befuhr regelmäßig ein Straßenviereck mit einer Streckenlänge von ungefähr dreitausendzweihundert Kilometern.

Sam Winder vertrat die Ansicht, Pistenhengst sei ein Kommunist, der an der Universität von Montana Gesellschaftswissenschaften lehre. »Diese Sorte Schrift stammt nämlich aus Europa«, lautete Sams Urteil. »So schreibt kein Amerikaner.«

Mike Tarbush hatte die Auffassung, Pistenhengst sei ein pensionierter Pressekarikaturist. Nach seiner Meinung bekam nie irgendwer ihn zu sehen, weil er sich in einem Nash oder irgendeinem anderen Oldtimer aus Großvaters Zeiten an uns vorbeipfusche.

Bruder Jesse äußerte die Vermutung, Pistenhengst sei ein Fernfahrer oder vielleicht ein Zigeuner, doch dabei klang seine Stimme, als ob er es besser wüsste.

Matt Simon spekulierte, Pistenhengst könnte ein Handelsreisender mit einem Faible für die Werbung sein. Matt stützte seinen Verdacht auf eine sogenannte kryptische Mitteilung:

Bei dem ZIRKUS KRONE
kostet's nicht die Bohne.
Pistenhengst

Ich hatte gar keine feste Meinung. In meiner Phantasie verkörperte Pistenhengst Seele und Geist der A2. Wenn das Dunkel am finstersten war und die Motoren grollten, konnte ich in Gedanken an ihn auf dem Steuerrad lehnen und den zweispurigen Tunnel durch die Nacht befahren.

Nachts unterscheidet die Straße sich von allem, was sonst geläufig ist. Geister scharen sich um die Metallkreuze, längs des breiten Banketts strecken Geister die Daumen aus.

Nach Anbruch der Dunkelheit machen sämtliche Geheimnisse der Welt einen normalen Eindruck. Wenn die Vorstellungskraft uns Gespenster vorgaukelt, deren Daumen sich nach einer Mitfahrgelegenheit strecken, dann sind diese Toten lediglich ein Beweis für die lebendige, pralle Schönheit des Daseins. Ich überholte einige Schlusslichter, wechselte auf die andere Spur und senste Partygästen, die aus dem Graben zu steigen versuchten, den Türgriff ab. Ein Mann kann singen, fluchen und beten, aber nur soundso gut fahren. Die Kilometer flößen mir Träume von Macht, Frauen und frohen, glücklichen Zeiten ein.

Ich empfand Pistenhengst als einen Bestandteil dieser Romantik. Für mich gab er die innerste Beseeltheit all des Rätselhaften ab, war er ein Zeitgenosse, der der Straße ins schwarze Herz blickte und sich trotzdem genug Freiheit bewahrte, um Späße zu treiben und eine saubere Handschrift zu pflegen. Tagsüber sah es allerdings ganz anders aus. Als ich an der Klosettwand Pistenhengsts Namenszug bemerkte, hatte ich das Gefühl, ein böses Omen zu erblicken. Der Inhaber des Lokals hatte niemanden gesehen. Er erzählte, in den hinteren Räumen gewesen zu sein und Leergut in die Kästen sortiert zu haben. Pistenhengst war gekommen und verschwunden wie ein Phantom.

Jesse und ich standen vor dem Lokal auf dem Parkplatz; auf den frischen Keimlingen der Felder lag in erdigen Farben warm der Sonnenschein. Auf einer Nebenstraße quoll eine kleinere Staubwolke empor. Sie kam sehr langsam näher, also wusste man gleich, dass ein Traktor sie aufwirbelte. Saatkrähen und Prachtmeisen veranstalteten rings um uns Rabatz.

»Voraussichtlich holen wir ihn ein«, sagte Jesse, »wenn wir 'n wenig auf die Tube drücken.« Er tat so, als ob es ihn nicht interessierte, aber natürlich hätte jetzt jeden das Fieber gepackt. Wir hängten die Radkappen zurück an die Nägel, weil ein anständiger Mensch sich so und nicht anders benahm, und scheuchten die Tölen ins Auto.

Der Desoto blieb so treu und brav, wie man es von einem tüchtigen Desoto erwarten durfte. Wir brachten ihn auf Spitzengeschwindigkeit, die um die hundertvierzig betrug, bei Gefälle vielleicht hundertfünfzig. Bei diesem Tempo helfen Bremsen nicht mehr viel, man muss sich auf das eigene Lenkvermögen und die Reifen verlassen.

Falls wir Pistenhengst überholten, dann ohne dass es uns auffiel. Möglicherweise parkte er in einem der Orte, und natürlich mussten wir häufig beim Durchqueren der Ortschaften anstandshalber die Geschwindigkeit drosseln. Infolge gelegentlicher Bummelei, diverser Pinkelpausen und allgemeinem, mit Zeitvergeudung verbundenem Herumalbern erreichten wir Minneapolis erst kurz nach Mitternacht. Stoffel war schläfrig und missmutig, als wir am Zubringer in einem Motel abstiegen. Chip wirkte erleichtert.

»Gewöhn dich nicht zu sehr ans Bett«, riet mir Jesse. »Hier lauert schon 'n Autoverkäufer drauf, uns übern Tisch zu ziehn. Es lohnt sich, früh aufzustehn.«

Ein Autokauf mit Jesse lief so faszinierend ab, wie man es sich nur denken konnte. Schon um sieben Uhr morgens fingen wir an, die Autohöfe abzuklappern. In stummen Reihen, wie Inserenten, die sich zu einem Gruppenbild aufgestellt hatten, warteten Autos Seite an Seite auf Käufer. Weil wir uns in Minneapolis aufhielten, sahen wir eine Menge teuren Blechs, Cadillacs, Packards und Lincolns neben Buick-Cabriolets, Hemi-V8-Chryslern und Corvettes. (»Hübsche Kiste«, sagte Jesse über eine Corvette, »aber kein Platz. Passt nicht mal 'n Karton Hundefutter rein.«) In den Hinterreihen entdeckten wir Hudsons und Studebakers. Eine Kraftfahrzeughandlung nannte sich *Oldie-Markt*. Dort stand ein Ford Modell A neben einem 37er International-Lieferwagen. Ein L29 Cord ruhte da wie ein Grabstein, und etwas Ähnliches war er auch, er hatte nämlich keinen Motor mehr. Aber, o Wunder!, bei dem Cord fanden wir auch ein 39er Lasalle-Coupé, das von Glanz und Glorie nur so funkelte. Bestimmt hätte der LaSalle Jesse in Versuchung geführt, wäre nicht außerdem im Hintergrund eine wirklich hochklassige Karosse versteckt gewesen. Sie war ein Exemplar des letzten der schnellen, eleganten Lincolns, ein so rassiges 54er Coupé, wie man es sich nur wünschen konnte. Das 53er Modell hatte in Mexiko das Autorennen gewonnen. Der 54er bedeutete eine weitere Steigerung. Danach ging es mit der Marke bergab. Der Hersteller verlegte sich auf die Produktion von Kutschen für Geschäftsleute und reiche Omis.

Jesse umkreiste immer wieder den Lincoln, der aussah, als wäre diese Art der Bewunderung für ihn Normalität. Das Coupé war ohne Fehl und Tadel. Es hatte ein nicht ganz so kräftiges Rot wie die Feuerwehr, ein weißes Dach und einen Kühlergrill, der sogar eine Kuh von der Straße fegen konnte. Dieser Lincoln war eine rundum solide Sache. Jesse zeigte ein zartes Schimmern in den Augen. Eine Miss Molly hatte er hier nicht vor sich, aber allemal eine Miss. Eine Unmasse lumpiger Vehikel ratterte auf den Straßen umher, dieser Lincoln jedoch war ein völlig anderes Kaliber.

»Vermutlich kriegt man für das Scheißding nicht mal Ersatzteile«, brummelte Jesse vor sich hin; man konnte ihm ansehen, dass er innerlich schon mit einem Autoverkäufer schacherte. Endlich kehrte er dem Lincoln den Rücken zu. »Wir essen erst mal 'n Happen«, sagte er. »Für so 'ne Anschaffung braucht man 'n paar Tage Zeit.«

Ich fühlte mich irgendwie überdreht. »Das wird Pistenhengst missfallen«, meinte ich zu Jesse.

»Pistenhengst wird seine Freude haben«, widersprach Jesse. »Pistenhengst und ich kennen die Straße.«

Als die Kraftfahrzeughändler um neun Uhr öffneten, hatte Jesse das Glitzern eines Kaufmanns aus Leidenschaft in den Augen. Eigentlich müsste nur noch betont werden, dass ich vorher nie einen Gebrauchtwagenverkäufer weinen gesehen hatte und mir auch später so etwas nie wieder begegnet ist. Das arme

Schwein hatte keine Chance. Den Großteil des Tags hindurch stand er sich auf dem Autohof die Beine in den Bauch, während Jesse und ich gemütlich von einem Autohändler zum anderen zuckelten. Aus einem putzigen, kleinen 57er Cadillac winkten wir ihm zu, und in einem großkotzigen 56er Imperial zischten wir glatt an ihm vorbei. Wir machten Probefahrten mit allem, was den Anschein eines einigermaßen stabilen Gefährts erweckte, aber auf seinen Autohof setzten wir bis fünfzehn Minuten vor Feierabend keinen Fuß.

Jesse und ich entstiegen meinem Desoto. Stoffel und Chip tapsten uns nach. »Es ist immer 's gleiche, wenn ich nach Minneapolis fahre«, sagte Jesse zu mir, aber so laut, dass der Verkäufer es eben noch hören können musste. »Meine Olle reitet 'n Farmer, und meine Köter kotzen ins Auto.« Sobald wir in normale Hörweite gelangten, schlug Jesse einen unterwürfigen Tonfall an. »Ich glaub, der Mann da kann 'm Cowboy helfen, wo inner Klemme steckt.«

Ich folgte ihm und staunte währenddessen Bauklötze. Mit wenigen Sätzen hatte Jesse den Mann völlig verwirrt. Stoffel war so stumpfsinnig, dass er geradewegs zu dem Lincoln tappte.

Chip hockte sich auf den Arsch und hechelte, täuschte Gleichgültigkeit vor. Dann trippelte er zu einem verschlissenen Pontiac und pisste an den Reifen. »Ich muss was übersehen haben«, wandte Jesse sich an den Autoverkäufer. »An sich hat der Hund 'ne feine Nase für Schnäppchen.« Er betrachtete den Pontiac. »Hat die Rostlaube überhaupt 'n Motor?«

Fast eine Stunde lang besprachen wir uns. Jesse würdigte den Lincoln keines Blicks. Bezüglich des LaSalle trat er richtig ernsthaft kaufwillig auf, trieb es sogar soweit, damit um ein paar Häuserblocks zu streichen. Der Wagen war ein echtes Schmuckstück. Zum Schutz gegen Hitze und Rost hatten die Verteiler eine

Keramikverkleidung. Unter der Motorhaube verbarg sich ein längsstehender V8-Motor mit so starkem Drehmoment, dass im zweiten Gang die Reifen fetzten. Mein Desoto war ein fesches Fahrzeug, aber mir wurde erst bewusst, während ich in dem LaSalle mitfuhr, was für eine gutbürgerliche Droschke ich mir hielt. Als wir uns aus der Gebrauchtwagenhandlung verabschiedeten, schnitt der Verkäufer eine betrübte Miene. Nun kam er zu spät zum Essen.

»Bleib bei dem, was du hast«, empfahl mir Jesse, bevor er in meinen Desoto stieg. »Für den LaSalle ist die Uhr abgelaufen. Den soll sich 'n Sammler krallen. Ich kann's nicht mitansehn, wenn was so Tolles wegen fehlender Ersatzteile kaputtgeht.«

Ich fragte mich, ob er an Miss Molly dachte.

»Die großen, echt guten Autos sterben nämlich aus«, sagte Jesse, indem er gegen den Reifen eines buckligen, kleinen Volkswagen trat. »Ich glaub, da sind die Deutschen schuld.«

Am nächsten Tag kauften wir den Lincoln und machten dabei den Verkäufer stolz wie einen jungen Hund. Er bildete sich ein, Jesse etwas anzudrehen, was Jesse gar nicht haben wollte. In seiner Überheblichkeit vergaß er, dass er tausend Dollar verlangt hatte, und gab sich mit fünfhundertfünfzig zufrieden. Er vergaß sogar, dass er geschwollene Augen und vielleicht in die Hose geschissen hatte. Wir führten, allerdings erst, nachdem Jesse und ich unter den Lincoln gekrochen waren, eine Probefahrt durch. Unterm hinteren linken Kotflügel hatte sich beim Zusammenbau der Karosserie etwas Schweißdraht verklumpt, aber vorn war alles einwandfrei. Niemand hatte Sägemehl ins Getriebe gestreut. Weder fanden wir Wasser im Öl noch Öl im Wasser. Der Autoverkäufer stand daneben und besah sich seine gewichsten Schuhe. Er gehörte zu den Ostküstlern, die es nicht lassen können, von oben herab mit den Leuten zu reden, und zwar ganz besonders, wenn sie freundlich sein möchten. Ich schwöre, dass er einen weißen Schlips mit kleinen, roten Entchen trug. Der Sonnenschein in Minnesota verfärbte sein rotes Haar blond und besprenkelte sein Gesicht mit Sommersprossen.

Jesse fuhr ganz gemütlich, bis wir auf eine interessante Strecke gelangten. Auf dem Beifahrersitz hatte der Verkäufer Platz genommen. Ich, Stoffel und Chip fläzten uns auf der Rückbank. Anscheinend fühlte Chip sich irgendwie angewidert, aber Stoffel wirkte rundum zufrieden. »Ich hab Sorge«, sagte Jesse missvergnügt, »dass der Hobel ziemlich bald 'n lautes Motorengeräusch kriegt. Wenn man bloß noch 'n paar Jährchen vor sich hat, mag man nicht grad 'nen Krachmacher fahrn.« Bruder Jesse konnte kaum über dreißig gewesen sein, aber er zupfte an seiner Nase und den Ohren, als wäre er ein Tattergreis. »Ich hoffe nur«, murrte er regelrecht grämlich, »die Reifen sind nicht unterlegt.« Dann gab er richtig Gas.

Ein wirklich aufregendes Kreischen ertönte. Der Lincoln schoss los wie ein Rennkuckuck in der Balzzeit. Dem Autoverkäufer kippte ruckartig der Kopf rückwärts, seine Schultern gruben sich in den Sitz. Stoffel gab ein durch und durch fröhliches Kläffen von sich und steckte die Nase zum offenen Seitenfenster hinaus. Mir war danach, *Hosianna* zu rufen, ich wusste es jedoch besser und hielt meinen vorlauten Mund. Der Lincoln zog an etlichen spießig gesteuerten Fahrzeugen vorüber. Wir überholten eben einen Heulaster, als die Reifen zu surren anfingen. Im Gesicht des Autoverkäufers zeichneten sich die Sommersprossen, während ein Luftzug hereinpfiff, wie Warzen ab.

Der alte Stoffel streckte die Nase unentwegt aus dem Fenster, obwohl der Fahrtwind sie ihm dauernd trocknete. Stoffel war so unerhört dumm, dass er sie, während er sie im Wind ließ, ständig wieder feucht leckte. Die Zunge hing ihm seitlich aus dem Maul.

»Die Kiste taugt für nix als zum Rasen«, beanstandete Jesse. »Sehn Sie mal, was 'n Spiel das Lenkrad hat.« Er wackelte am Steuerrad, so dass es schien, als wäre es greulich ausgeleiert, und bei hundertdreißig Sachen war das Ergebnis ein noch grässlicheres Schlingern des Fahrzeugs. Gerade wie ein Lineal flatterte der Schlips des Verkäufers in Richtung Heck. Jetzt passten die kleinen, roten Entlein gut zu seinen Sommersprossen.

»Gütiger Himmel«, sagte er, »wir können ja über den Preis reden, achthundert, aber fahren Sie langsamer.« Er stützte sich am Armaturenbrett ab. Sobald wir auf hundertsechzig kamen, wurde bei dem Lincoln vorn ein gewisses Schwimmen spürbar. Ich glaube, wir haben alle an die Reifen gedacht. Jesse geriet sichtlich in Hochstimmung. Ein klein wenig ließ das Gaspedal des Lincolns sich noch durchtreten.

»Man wird ja schließlich älter«, rief Jesse in den Fahrtwind. »Das ist kein Auto für 'n alten Mann.«

»Siebenhundert«, sagte der Verkäufer. »Barmherziger Himmel, fahren Sie langsamer!«

»Fünffünf«, bot Jesse an und gab Vollgas.

»Sie sollen ihn haben«, zeterte der Autoverkäufer. Sein Gesicht verzog sich zu einem regelrecht weinerlichen Ausdruck. Stoffel bewies ihm seine Dankbarkeit, indem er ihm den Nacken leckte.

Also verminderte Jesse das Tempo und kaufte den Lincoln. Er verhielt sich diplomatisch, tat so, als zahlte er den Preis nur unter ärgsten Bedenken.

Das war nett von ihm. Dieser Vogel war ja nur Verkäufer bei einer Gebrauchtwagenhandlung.

Wir blieben eine zweite Nacht in dem Motel. Den Lincoln und den Desoto überantworteten wir solange einer rund um die Uhr geöffneten Tankstelle. Schmieren, Ölwechsel und Waschen waren fällig, es lag ja noch eine lange Rückfahrt vor uns. Jesse hatte einen schönen Batzen Geld übrig. Am Morgen kauften wir uns neue Jeans und Hemden, um wie vornehme Herren heimzukehren.

»Zurück nehmen wir den Weg durch Süd-Dakota«, sagte Jesse. »Da gibt's 'n Lokal, von dem ich gehört hab.«

»Was wollen wir denn dort?«

»Uns mal nach Pistenhengst umgucken«, antwortete Jesse. Mehr konnte ich ihm zu diesem Thema nicht entlocken.

Wir kutschierten gemächlich in den Westen, nach Bowman, das knapp am Grenzgebiet zu Nord-Dakota liegt. Jesse war bei allem völlig locker, genoss einfach den ganzen Ausflug. Ich hielt mich hinter ihm, so gut mein Desoto mitzog. Stoffel fuhr in Jesses Wagen, und Chip kauerte neben mir auf dem Beifahrersitz. Chip kam mir so vor, als wäre er in meinem Auto unbekümmerter.

Zwischen hohen Bäumen stand an der Straße ein großes Café. Es hatte nicht einmal eine Neonreklame, richtig altertümlich.

»Mein Lebtag hab ich von dem Lokal reden hören«, sagte Jesse, als er aus dem Lincoln stieg. »Hier steht das einzige Außenklo der Welt, das 'n Gästebuch führt.« Er strebte zur Rückseite des Cafés. Ich folgte ihm, und wahrhaftig: Jesse hatte recht. Der Abtritt bestand aus einem luxuriösen Außenabort in den Ausmaßen eines kleinen Landhäuschens. Die Herrentoilette hatte drei Kabinen. Es war genug Platz für einen Klapptisch vorhanden. Auf dem Tisch lag eine dieser altmodischen Geschäftskladden, die man früher häufig als Hauptbücher in Banken sah.

»Da soll 'ne Menge Leute drinstehen«, meinte Jesse über das Gästebuch, während er in der Kladde blätterte. »Bis zurück in die Anfangszeit.«

Allem Anschein nach befiel ein Gespür für Anstand die Männer, sobald sie das Gästebuch aufschlugen. Es fanden sich kaum zotige Eintragungen. Ich las einige Texte:

Hier hat am 16. Mai 1971 James John Johnson
(John-John) seinen Laster
zum Teufel gewünscht.

Ich kam, sah und siechte.
Bill Samuels, Tulsa

Das ist wahre Klosettkultur!
Pauley Smith, Ogden

Süd-Dakota ist nicht fies, trotzdem fühle ich mich mies.
Schuft in Tacoma ohne Ruh
für meine Kinder ihre neuen Schuh.
George der Trauerkloss

Bruder Jesse blätterte eifrig im Buch. »Mir ist erzählt worden«, sagte er, »sogar Teddy Roosevelt hätte da mal 'ne Sitzung gemacht. Das ist 'n piekfeiner, alter Schuppen.« Beim Blättern summte er halbherzig vor sich hin. »Hm-hmm«, brummte er. »Pistenhengst hat hier 'ne Pinkelpause eingelegt.« Er deutete auf eine Seite.

Fahr nur schnell und schneller, so als hättest du Flügel,
mich kriegst du nicht: Bist du der Has, bin ich der Igel.
Pistenhengst

Jesse feixte. »Liest sich ja irgendwie, als wär's 'ne Herausforderung, nicht? Glaubst du, 's ist ihm ernst?« Jesse benahm sich, als wüsste er, wovon er sprach; ich dagegen kapierte überhaupt nichts.

2.

Während der Heimfahrt ahnten wir noch nicht, dass Autobegräbnisse bald Schule machen sollten. Doch es hätte auf Jesse keinen Einfluss ausgeübt. Er hatte noch fast hundert Dollar in der Jeans, und er war, davon abgesehen, stets ein bescheidener, zufriedener Mensch gewesen. Was ihn veränderte, waren Miss Molly und Pistenhengst.

Der Ärger fing an, eine Weile nachdem wir die Grenze zu Montana überquert hatten. Jesse fuhr im Lincoln vorweg, und ich blieb mit meinem Desoto hinter ihm. Wir fuhren auf der A2 in einen typischen westamerikanischen Sonnenuntergang. In diesem Jahr erlebten wir einen der wunderbaren Sommer, in dem gerade genug Regen von British Columbia herüberzieht, um allem Wachstum zu gewährleisten. Die Kaninchen werden dick und plump, und dadurch nehmen auch die Füchse zu. Aus den Gräben kriechen Klapperschlangen über die von der Sonne heiße Straße. Es gilt als unsportlich, sie zu überfahren. Bei Hitze muss man mit ihnen leben. Auf Zaunpfosten hocken Rotdrosseln, und schwarzweiße Elstern leuchten auf den Banketten, wo sie geplättetes Kleingetier vertilgen.

Ein kurzes Stück hinter Wolf Point sahen wir einen scheußlichen Verkehrsunfall. Jemand raste mit einem alten Kaiser aus einer Mulde direkt in einen Tankwagen, der Feuer fing. Wie ein Krähenschwarm stieg eine schwarze Qualmwolke empor, wir bemerkten sie schon aus acht Kilometern Entfernung. Als wir am Unfallort eintrafen, stand der Tankwagenfahrer kreidebleich auf der Straße und schlotterte. Der Fahrer des Kaisers hing eingekeilt hinterm Lenkrad. Wie schnell Feuer um sich greift, ist schrecklich mitanzuschauen, und verkohlte Knochen auf einem Steuerrad liegen zu sehen ist einfach grauenvoll. Ich entsinne mich noch daran, dass ich mir dachte, der Kaiser-Fahrer musste schon tot gewesen sein, als die erste Stichflamme aufloderte, und wir unter dem Vorfall mehr als er litten. Aber diese Überlegung beruhigte mich keineswegs.

Ich nuschelte ein Gebet. Der Tankwagenfahrer hatte keine Schuld, aber weil er Presbyterianer war, nahm er sich die Sache zu Herzen. Jesse versuchte ihn zu trösten, jedoch ohne viel Erfolg. Getrunken hatte zwar ohnehin niemand, aber wir waren in diesen Momenten auf alle Fälle nüchterner als je zuvor im Leben. Zwei stellvertretende Sheriffs rollten an. Wegen der Rauchwolke näherte der restliche Verkehr sich langsam und vorsichtig. Binnen zwei Stunden bildeten sich beiderseits der Unfallstelle Staus von je etwa zwanzig Fahrzeugen.

»Er muss gepennt oder gesoffen haben«, sagte Jesse über den Fahrer des Kaisers. »Heiliger Strohsack, wie kann man denn in 'nen Tankwagen rasen?«

Als die Bullen die Autobahn wieder für den Verkehr freigaben, kündete sich über den Ebenen die Nacht an. Nicht einmal bei hellem Mondschein fuhr man abends gerne mehr als hundert Sachen. Die bevorstehende Nacht war genau die richtige, schien es, um abergläubisch zu sein, unwillkürlich meinte man, sie berechtige zu der Befürchtung, jederzeit könnte ein Reh oder eine Gabelantilope stracks vor die Scheinwerfer springen. Ein Abend zum Trinken, Billardspielen oder überhaupt zum Herumlungern in fremden Barlokalen war es auch nicht. Dies war die rechte Zeit, um daheim bei seiner Frau zu sein, falls man eine hatte.

In den meisten Nächten tauchen an den Metallkreuzen keine Geister auf, und schon gar nicht zeigen sie sich bei Zwielicht. Geister sieht man ausschließlich in den finstersten, mondlosen Nächten, und zudem nur, wenn die Bars geschlossen sind und man nirgends hin kann als auf der Straße geradeaus.

Ich verschwendete an all das keinen Gedanken. Stattdessen achtete ich darauf, Jesses Schlusslichter im Auge zu behalten, die man im Dunkeln als breite, senkrechte Schlitze am Lincoln leuchten sah. In melancholischem Ernst saß Chip auf meinem Beifahrersitz. Ich kraulte ihm die Ohren, um ihn aufzumuntern, aber er legte sich nur hin und schniefte. Chip war sehr empfindsam. Er wusste, dass der Verkehrsunfall mich verstört hatte.

Der erste Geist erschien auf dem linken Bankett und flimmerte im Scheinwerferlicht. Es handelte sich um den Geist einer Dame, nach dem langen, weißen Haar sowie dem langen, weißen Kleid beurteilt, einer ziemlich alten Dame. Er glomm auf und verschwand, war also vielleicht nur ein Wachtraum gewesen. Chip döste in derartig bedrückter Gemütsverfassung auf dem Nebensitz, dass er ihn gar nicht wahrnahm, und ebenso wenig war offenbar Jesse etwas aufgefallen. Seine Fahrweise blieb unverändert, er bremste nicht.

Auf den nächsten fünfzehn Kilometern verlief die Fahrt normal, dann erspähte ich plötzlich auf dem rechten Bankett eine ganze Schar Geister. Im Scheinwerferkegel gleißte silberweiß eine Anzahl von Metallkreuzen. Die Geister verschwammen einer in den anderen. Wie viele es waren, konnte man deshalb nicht erkennen, aber man merkte ihnen eine irgendwie erwartungsvolle Haltung an. Sie hatten eine gewisse Ähnlichkeit mit Leuten, die vor einem Kino Schlange standen. Ob Jesse sie ebenfalls gesehen hatte, konnte ich nicht feststellen. Ich ermahnte mich zur Vernunft. Wir hatten in den vergangenen beiden Nächten wenig geschlafen und am Vortag einiges getrunken, und wir hatten nahezu dreitausend Kilometer zurückgelegt. Alles schien gutzugehen. Weitere zwanzig Minuten verstrichen, vielleicht dreißig, und nichts ereignete sich.

Wind fauchte durch die offenen Fenster des Desoto herein, und aus dem Radio drang lediglich Geknister. Ich streifte die Stiefel ab, weil man so, da die Fußsohlen empfindlich sind, leichter wachbleiben kann. Plötzlich erhaschte mein Blick auf dem rechtsseitigen Bankett einen einzelnen Geist, und zwar einen, der sich – o Mann! – köstlich amüsierte.

Inwiefern ein Toter Gründe zum Lachen haben kann, muss rätselhaft bleiben. Dieser Geist war ein hochgewachsener Mann, er hatte Indianerhaar, so wie Jesse, ja, ich hätte schwören können, dass er wie Jesse aussah, ihm wie aus dem Gesicht geschnitten ähnelte. Der Geist war richtiggehend ausgelassen. Er tanzte und klatschte dabei in die Hände. Da gab er mir das alte Zeichen für *Nur zu, los-los, nur zu!* Seine Hand kreiste, während er ununterbrochen tanzte, in der Luft. Das Scheinwerferlicht durchdrang seine Gestalt, erhellte seitlich der Straße hohen, dichten Graswuchs, statt auf Beinen stand er auf einem Nebelfähnchen. Dennoch tanzte er.

Ich hatte keine Wachträume. Halluzinationen waren es. Die nächtliche Straße bevölkert sich mit Erscheinungen, die man zu sehen oder halb zu sehen nur glaubt. Wenn auf einer Nachtfahrt zu viel Unheimliches geschieht, ist es höchste Zeit, am Straßenrand zu halten.

Aber ich brachte es nicht fertig. Einmal angenommen, überlegte ich, ich halte, und es erweist sich, es sind gar keine Halluzinationen? Mir ging durch den Kopf, entsinne ich mich, dass es heißt, gerade die Leute, die gewöhnlich nichts mit Kanzelscheißern zu schaffen haben möchten, schlittern irgendwann in eine Situation, in der sie an einem Priester dringenden Bedarf haben. Jetzt hatte ich das Empfinden, als ob Jesse und mir eine Offenbarung biblischen Ausmaßes drohte. Ich senkte die Geschwindigkeit und blinkte Jesse ein paarmal mit dem Fernlicht zu. Jesse beachtete es nicht, und dann fing Chip an, sich seltsam aufzuführen.

Er bellte nicht; er ziepte. Auf dem Nebensitz stellte er sich auf alle viere, schaute zum Heckfenster hinaus, und seine Pfoten zitterten. Es schauderte ihn, er ziepte, schauderte nochmals zusammen und ziepte, ziepte, ziepte. Hinter uns kamen Scheinwerferlichter zügig näher.

Mir haben oft Figuren im Genick gehangen, die anscheinend unbedingt im Graben landen wollten. Aus Nacht und Nebel, Tintenschwärze und Dunstschwaden sind Lichter auf mich zugerast, wo kein geistig Gesunder achtzig gefahren wäre. Von Volltrunkenen und Selbstmordfahrern bin ich überholt worden. Aber keine Scheinwerfer waren je schneller als die, die auf mich zugeschossen kamen, die ich jetzt im Rückspiegel strahlen sah. Die A2 ist eine schnelle Piste für schnelle Autos, aber sie verläuft nicht durchs öde Flachland von Utah. Allem Anschein nach hatte der Irre hinter mir vor, einen neuen Landgeschwindigkeitsrekord aufzustellen. Einen Idioten darf man nicht ablenken. Ich ließ den Fuß von der Bremse und das Tempo allmählich sinken, hielt mich auf meiner Spur rechts und betätigte den Blinker, um anzuzeigen, dass ich auf den Seitenstreifen auszuweichen beabsichtigte.

Ich wollte dem Raser die Straße freimachen. Mich in seine Schwierigkeiten verwickeln zu lassen, hatte ich keinerlei Lust. Während ich verlangsamte, vergrößerte Jesse seinen Abstand. Möglicherweise hatte er die Scheinwerfer bisher nicht gesehen. Chip ziepte noch einige Male, sprang dann vom Nebensitz auf die Fußbodenmatten, rollte sich ein und krakeelte kläglich. Neunzig Sekunden hindurch fürchtete ich mich vor dem Tod. Für eine Sekunde glaubte ich, schon tot zu sein. Schlagartig drückte Fahrtwind den Desoto zur Seite, wetterte wie ein Wintersturm. Die Scheinwerfer geisterten am Desoto entlang.

Was ich anschließend erkennen konnte, war die Rundung eines Hudson-Kotflügels – diese Art von Rundung kennt man noch, selbst wenn man seit tausend Jahren tot gewesen ist –, die kleinen, Spitzbogen leicht ähnlichen Umrisse von Hudson-Schlusslichtern sah ich, und einen schrägen Türpfosten, der einem diagonalen Nagel glich, konnte ich auch unterscheiden; auf der Fahrerseite sah ich von gesprungenem Glas längliche Spiegelungen zurückflirren; und was ich hörte, war der Takt eines tüchtigen, achtzylindrigen Motors, der stampfte wie eine wildgewordene Lokomotive, ich hörte das Rummbumparumm einer Kurbelwelle, die in ihrem Lager rotierte. Die vorwärtsgeneigte Karosserie Miss Mollys schnellte vorbei, Funkenschauer sprühten aus dem Auspuffrohr, indem Miss Molly davonjagte.

Chip war nicht der einzige, der Gejaule ausstieß. Meine Stimme wetteiferte mit dem Motorgeheul Miss Mollys. Wir gellten ein dreistimmiges Gekreische in die Nacht, während Jesse fünf bis sieben Kilometer vor uns fuhr. Keine zwei Minuten vergingen, bis Miss Molly am Lincoln vorüberzog, als wäre er einbetoniert. Funken überschütteten den Lincoln, als fände verfrüht das Nationalfeiertags-Feuerwerk statt, und im Vergleich dazu wirkte das Aufleuchten der Bremslichter Jesses reichlich blass. Wind schüttelte den Lincoln, während Jesse auf den Seitenstreifen tuckerte. Wind rüttelte auch an meinem Desoto. Miss Mollys Schlusslichter wackelten, als ob sie im Verlauf einer Polka die Straße hinaufhüpfte, dann erloschen sie inmitten der Dunkelheit, indem Miss Molly eine Steigung überquerte oder sonst wie verschwand. Mit einem Mal verfinsterte die Nacht sich schwärzer als schwarz. Aus dem Nichts wehte eine Wolke vor den Mond und verhüllte ihn vollkommen.

In meinem Scheinwerferlicht erschien am Straßenrand wieder der Tanzgeist, und auch diesmal hätte ich geschworen, es sei Jesse. Er lachte, als hätte er einen guten Witz gehört, machte aber das alte Autofahrerzeichen für *Langsam, langsam,* bewegte mehrmals die flache Hand auf und ab, als tätschele er einen unsichtbaren Schoßhund. Ich empfand seinen Rat als vernünftig, und der Geist war mir, muss ich gestehen, fast sympathisch. Nach der Begegnung mit Miss Molly mutete ein fröhliches Gespenst mich nahezu wie beste Gesellschaft an.

»Da scheiß doch einer die Wand an«, sagte Jesse, und mehr brachte er in den ersten fünf Minuten, nachdem ich hinter ihm gehalten hatte, nicht über die Lippen. Ich stieg aus dem Desoto und schwankte zum Lincoln. Der alte Stoffel lag wie in Totenstarre auf dem Sitz, und Jesse massierte ihm die Hängeohren, versuchte auf diese Weise, ihn durch Erwärmung aufzuwecken. Jesse hing über dem Lenkrad wie jemand, der eben Jesus gesehen hatte. Seine Hände rieben Stoffels Ohren ganz sachte, und aus seiner Stimme klang Ehrfurcht. Bruder Jesses Bekehrung sollte nicht allzu dauerhaft sein, aber in dem Augenblick wenigstens war es ein erhabenschönes Erlebnis. Ihm leuchtete das Licht des Heils aus den Augen, und seine mageren, hageren Schultern bebten nicht einmal übertrieben stark.

»Ich vermiss mein Auto«, bekannte er zu guter Letzt leise, zwinkerte währenddessen. Wenn es sich vermeiden ließ, mochte er nicht flennen.

»Miss Molly hatte mir was mitzuteilen«, raunte er. »Komm, wir suchen uns 'ne off'ne Bar. Miss Molly ist im Automobilhimmel, so viel steht fest.«

Wir fuhren weiter, fanden ein offenes Lokal, parkten dort. Wir tranken Bier und schliefen auf den Fahrzeugsitzen. Keiner von uns wollte in dieser Nacht noch zurück auf die Straße. Als wir am warmen, klaren Morgen erwachten, war Stoffels Fell weiß geworden. Es störte ihn anscheinend nicht sonderlich, aber für den Rest seines Lebens war er ein merklich tiefsinnigerer Hund.

»Jetzt sieht er wie 'n Geisterhund aus«, sagte Jesse, ansonsten jedoch sprach er auf der Rückfahrt nicht mehr viel. Wir fuhren heim wie zwei alte Omas. Andere Verkehrsteilnehmer preschten an uns vorbei, schimpften wegen unseres Trödeltempos. Wir dachten uns nur, dass sie sauer sein und von uns aus auch sauer bleiben oder sich abregen konnten.

Ungefähr um vierzehn Uhr erreichten wir Jesses Wohnsitz.

Dort geschah einiges kurz hintereinander. Jesse stoppte neben seinem Wohnwagenanhänger, und am Lincoln brach das Frontende ab. Wumms!, sackte die rechte Seite auf die Erde, rechts entwich die Luft aus dem Reifen. Jesse wurde weißer als ich, und mir war, als hätte ich kein Blut mehr in den Adern. Hundertsechzig waren wir in der Kiste gefahren. Irgendwodurch mussten wir, als wir sie uns von unten anguckten, etwas übersehen haben. Meine Schultern und die Beine zitterten mir dermaßen, dass ich es kaum schaffte, aus dem Desoto zu steigen. Chip betrug sich höflich. Er kläffte lediglich aus Freude darüber, wieder zu Hause zu sein, lief aber diesmal, als wir das Auto verließen, nicht quer über meinen Schoß. Keiner von uns durfte in diesem Moment den Beinen trauen. Jesse schwang sich aus dem Lincoln und lehnte sich dagegen. Man konnte an ihm beobachten, wie er alle Möglichkeiten durchdachte, endlich die einzige überzeugende Schlussfolgerung zog.

Ein trotteliger Monteur musste das Frontende ohne Verwendung einer Gegenmutter angeschraubt haben, ohne Vorsteckstift, ohne Federring, ohne irgendetwas. Nichts als eine gewöhnliche, blöde Schraube hatte er eingesetzt, die immer lockerer geworden war und sich jetzt gelöst hatte.

»Miss Molly hat's gewusst«, sagte Jesse im Flüsterton. »Das war's, wovor sie mich warnen wollte.«

Sobald er diese Erkenntnis ausgesprochen hatte, fühlte er sich erheblich wohler. Sein Gesicht bekam wieder Farbe. Um die Ecke des Wohnwagens lugte er hinüber zu Miss Mollys Grab.

Drüben stand Mike Tarbush mit seinem 48er Roadmaster, und bei ihm Matt Simon, dessen 56er Dodge neben dem Roadmaster parkte und irgendwie, so wie dies Dodge-Modell stets wirkte, selbstgefällig aussah.

»Ich denk mir«, tuschelte Bruder Jesse mir zu, »wir quatschen lieber nicht über letzte Nacht. Sonst klatscht man noch rum, wir wären Alkis.« Energisch riss er sich zusammen, machte ein Gesicht wie ein Pferd, das zu grinsen versucht, und latschte zu dem Roadmaster.

Mike Tarbush war in Trauer. Er saß auf dem breitärschigen Kofferraum des Buicks und starrte in die Richtung der fernen Berge. Mike legte sich nur Klamotten in XXL zu und behielt trotzdem ein korpulentes Äußeres. Zum Ausgleich für seine Glatze protzte er mit einem buschigen, roten Schnauzbart. Ab und zu prahlte er mit seinem Vorstrafenregister, das drei Tage Knast wegen Sachbeschädigung umfasste. Er hatte einmal in einem Lokal einen Billardtisch zum Fenster hinausgeschmissen.

Jetzt ließ Mike die Nase mitsamt Schnurrbart hängen und erweckte in seiner Kleidung einen geschrumpften Eindruck. Am Roadmaster war die Kühlerhaube aufgeklappt. Im Motorraum hätte es nicht schlimmer ausschauen können. Das arme Auto hatte einen Kolbenfresser, der an verheerender Gründlichkeit alles Vorstellbare überbot. Jesse warf einen Blick in den Motorraum und machte *T-t-t.*

»Ich weiß, was du leidest«, sagte er zu Mike. Verlegen tätschelte er den Roadmaster. »Ich dacht immer, Betty Lou hält hundert Jahre. Was is 'n passiert?«

Wie ein erwachsener Mann zusammenhanglos vor sich hin schluchzt, kann kaum beschrieben werden, am wenigsten bei jemandem, der über die Kraft verfügt, um Billardtische zu stemmen. Letztendlich sammelte Mike allerdings doch noch genügend Selbstbeherrschung, um die Geschichte erzählen zu können.

»Wir waren Pistenhengst auf den Fersen«, erklärte er. »Ich glaub's zumindest. Vor drei Abenden hinten bei Kalispell. Da braust plötzlich 'n Golden Hawk an mir vorbei, als hätte ich geparkt.« Mike betrachtete die entfernten Berge, als hätte er ein Wunder erlebt, oder rechnete damit, dass sich gleich eines ereignete. »Auf jeden Fall versteht der Halunke was vom Fahren«, grummelte er; man merkte ihm noch jetzt seine Fassungslosigkeit an. »Von 'm lumpigen Studebaker musste ich mich abhängen lassen.«

»Es war halt 'n schneller Studebaker«, sagte Matt Simon. Matt ist so klein, wie Mike groß ist, aber Matt ist gebildet. Trotzdem hat er schon seinen Teil Zaunlatten umgelegt. Er sieht wie ein Mathematiklehrer aus, ist aber nicht allzu zierlich.

»Betty Lou hat alles gegeben, ich hatte das Gas bis zum Anschlag durchgetreten«, erzählte Mike mit gedämpfter Stimme. »Sie hat's versucht. Der Tacho zeigte hundertfünfundfünfzig an, aber wir sind von Pistenhengst abgehängt worden.« Er streichelte das Blech des Roadmasters. »Vermutlich ist ihr das Herz gebrochen.«

»Wir bieten drei Klassen von Begräbnis an«, sagte Jesse, dessen Tonfall Mitgefühl bezeugte. »Eine schlichte, eine Standard- und eine Extra-Spezial-Klasse. Bei der Extra-Spezial-Klasse sind Blumen inklusive.« Er hatte ein vollauf ernstes Gesicht, und Mike ging dementsprechend darauf ein. Er entschied sich für die Extra-Spezial-Bestattung, die fünfundsechzig Dollars kostete.

Mike stellte eine wirklich rührende Gedenktafel auf:

ZWEITÜRIGER ROADMASTER BETTY LOU
1948-1961
MIKE TARBUSHS BESTE FREUNDIN FAND EIN RUHMREICHES ENDE
BEI DER JAGD AUF PISTENHENGST

Bruder Jesse reparierte den Lincoln, bis er das Frontende felsenfest angebracht hatte. Er taufte ihn Sue Ellen, aber nicht Miss Sue Ellen, weil man nie wissen konnte, ob er damit nicht Mollys Eifersucht erregt hätte. Als wir uns Miss Mollys Grab anschauten, hatten wir den Eindruck, die Erde sei aufgewühlt. Im Hochsommer blühten die von Jesse auf der Grabstätte gesäten Wiesenblumen. Mir wich der Gedanke nicht aus dem Kopf, dass Miss Molly noch lebte, und es kann sein, es ging Jesse genauso.

»Sue Ellen ist ’ne Dame, die ich mal in Pocatello kannte«, erklärte Jesse die Namensgebung. »Ich vermute, ich fehle ihr.« Er äußerte die Mutmaßung in hoffnungsvollem Ton, als ob er es in Wahrheit bezweifelte.

Meines Erachtens wurde Jesse mit der Zeit immer grüblerischer. Abends blieb er meistens im Ort, nur manchmal war er weg. Wenn er sich unterwegs befand, fuhr er wirklich achtsam und kehrte unweigerlich vor Mitternacht heim. Jesses Wildheit war nicht verpufft, doch hatte er sich stramme Zügel angelegt. Er behauptete, von Miss Molly zu träumen. Jesse heckte irgendetwas aus.

Und ich auch, ob bewusst oder unbewusst.

Nachts kreisten mir immer wieder Gedanken an Pistenhengst durch den Kopf, und ebenso welche an den Tanzgeist. Während der Sommer sich hinzog, trieb die Unruhe mich, als wäre es mein Schicksal, den Mond anzuheulen, auf die Straße. Vor meinen Scheinwerfern entrollte sich die Autobahn wie ein magischer Richtungspfeil, der auf Örtlichkeiten deutete, wo in warmem Sonnenschein Frauen lachten und sich verliebten. Aber auf irgendeine Art gedieh daraus nichts.

Im Laufe dieses Sommers schmolzen in meinem Leben Frauen von Wunschbildern zu Traumbildern zusammen. Als ich es gegenüber Jesse erwähnte, meinte er, das läge bloß daran, dass ich erwachsen würde. Ich wünschte mir, Jesse hätte ausnahmsweise einmal unrecht. Ich wünschte mir vielerlei, und ein Wunsch erfüllte sich: Nicht ich war es, sondern Mike Tarbush, der die nächste Begegnung mit Miss Molly hatte.

Mike kam aus Billings zurück, das er zwecks Autokauf aufgesucht hatte. Er fuhr am Sonntagnachmittag bei Jesse vor. Alles war friedlich in Montana. Vögel hockten in Reih und Glied auf

Telegrafendrähten, man hörte Vogelrufe aus hochgewuchertem Gras. Die A2 gleißte vom Sonnenschein so schillernd, als wäre sie regennass; lag so frei und leer da, wie eine Straße es nur sein konnte. Als Mike einen 56er Mercury neben den Lincoln steuerte, sah es aus, als wäre bei einem Ford-Händler Schlussverkaufswoche.

»Ich muss mal was nachschauen«, sagte Mike, indem er dem Mercury entstieg. Er schleppte sich mehr oder weniger zu Miss Mollys Grab, blieb davor stehen. Schwacher Wind neigte die Wiesenblumen zur Seite.

Mike ähnelte einem Bären, der sich bemüht, durch fortgesetztes Kopfschütteln einen Verwirrungszustand zu überwinden. Er stapfte zum Grab seines Roadmasters. Rötlichgrünes Gras spross hervor. »Ich bin nüchtern gewesen«, beteuerte Mike. »Kann sein, ich bin's an den wenigsten Sonnabenden, aber dieses Mal war ich nüchtern wie 'n Sheriff.«

Für eine Weile sagte niemand etwas.

Stoffel saß leuchtendweiß und versonnen herum. Chip schlief neben einer der gescheckten Katzen in der Sonne. Plötzlich erwachte Chip. Er drehte sich dreimal um sich selbst, dann verkroch er sich unter den Bulldozer.

»Sag, dass ich nicht übergeschnappt bin«, verlangte Mike. Er saß mit einer Arschbacke auf dem Vorderkotflügel seines neuen, blauweißen Wagens, der eine Atmosphäre von Freiheit und Abenteuer verbreitete. »Ich habe die Karre Judith genannt«, sagte er über den Mercury. »Ein echtes Ringeltäubchen.« Er wischte sich Schweiß vom Kahlkopf. »Ich bin von Betty Lou und Miss Molly überholt worden. Klingt das glaubwürdig?« Er tupfte sich weiteren Schweiß ab und nickte den Gräbern zu, die ein Aussehen hatten, als wären sie in der Prärie verteilte Poller. »Nee«, beantwortete er die Frage selbst, »es klingt völlig verrückt.«

»Mit deinem Mercury stimmt was nicht«, stellte Jesse in aller

Ruhe klar. »Du hast 'nen schadhaften Reifen, oder die Bremshydraulik ist leck, oder es ist was Tückisches an der Steuerung.«

Er bewog Mike zu schwören, kein Sterbenswörtchen auszuplaudern. Dann weihte er ihn darin ein, dass Miss Molly ihn vor dem Frontende des Lincolns gewarnt hatte. Nachdem er alles geschildert hatte, wirkte Mike wie jemand, den ums Haar ein Lastzug überrollt hätte.

»Du darfst keinen Meter mehr fahr'n«, ermahnte Jesse ihn, »bevor wir geklärt ham, was an dem Ding kaputt ist.«

»Und ich habe den Wagen schon auf hundertsechzig gebracht«, gestand Mike leise. »Ich habe ihn eigens gekauft, um mir einen bestimmten Lausekerl in 'm Studebaker vorzuknöpfen.« Sein Blick fiel auf Betty Lous Grab. »Das verdanke ich Pistenhengst.«

Zu dritt untersuchten wir den Mercury mit solcher Genauigkeit, als gäbe es darin Gold zu finden. Der Defekt war so offensichtlich, dass wir, während der Motor abkühlte, zwei Stunden brauchten, um ihn zu ermitteln. Dann entdeckte Jesse ihn. Die Unterseite des Kraftstoff-Filters rieb gegen die Ventilklappe. Als Jesse den Filter berührte, zerfiel er. Benzin spritzte auf den Motor und die Zündkerzen. Der Mercury wäre demnächst in Brand geraten.

»Ich frag mich, ob Pistenhengst dahintersteckt«, sagte Jesse, nachdem Mike wegen der Sache mit Betty Lou abgefahren war. »Ich wüsste gern, ob Pistenhengst der Studebaker-Typ ist.«

Die Nächte verursachten uns nach und nach ernsthafte Bauchschmerzen, auch wenn die Einsamkeit der Straße nur im Kopf des Menschen existiert. Indem der Sommer seine längsten Tage hinter sich brachte und die Sonnenuntergänge wieder früher einsetzten, tummelten sich Geister an den Metallkreuzen, kaum dass der letzte Sonnenstrahl vom Land wich. Wir fuhren zur Arbeit und heim, in den Ort und zurück. Ich hatte den Vorzug einer dauerhaften Beschäftigung bei einer Tankstelle, aber sie forderte mir tagein, tagaus immer nur das gleiche ab. Umfangreichere Reparaturen gab es nie zu bewältigen, keine Motorpannen zu beheben, keine Getriebeschäden zu beseitigen; außer Reifenwechsel und Zündung einstellen fiel nichts an. Ich hätte liebend gern ein nettes Mädchen kennengelernt, aber welche Frau, die bei Verstand ist, lässt sich schon mit einem Pumpenschwengel von der Tankstelle ein?

Die Nächte hingegen waren etwas anderes. Ich hatte das Gefühl, ich müsste irrsinnig werden, und Jesse und Mike litten offenbar noch ärger. Jesse fand letzten Endes eine Erklärung für seine Situation. Er behauptete, dass Miss Molly ihn beschütze. Jesse und Mike unternahmen mit dem Lincoln und dem Mercury ausgedehnte Touren, auf denen sie ihren Wagen das Äußerste zumuteten.

An manchen Abenden zischten sie mit Geschwindigkeiten an mir vorüber, die sich kein geistig gesunder Mensch im Dunkeln getraut hätte. Ein wirklich starker Trinker war Jesse nie gewesen, und Mike gewöhnte sich das Trinken gänzlich ab. Es nahm die beiden zu nachhaltig in Anspruch, ihre Autobahnhatz zu veranstalten. Ihr Umhergerase nahm derartige Formen an, dass die Autobahnpolizei erst gar nicht versuchte, ihnen zu folgen. Es machte einfach am nächsten Tag ein Beamter eine Stippvisite bei Jesse und lieferte Strafzettel ab.

In meinen Träumen tanzte, sowohl im Schlaf wie auch im Wachsein, der Tanzgeist. Wenn das Tageslicht verdämmerte, passierte ich Metallkreuze und entsann mich einiger der Autowracks, die ich gesehen hatte.

Drei Kreuze standen auf der einen, vier auf der anderen Seite der Bahngleise. Die drei Toten hatte es gegeben, als ein Grüppchen kanadischer Cowboys ein Wettrennen gegen einen Zug verlor. Der Vorfall war zu schrecklich gewesen, als dass man sich freiwillig daran erinnert hätte, aber nahezu jede Nacht lungerten die drei Burschen an den Kreuzen und stierten völlig baff die Schienen an.

Die vier Kreuze gingen auf einen Verkehrsunfall zurück, bei dem ein Drittel der 1959er Schulabschlussklasse am Abend nach der Entlassungsfeier mit überhöhter Geschwindigkeit auf den Bahnübergang zu orgelte. Das Quartett saß in einem beschissenen alten Chevrolet. Wieder musste das Bestattungsinstitut Fisher Überstunden einlegen. Jetzt standen die zwei Mädchen in ihren langen Kleidern da und zogen ähnlich lange Gesichter. Die beiden Jungs taten so, als bestünde keinerlei Grund zur Aufregung. Im weiteren Verlauf der Autobahn hatten sich diese und jene Geschehnisse vor meiner Zeit abgespielt. Am häufigsten sah ich einen Indianergeist neben dem Geist eines Hirschs stehen. An einer anderen Stelle schaute ein pausbäckiger, alter Rancher richtig unzufrieden und fuchsig in die Gegend.

Der Tanzgeist blieb unberechenbar. Alle übrigen Geister hielten sich an ihre Kreuze, aber der Tanzgeist zeigte sich, wo und wann es ihm passte. Ich bremste den Desoto, sobald der Geist in meinem Scheinwerferlicht erschien, und jedes Mal konnte ich mich davon überzeugen, dass er praktisch Jesses Ebenbild abgab.

»Ich mag davon nix wissen«, sagte Jesse jedes Mal, wenn ich das Gespräch darauf lenkte. »Ich hab 'n Stein ins Rollen gebracht. Ich werd sogar berühmt.«

Damit hatte er recht. Landauf, landab rissen die Leute ihre Witze über Jesse und sein Autobestattungsunternehmen.

»Das ist die beste Art von Reklame, die man haben kann«, meinte Jesse zu mir. »Mein Geschäft wird blühen, ehe der Schnee fällt.«

»Den nächsten Schnee erlebst du nicht mehr«, erwiderte ich, bäumte mich bei dieser Gelegenheit zum zweitenmal gegen ihn auf, »wenn du nicht langsamer fährst und achtgibst.«

»Ich bin 'ne Riesenlatte Straßen mehr als du langgedonnert«, entgegnete Jesse, »und dies oder das zu sehn, gehört zu Nachtfahrten halt dazu. Nachts ist's auf der Straße eben anders.«

»Inzwischen geht's schon in der Abenddämmerung los.« »Ich seh keine Geister nicht«, versicherte er, und er log. »Außer Miss Molly … ein- oder zweimal.« Mehr konnte ich nicht aus ihm herausholen.

Jesses Erwartung ging auf; mit Ausklang des Sommers wurden neben Miss Mollys Grabstätte weitere Gräber angelegt. Ein Mann namens McGuire schleppte seinen 41er Cadillac her.

FLEETWOOD COUPÉ ANNI
1941-1961
486 428 KM MIT V8-SCHIEBERMOTOR
SIE WAR DAS GLÜCK DES IREN PAT MCGUIRE

Und Sam bestattete seinen 47er Packard.

ZWEITÜRIGER PACKARD LOIS LANE
1947-1961
IN TRAUER UM SEINEN BESTEN KUMPEL:
SAM WINTER
FAHR DU ZUM HIMMEL HEIM

Und Pete Johanson begrub seinen Kleinlaster.

FORD-LIEFERWAGEN GERTRUD
1946-1961
CA. 337 600 KM
KEIN RENNER, ABER TREUES LASTPFERD
PETE JOHANSON ÜBERSTAND DANK IHR SO MANCHEN WERKTAG

In Montana sind die Straßen lang und einsam, und am einsamsten ist die Autobahnstrecke. Zwischen Saskatchewan und Temas steht nichts, das hoch genug wäre, um als Schutz gegen den kalten, klaren Wind abzuhelfen, der Ende Oktober aufkommt. Regenwolken ziehen wie Heulsusen nach Mittelwesten, und das Gras nimmt eine fast goldgelbe Bernsteintönung an. Die Klapperschlangen verdrücken sich zum Überwintern in höheres Gelände. Jedes Geschöpf in Gottes Plains lässt es sich angelegen sein, zur Vorbereitung auf den Winter Speck anzusetzen. Bald kann es zwanzig Grad unter Null sein, und der Wind wird stürmisch tosen.

Das ist Wetter für den Vierradantrieb. Man stellt Internationals und Fords – in den Hügeln sind es zumeist Mühlen von Dodge –, PKWs und Transporter neben Häusern, in Garagen und in Schuppen ab, schließt Fahrzeugheizungen und Zündkerzen mit Elektrokabeln an Steckdosen. So lassen die Wagen sich mit Welpen an der Zitze vergleichen. Das Arbeiten verlangsamt, bis jede Tätigkeit vollends still liegt. Die Wetterverhältnisse erfordern neue Betätigungen. Es gilt, sich um Brennstoff, Notgeneratoren und – zu Isolierungszwecken – um Strohballen zu kümmern. Pferde, Weidevieh und Rotwild sehen in ihrem Winterfell zottig aus. Überprüfen Sie Ihre Batterie. Wenn Sie fünf Kilometer von daheim entfernt sind, und Ihr Straßenkreuzer springt nicht mehr an, wird er deswegen nicht verrecken – aber vielleicht krepieren Sie.

Schulbusse kriechen von einer zur nächsten Haltestelle, und durch die trübe Helligkeit des Spätnachmittags trotten dick vermummte Schulkinder, die mit farbenprächtigen Jungbären Ähnlichkeit aufweisen. Schneeeulen fliegen aus dem Norden ein, wo die Leute zur Abwechslung von den Jahreszeiten, in denen attraktivere Vergnügungen möglich sind, sonntags in die Kirche gehen. Männer bummeln im Ort herum, weil es ihnen zu Hause entweder zu leer oder zu voll ist, je nachdem, ob sie ledig oder verheiratet sind. Die Familien lümmeln sich vor dem Fernsehapparat und berieseln sich mit Eindrücken der komischen, blöden, unwirklichen Welt, wo alle sich aufführen, als wären sie unerhört reizvoll und zudem splitternackt, selbst wenn sie es nicht sind.

Und neunzehn Jahre alt zu sein heißt auch Einsamkeit.

Und die Arbeit ist eine einsame Angelegenheit, wenn man niemanden hat, dem man zumindest ein klein wenig bedeutet.

Ehe der Winter anbrach, hatte sich bei mir die fixe Idee gefestigt, einmal Pistenhengsts Route abzufahren. Es war September. Danach sucht der Winter uns meistens ziemlich plötzlich heim. Mein Vorhaben lief auf eine kostspielige Tour hinaus. Voraussichtlich verschlangen die Kosten für Miete, Benzin und Auswärtsessen meinen Tageslohn. Auf alle Fälle genügte er für Sprit und Sandwiches. Pennen konnte ich im Auto. Gegen zwanzig Mäuse verpfändete ich Jesse einen Wagenheber. Anscheinend gefiel ihm meine Idee. Er ging sogar ins Treibhaus und lieh mir einen gefütterten, wasserdichten Schlafsack.

»Für den Fall, dass 's ganz und gar grauslich wird«, sagte er, schmunzelte mir zu. »Und nun brumm los und pack Pistenhengst an den Haxen.«

Die Fahrt wurde für mich eine schöne Zeit. Meine Träume von Mädchen entrückten meinem Bewusstsein, erledigten sich sozusagen von allein, während ich durchs immerwährende Land reiste. In diesem Herbst lernte ich das Land zu lieben, wohl auf die Art, wie es von Ranchern geliebt wird. Das Land hörte auf, nur etwas zu sein, durch das eine Straße führte. In V-förmigen Schwärmen zogen von Norden kanadische Wildgänse her. Der weite Himmel Montanas wölbte sich leicht wie Adlerschwingen übers Erdrund.

Wenn ich an den Straßenrand rollte und den Motor abschaltete, mischte sich das Zirpen der Grashüpfer mit Vogelrufen. Einmal brabbelte in der Nähe ein wilder Truthahn – diese Tiere sind ansonsten so gerissen, wie Hofputer dumm sind – mit sich selbst, ohne mir die geringste Beachtung zu schenken.

Umgehend stieß ich auf Pistenhengsts Spur, und zwar in einem Café in Malta:

Das Ganze war ein
fürchterlicher Irrtum. Christoph Columbus.
Pistenhengst

In einem Barlokal in Tampico las ich:

Wer fürchtet sich vorm großen, bösen Wuff?
Pistenhengst

Und in einer anderen Bar in Culbertson:

Ostwärts, junger Freund, ostwärts!
Pistenhengst

Ich durchquerte Williston und wandte mich durch Nord-Dakota nach Süden. Bis Watford City klaffte in Pistenhengsts Spur eine Lücke; erst dort fand ich im Klo einer Tankstelle wieder den Anschluss.

Atlantis und Sargassomeer:
»Fünf Faden tief« liegt Bruder dein.
Pistenhengst

Und in einer Spelunke in Grassy Butte entdeckte ich den Text:

Fix & Foxi minus eins.
Pistenhengst

Keine Geister erschienen längs der Bankette, aber die Straße blieb die Straße. Bei Spearfish in Süd-Dakota bandelte ich mit einem Hudson-Tourenwagen an – einem 53er –, dem ich bis Wyoming an der Stoßstange hing, als verbände uns eine Abschleppstange. Fast vierzig Kilometer weit machte der Fahrer das Spielchen mit, dann wurde es ihm wohl langweilig. Er gab mehr Gas und schoss praktisch davon.

* * *

Sheridan war damals noch ein nettes, freundliches Städtchen, und zudem war ich es allmählich leid, wie ich roch. Am frühen Nachmittag suchte ich mir ein Fünf-Dollar-Motel, das eine Dusche hatte. Bei einer Übernachtung blieben mir für den Aufenthalt restlicher Nachmittag, Abend und nächster Morgen. Ich machte mich todschick, indem ich ein gutes Hemd anzog und mein Haar glattkämmte, und gleich fühlte ich mich sauwohl. In den staubigen Straßen herrschte nur träges Getue. Vor den Kneipen parkten die verbeulten, abgenutzten Kleinlaster der Rancher, und auf der Ladefläche eines der Fahrzeuge kauerte auf Heuballen ein alter Indianer. Er trug einen Schlapphut und wirkte wie Herz und Auge der Prärie. Er musterte mich, als wäre ich ein prächtiges, junges Hündchen, aus dem irgendwann etwas zu werden versprach. Ich empfand dabei keinerlei Missbehagen.

Wegen eines Mädchenlächelns drückte ich mich im Kaufhaus länger am Getränkestand herum. Das Mädchen war einfach schön, ein wenig hatte es vielleicht ein Pferdegesicht, aber vor allem sonnenblonde Haare und sanfte Hände mit langen Fingern. Jede Aussicht, mit ihm ein Gespräch anknüpfen zu können, scheiterte leider daran, dass es in der Abteilung Damenunterwäsche gab. Ich redete mir ein, dass es, als ich ging, eine traurige Miene zog.

Der Spätnachmittag kam. Sonnenstrahlen wanderten zwischen die Gebäude, Schatten krochen über die Straßen. Alles war normal; dann jedoch wurde es mit einem Mal unheimlich.

Ich spazierte einfach so dahin, guckte Schaufenster an, informierte mich über das Programm des Kinos, da sah ich vor mir Jesse auf einen Golden Hawk zugehen. Ich erblickte ihn etwa eineinhalb Blocks voraus, aber es war Jesse, so wahr die Sonne scheint, und er hielt auf einen Golden Hawk zu. Das Auto zu verkennen ist ausgeschlossen. Golden Hawks waren hochteure Luxusschlitten, und Studebaker hat davon nur wenige verkauft.

Ich rief Jesse und lief zu ihm. Jesse wartete am Wagen, wirkte irgendwie verblüfft. Er schmunzelte, als ich ihn erreichte.

»Schon wieder«, sagte er, und seine Stimme klang nach Belustigung, überhaupt nicht nach Hintersinn. Der Sonnenschein färbte sein Gesicht rötlich, während Schatten Beine und Füße im Dunkeln verbargen. »Sie verwechseln mich mit jemandem namens Jesse Still.« Hinter ihm kündigte Finsternis auf den Schattenseiten der Häuser das zügige Anbrechen des Abends an. Über der Prärie sinkt die Sonne schnell.

»Jesse«, fragte ich, »was, zum Teufel, tust du hier in Sheridan?«

»Junger Freund«, entgegnete er, »Sie sehen nicht Jesse Still vor sich.« Er sagte es sachlich und höflich, und einiges deutete an, dass er die Wahrheit äußerte.

Er sprach in fließend-kultiviertem Tonfall, redete also keinesfalls wie Jesse. Seine Haare hatte er säuberlich gekämmt, und er trug Kleidung, die nicht vom Wühltisch stammte. Seine

Jeans war aus weichem Stoff und sah alles andere als billig aus. Seine Stiefel waren aus geprägtem Leder hergestellt. Im Dämmerlicht glänzten sie irgendwie. Der Golden Hawk wies keinen Dreckspritzer auf, und im Fahrzeuginnern war nie ein Werkzeug, ein Autoersatzteil oder ein Karton Tierfutter befördert worden. Er funkelte nur so.

Einerseits hätte ich fast jedes Wort geglaubt, aber andererseits nicht.

»Das ist doch Unfug.«

»Im Gegenteil«, lautete die gänzlich zurückhaltende Erwiderung. »Jesse Still treibt Unfug mit mir, obwohl er gar nicht die Absicht hat. Wir kennen uns ja gar nicht.« Regelrecht nervös wirkte er nicht, aber ungeduldig. Er stieg in den Studebaker und startete den Motor, der schnurrte wie bei einem Rennwagen.

»Wir leben in einer großen, furchtbar vertrackten Welt«, sagte er, »und wahrscheinlich ist Mr. Still der gleichen Meinung … Mir ist sogar schon erzählt worden, wir seien Brüder.«

Ich wollte noch etwas sagen, aber er winkte mir ganz freundlich zu und fuhr ab. Auf dem flachen, schnittigen Heck des Golden Hawk spiegelte sich ein Lichtkegel des Sonnenscheins, dann rollte es in die Schatten. Hätte ich ein schnelles Auto gehabt, ich hätte nun die Verfolgung aufgenommen. Zu irgendeinem Ergebnis hätte es wohl nicht verholfen, aber irgendetwas anzufangen wäre immerhin besser gewesen, als gar nicht zu handeln.

Aus Fassungslosigkeit bibberte ich beinahe vor mich hin. Eben hatte das Leben sich verändert, und die Änderung ließ sich nicht mehr rückgängig machen.

Mir waren die Hände gebunden, also richtete ich mein Interesse auf ein Abendessen.

In dem Café, wo ich aß, hatte Pistenhengst sich bereits verewigt:

Und ich, ich saß herum und mampfte Roastbeef mit Kartoffelbrei. Und ich schlussfolgerte, dass der Mann mit dem Golden Hawk Jesses Zwillingsbruder war und gelogen hatte. Und ich erkannte endlich, in was für einer Welt des Zufalls und der Willkürlichkeit ich lebte, denn ohne es konkret darauf angelegt gehabt zu haben, ohne zu merken, was geschah, war ich vorhin Pistenhengst begegnet.

Es folgte eine Nacht der Träume. Die Träume ließen mir keinen Frieden. Der Tanzgeist versuchte mir weiszumachen, die Jesse-Brüder seien Drillinge. Die Geister an den Metallkreuzen erflehten Fahrten ins Nichts, Fahrten durch den langen Tunnel der Nacht, der am Traumland vorbeiführte, aber keine Abzweigungen ins Traumland hatte. Alles war im Traum wieder gegenwärtig: der wirre Sommer, das Rasen, Rasen, Rasen hinter dem Heulen des Motors. Pistenhengst nölte mit Jesses Stimme, Pistenhengst sprach kultiviert. Das Mädchen in der Damenunterwäsche-Abteilung streckte mir eine Hand entgegen, aber dann zog es sie zurück. Ich träumte von hundert Autobahnraststätten, Barlokalen, Cafés und altmodischen Tankstellen mit Schmiergruben. Ich träumte vom Wintersturm und den dunklen Wintertagen, und von Abenden, an denen man bloß in seinem Zimmer herumhockt, weil es zu mühsam wäre, sich zum Fortgehen aufzuraffen.

Am frühen Morgen erwachte ich und schlürfte einen Kaffee am Stehtisch einer Bäckerei, die schon geöffnet hatte, weil sie nachts Brötchen buk. Ringsum lag weit das Land, aber ich wusste nichts zu sagen. Ich zählte mein Geld und die Kilometer. Ich setzte mich mit dem Gedanken in den Desoto, dass ich noch nicht einmal Gelegenheit gefunden hatte, ihm einen Namen zu verpassen. Die Straße entrollte sich westwärts. Sie endete in Seattle, wo ich mein Auto verkaufte. Weil alles davon quasselte, es gäbe bald Krieg, und ich sowieso nichts zu tun hatte, meldete ich mich zur Marine.

3.

Im Sommer nahmen Kraftfahrzeugbestattung und Umhergegurke Jesse so in Anspruch, dass er mir nicht schrieb. Im Winter hingegen schickte er mir treu und brav Antworten. Mit ungefüger Hand verfasste er lange Briefe. Er versuchte mich aufzumuntern, und um das gleiche bemühte sich auch Matt Simon.

Die Marine schickte mich ins Ausbildungslager, zur technischen Unterweisung und zuletzt zu einem Flottenstützpunkt in San Diego. Dort betätigte ich mich dreieinhalb Jahre lang, musste manchmal sogar auf Schiffen malochen, die nirgendwohin mehr ausliefen. Ringsum lag ein sonniges Land, in dem die Frauen stets lächelten, aber die Frauen verliebten sich meist um zehn Uhr abends und hatten es frühmorgens schon vergessen. Die Weiblichkeit in den Lokalen war jünger und hübscher als zu Hause. Tripper war verbreitet, so dass rasche Ansteckung drohte. »Das Geschäft wächst und gedeiht hervorragend«, schrieb Jesse gegen Weihnachten '62.

»Vergangenen Sommer habe ich vierzehn Wagen bestattet. Darunter ein Krautmobil.« Er ließ sich auf einer ganzen Seite über seine Geschäftsmoral aus. Eine Schrottkarre neben anständigen Autos beizusetzen erachtete er als fragwürdig.

Gleichzeitig wäre es nachteilig gewesen, es abzulehnen. Er legte auf seinem Autofriedhof ein zweites, besonderes Grabfeld an und renommierte damit, es sei exklusiv für fremdländisches Blech bestimmt.

»Mike Tarbush hat wieder zu süffeln angefangen«, schrieb er. »Wir mussten leider Judith begraben.«

Mike hatte mit dem Mercury nie die geringsten Probleme gehabt. Judith benahm sich tadellos wie eine Dame, bis Mike sie aufs Dach legte. Er setzte nachts auf einem Parkplatz reichlich hastig zurück und fuhr rückwärts das Spanndrahtseil eines Strommasts hinauf; das war bisher wohl das einzige Mal in der Kraftfahrzeuggeschichte, dass ein Auto sich bei 30 km/h überschlug und in ein Wrack verwandelte.

»Mike kann gar nicht mehr aufhören, davon zu verzählen«, schrieb mir Jesse. »Pistenhengst hat er nie erwischt, aber aufgegeben hat er noch nicht. Letztens kam er hier in einem frisierten 57er Oldsmobile hergeheizt, das er Sally nennt. Der Ofen sieht aber wie ein Hereford aus und stinkt tierisch.«

Die Heimat schien weit fort zu sein, obwohl jemand, der sich auf der Autobahn richtig hinters Lenkrad klemmte, in nicht mehr als sechsunddreißig Stunden hätte hin düsen können. Ich hätte gern einmal Urlaub genommen und wäre heimgefahren, jedoch sah ich ein, dass es klüger war, darauf zu verzichten. Wäre ich erst zu Hause gewesen, hätten mich wahrscheinlich keine zehn Pferde mehr weggebracht.

»George Pierson von der Futterhandlung sagt, er will eine Vaterschaftsklage gegen Stoffel einreichen«, schrieb Jesse. »Die Welpen sind niedlich und sehen ihm echt ähnlich.« Da begriff ich, weshalb ich an Heimweh litt. Sicherlich vermisste ich auch die altvertraute heimatliche Umgebung, aber noch stärker fehlten mir die Menschen. Zu Hause waren die Leute wichtig genug, um sich einander ihre Namen zu merken. Wenn jemand einen Unfall hatte oder ums Leben kam, verspürte man Mitgefühl. In Kalifornien kannte keiner keinen. Dort fegt man einfach die Glasscherben weg und gibt wieder Gas. Ich hätte mich durchaus anpassen können. Immerhin machte ich meinen Schnitt und fuhr eine Bonzenschaukel, einen 57er Hemi-V8-Chrysler; trotzdem hatte ich dazu nie die Neigung. »Du solltest daran gar keinen Gedanken vergeuden«, schrieb Jesse, nachdem ich ihm meine Ansicht mitgeteilt hatte, Pistenhengst begegnet zu sein. »Von dem Kerl, der wie ich aussieht, weiß ich schon längst. Gelegentlich kommt so was halt vor.«

Das blieb alles, was er zu dem Thema verlauten ließ.

* * *

Neunzehnhundertdreiundsechzig endete voller Frohsinn und Hoffnung. Matt Simon schickte mir einen Brief. Sam Winder kaufte eine Weihnachtsgrußkarte, und jeder schrieb ein Sprüchlein darauf; sogar mein ehemaliger Chef, der Tankstelleninhaber, unterzeichnete sie. »Fröhliches Weihnachtsfest! Übertreib's nicht, Jed.« Mein Chef nahm es mir nicht übel, dass ich bei ihm in den Sack gehauen hatte. In Montana steht es jedem frei, sein Glück so zu versuchen, wie er es möchte.

Weihnachten '63 war Jesse froh und munter wie ein Fisch im Wasser. Eine Person namens Sarah, die im Café kellnerte, zog zu ihm. Deswegen fiel Jesses Brief recht kurz aus. In dem Jahr bestattete er dreiundzwanzig Fahrzeuge und kaufte zusätzliches Land. Für Miss Molly bestellte er einen Grabstein aus echtem Marmor. »Sue Ellen ist ein wahrer Schatz«, schrieb Jesse über den Lincoln. »Der Stein wog fast eine Tonne. Beim Abholen vom Güterbahnhof haben wir uns fast die Hinterachse verbogen.«

Zwischen Weihnachten '63 und Januar '64 verstrichen nur ein paar Tage, doch in dieser Zeitspanne ereignete sich für Jesse ein schwerer Rückschlag. Sein nächster Brief war für mich realer als die gesamten Dieselmotoren San Diegos.

Um sämtliche Seiten hatte er einen schwarzen Rand gemalt. Der Brief fing ganz gut an, aber danach wurde sein Inhalt immer unerfreulicher. »Sarah ist weg und hat sich ein Zimmer gemietet«, hieß es darin. »Mein Eindruck ist: ich habe sie überfordert.«

Er erwähnte keine Einzelheiten, aber meine Vermutung lautete, es war der Umstand, dass Jesse, zwei Katzen und zwei Hunde mit ihr in einem zweifünfzig breiten Wohnwagenanhänger zusammenzuleben versuchten, der sie überforderte. »Ich glaube, sie trauert mir nach«, schrieb Jesse. »Damit wird sie sich wohl abfinden müssen.« Anschließend berichtete der Brief einen geradezu schrecklichen Vorfall.

»Aus Kanada ist ein Wolfsrudel rübergewandert«, schrieb Jesse. »Der alte Stoffel muss regelrecht in der Luft zerrissen worden sein. Mike und ich haben Spuren entdeckt, aber nur ganz wenig Blut im Schnee.«

Ich saß im sommerlich hellen Freizeitkasino, umgeben von Matrosen, die Billard oder Tischtennis spielten. Ich malte mir Schnee und Eis der Heimat aus. Ich stellte mir den alten Stoffel vor, wie er auf seine einfältige, unbekümmerte Art umherschnupperte, nach Kaninchen schnüffelte oder das Bein hob. Vielleicht hatte er, als der erste Wolf in Sicht kam, sogar mit dem Schwanz gewedelt. Mitten im Saal rang ich mit den Tränen, stand unmittelbar davor, um einen Hund zu flennen; einen Moment später tat ich es dann wirklich, und es war mir vollkommen egal.

Die Welt änderte sich, und ihre Veränderungen vollzogen sich unwiderruflich. Noch einmal bewarb ich mich um den Dienst auf See, aber der Oberstabsbootsmann, der die Fahrbereitschaft des Marinestützpunkts leitete, lehnte mein Gesuch erneut ab. Er vertrat den Standpunkt, dass wir die Sicherheit der Welt garantierten, indem wir Motoren auf Vordermann brachten.

»Der 62er Dodge setzt sich als beliebtes Fahrzeug der Leute durch, die es eilig haben.« Das schrieb Matt Simon im Februar 1964, denn er wusste, mir war klar, dass vor Ablauf von ein, zwei Jahren niemand sagen konnte, welche Autos bei den Käufern

Wertschätzung fanden. »Diesmal ist der Winter grimmig kalt«, teilte er mir mit, »und viele von uns leiden besonders stark. Mike hat endlich kapiert, dass man Polizisten nicht boxen darf. Er sitzt zehn Tage Knast ab. Sam Winder hat sich mit seinem Jeep überschlagen, und ich begreife so wenig wie er, wie man sich mit einem Jeep überschlagen kann. Sam hat einen gebrochenen Arm und durch Erfrieren zwei Zehen verloren. Er lag unter dem Autowrack eingeklemmt.

Ihn hervorzuziehen dauerte eine Weile. Bruder Jesse ist in düsterster Gemütsverfassung. Er kommt und geht unregelmäßig, aber an den meisten Tagen parkt sein Lincoln vor dem Billardcafé. Was mich anbelangt« – schrieb Matt weiter – »lege ich im kommenden Sommer wohl ein paar alte Angewohnheiten ab.

Ich habe das Empfinden, gegenwärtig wird meine wilde Jugendzeit durch andere Interessen abgelöst. An der Schule ist jetzt eine junge Lehrerin mit Namen Nancy tätig. Bisher dachte ich immer, ich sei ein eingefleischter Junggeselle.«

Ende Februar erhielt ich eine Postkarte mit dem Poststempel Cheyenne, Wyoming, also aus einem unteren, dem südöstlichen Zipfel des Bundesstaats. Jemand hatte sie in sonderbarer Handschrift beschrieben. Diese feine Schrift, die wirkte, als wären Ameisen übers Papier gelaufen, ließ sich überhaupt nicht verkennen. Der Text lautete:

Er fährt schnell und schneller, als hätte er Flügel: Dennoch bleibt er der Has, und ich bleibe der Igel.

Pistenhengst

Das Bild auf der Karte bestand aus einer Luftaufnahme. Sie zeigte eine ovale Rennstrecke, auf der Autos einander im Kreis nachjagten. Ich wusste keinen Grund, weshalb Jesse mir so eine Karte hätte schicken sollen, meinte jedoch, sie müsste von Jesse sein.

Daraufhin überlegte ich, Jesse könnte Pistenhengst sein. Dann verdeutlichte ich mir, dass das unmöglich der Fall sein konnte. Pistenhengst war ein zu großer Schlaumeier. Er hatte eine richtig vornehme Gebildetenschrift, Jesse dagegen krakelte nur ungeschlachtene Buchstaben. Andererseits war es ausgeschlossen, dass Pistenhengst persönliche Kenntnisse über mich hatte, irgendwie musste er Jesse sein.

»Wir haben Winter, dass die Schwarte kracht, mit riesig hohem Schnee«, schrieb Jesse mir um ungefähr die gleiche Zeit. »Mit Chip ist nicht mehr viel los. Er frisst kaum noch. Nicht mal mit den Katzen balgt er sich. Er kann wohl nicht zu trauern aufhören.«

Ich hatte ein schlimmes Vorgefühl. Chip war empfindsam. Ich befürchtete, ihn nicht mehr lebend anzutreffen, wenn ich nach Hause zurückkehrte, und meine Sorge erwies sich als begründet. Chip hielt noch bis zum ersten warmen Frühlingssonnenschein durch, dann starb er, während er im Schatten des Bulldozers döste. Als Jesse es mir umgehend, aber kurz mitteilte, war mir ziemlich mies zumute, aber wenigstens hatte ich damit gerechnet gehabt. Chip war ein gutherziges Tier gewesen. Ich stellte mir vor, dass er nun mit Stoffel irgendwo durch Hügel tollte. Ich wusste genau, das war Quatsch, aber es tröstete mich, es mir so vorzustellen. Es heißt, der Mensch könne sich an alles gewöhnen, aber möglicherweise sind einige Leute doch nicht dazu imstande. Tag um Tag und Woche um Woche nörgelte ganz Kalifornien am Wetter herum. Manchmal zog vom Pazifik ein läppischer Regenschauer über die Küste, und schon jammerten die Einheimischen, es herrsche Unwetter.

Ab und zu sank die Temperatur auf zehn Grad, und sofort liefen sie in dicken Pullovern und Mänteln durch die Gegend. Für mich bedeutete es beinahe eine Erleichterung, wenn das geschah, dann kleidete sich nämlich alles vollständig an. Innerhalb von drei Jahren hatte ich mehr weibliche Haut zu sehen bekommen, als ein normaler Mann sonst im Laufe seines ganzen Lebens sieht, und noch mehr Tätowierungen auf Männerhaut. Der Oberstabsbootsmann der Marinestützpunkt-Fahrbereitschaft hatte als einziger Mann auf der Welt eine Tätowierung, die sich *Schweinearsch im Mondschein aus der Froschperspektive* nannte.

Im Herbst 1964, als ich noch ein Jahr Dienstzeit vor mir hatte, nahm ich zwei Wochen Urlaub und fuhr, als hätte ich nichts anderes im Sinn, als wieder einmal richtiges Wetter zu erleben, nach Norden. Ich holte es in Oregon ein, wo ich in Regen geriet, und das gleiche ereignete sich in Washington. An der kanadischen Grenze hatte ich Ärger mit einem lästigen, mickrigen Beamtenzwerg, der mich verdächtigte, ich wollte wegen des Kriegs um politisches Asyl ersuchen. Ich bretterte nach Calgary, wo mich bekömmliche Eiseskälte empfing. Wind fegte durch die Berge, als hätte er den Vorsatz, mich südwärts heimzuscheuchen. Elche, Wapitis und Stachelschweine befassten sich mit ihren Angelegenheiten. In den Lüften kreisten Rotschwanzbussarde. Ich nahm die Richtung nach Edmonton, peste ostwärts nach Kaskatoon und fuhr schließlich durch die beiden Dakotas hinab in den Süden. In Williston befiel mich eine gewaltig starke Anwandlung, die Tour zu beenden und stracks nach Hause zu fahren, aber ich traute mich nicht.

Überall war Pistenhengst schon gewesen, und seine Wandtexte lasen sich immer seltsamer. In einer Bar in Amidon stand:

Nutz in Kentucky den Rückenwind!
Pistenhengst

Einem Hamburger-Imbiss in Belle Fourches:

Der reinste Schwanzeltanz.
Pistenhengst

In einem Restaurant in Redbird:

Wir rasen und rasen, als hätten wir Flügel: Doch einer ist Hase und einer ist Igel.
Pistenhengst

In einem Billardlokal in Fort Collins:

Heim wie 'ne gesengte Sau!
Pistenhengst

Pistenhengst – oder Jesse – war zu weit südlich. In Colorado war Pistenhengst vorher nie aufgetaucht. Zumindest hatte nie irgendwer etwas Derartiges gehört.

Mein Urlaub ging zu Ende. Mir blieb keine andere Wahl, als mich auf der Rückfahrt tüchtig ins Zeug zu legen. Ich fuhr südlich bis nach Albuquerque, schlug nach rechts einen Bogen und kehrte zurück zur großen Stadt. Während der gesamten Fahrt plagte mich furchtbare Sorge um Jesse. Irgend etwas Schlimmes geschah, und das empfand ich als Unrecht, weil sich zwischen mir und dem Chrysler etwas Gutes abspielte: Wir gelangten zu gegenseitigem Verständnis. Der Chrysler erwachte richtig zum Leben und lief wie auf Samtpfötchen. Alles, was die arme Karre je gebraucht hatte, war eine anständige Straße. Ihre Kinderzeit hatte sie zwischen Verkehrsstaus und Pudeln zugebracht, aber haben mußte sie freie Fahrt, Fernsicht und Bären.

Nach meiner Rückkehr gab es, befand ich, keinen Weg daran

vorbei, Matt Simon einen Brief zu schreiben, selbst wenn ich dabei meine liebe Not hatte. Abend um Abend kaute ich auf meinem Kugelschreiber. Mir war es zuwider, ihm die Auftritte Miss Mollys, das Erscheinen des Tanzgeists und meine Befürchtungen bezüglich Jesses zu beichten. Man erwartet von einem Mann, dass er seine Probleme mit sich abmacht. Allerdings war Matt ein gebildeter Mensch. Wenn er über alles Bescheid wusste, konnte er vielleicht Jesse irgendwie behilflich sein. Der Brief wurde recht lang. Als ich ihn absandte, dachte ich mir, Matt würde nicht so bald antworten. Daheim wich der Herbst dem Winter, und alle hatten reichlich zu tun. Also erledigte ich meine Arbeit und wartete ab. Aus dem letzten Krieg war ein alter White Mustang mitsamt Ersatzrad übriggeblieben, ein spartanischer, irgendwie nach Tatendrang aussehender Untersatz, dessen Anblick eine gewisse Bewunderung abnötigte. Ich nahm eine komplette Überholung des Motors vor, baute das lahme Ding aus und stattdessen einen Roadranger-Motor mit zehn Gängen ein. Sobald der Laster reibungslos rasselte wie das Mundwerk eines Fernsehpredigers, unterzog die Marine ihn einer Inspektion und verkaufte ihn an einen Schrotthändler.

»Geisterautos haben ihre eigene Tradition«, antwortete Matt mir in der zweiten Oktoberhälfte, »und ich fände es schwierig, ohne weiteres zu behaupten, es gäbe keine. Ich erinnere mich, dass ich einmal, an einem Sommertag, um 3 Uhr früh von einem Auburn Speedster überholt worden bin.

Das war vor zehn Jahren. Damals bin ich ungefähr in deinem Alter gewesen, und das heißt, es hat in ganz Montana keinen einzigen Auburn Speedster gegeben. Das Auto ist schon Mitte der dreißiger Jahre von den Straßen verschwunden. Uns kommen immer wieder Geschichten über alte, große Scheinwerfer, die im Nebel an Wagen vorüberziehen, zu Ohren, Geschichten um Mercer, Duesenbergs und Bugattis.

Eigentlich neige ich dazu, diese Erzählungen zu glauben, weil es eine Schande wäre, hätten sie keinerlei Wahrheitsgehalt. Das gleiche gilt für Autobahngespenster. Einen Geist, der mit Jesse Ähnlichkeit hatte, habe ich noch nie gesehen. Die Gespenster, die ich gesichtet habe, sind vielleicht gar keine gewesen. Um einen Experten zu zitieren: Sie könnten kondensierter Bierschissgestank, durch unverdauliche Hamburger hinterlassene Fürze oder einfach Dunstschwaden gewesen sein. Andererseits möglicherweise nicht. Für mich sahen sie damals auf alle Fälle aus, als wären sie wirklich da. Was Jesse betrifft, stehen wir vor einem Problem. In gewisser Hinsicht besteht es schon lange, aber richtig ernst ist es damit erst seit dem vergangenen Winter geworden. Plötzlich traf Dein Brief ein, und dadurch wurde die Sache mysteriös. Jesse hat – oder hatte – einen Zwillingsbruder. Er selbst hat es mir eines Abends beim Zechen erzählt, aber gleichzeitig gesagt, sein Bruder sei tot. Ich musste ihm schwören, Schweigen zu bewahren, aber jetzt bleibt mir nichts anderes übrig, als es zu brechen.«

Matt fügte hinzu, ich dürfte nie, niemals etwas ausplaudern. Seine Meinung war, dass zwischen Brüdern ein besonderes Verhältnis bestünde. Nach seiner Auffassung reichte es ungewöhnlich tief.

»Zwischen Zwillingen gibt es etwas Unheimliches«, schrieb Matt. »Welche Vorgänge weitreichender Natur vollziehen sich im Mutterleib? Wenn Zwillinge in die Welt geboren worden sind, wachsen und lernen sie auf die gleiche Weise wie wir alle, aber bestimmt existiert schon vor der Geburt eine gewisse Verständigung (oder wenigstens eine Gemeinsamkeit). Zank zwischen Brüdern ist etwas Schreckliches, Streit zwischen Zwillingen kann eine Tragödie zur Folge haben.«

Weiter schrieb Matt, dass Jesse es mit seinen Autotouren auf die Spitze triebe, allerdings entferne er sich nie weit von seinem Wohnsitz. Den ganzen Sommer lang fuhr er fort, legte jeweils achtzig bis hundertfünfzig Kilometer zurück und kehrte wie von Geisterhand gezogen heim. Matt vermutete, die Postkarte, die ich im Februar erhalten hatte, sei ein Teil des ganzen Spiels; in dem Monat sei es das letzte Mal gewesen, dass Jesse sich wirklich weit von daheim entfernt hätte. Matt unterstellte, dass Jesse Pauspapier benutze, um Pistenhengsts Handschrift nachzuahmen. Außerdem glaubte er, Pistenhengst sei Jesses Bruder.

»Es ist offensichtlich«, schrieb Matt, »dass Jesses Bruder noch lebt und von Jesse nur sinnbildlich als tot betrachtet wird. Es gibt auf der Welt viele Leute, die miteinander größte Ähnlichkeit aufweisen, aber genauso weiß man von eineiigen Zwillingen.«

Matt schrieb, Jesse führe dermaßen verrückt, dass sogar Mike es ablehne, ihn zu begleiten.

Das war bedenklich genug, doch darüber hinaus hatte es den Anschein – so Matt –, als hätte der Autofriedhof irgendwie Jesses Verstand beeinträchtigt. Für ihn sei der Autofriedhof kein rein geschäftliches Unternehmen mehr. Jesse habe gehandelt und geschachert, bis er in den Besitz eines Traktors und einer Mähmaschine gelangt sei. Im Sommer dieses Jahres habe er auf dem Autofriedhof dreimal gemäht und die Grabtafeln geradegerückt. Miss Mollys Grabstein staube er regelmäßig ab und poliere ihn.

»Das alles ist längst nicht mehr witzig und geht auch seit langem über eine sentimentale Schwäche hinaus«, schrieb Matt. »Jesse trinkt nicht mehr, und er hat auch keine Lust mehr zu all den Späßchen, die unsereins im Allgemeinen interessieren. Entweder ist er weg, oder er pflegt den Autofriedhof. Ich habe schon bei anderen Männern mitgekriegt, wie sie es darauf anlegten, sich das Leben zu versauen, aber noch keinen so abartigen Fall.«

Jesse sei gesehen worden, wie er auf den Knien an Miss Mollys Grab betete.

»Es kann ja sein, er hat für sich oder für Chip gebetet«, schrieb

Matt an mich. »Chip liegt nämlich neben Miss Molly begraben. Man muss den Friedhof sehen, um es glauben zu können. Wer hätte gedacht, dass so vielen Männern ihre Fahrzeuge so lieb und teuer sind?« Ferner erwähnte Matt, er hätte sich vorgenommen, im Winter *bei verschiedenen Stellen Erkundigungen* einzuziehen. »Es gibt Möglichkeiten«, erläuterte er mir, »um in Bezug auf Jesses Bruder Nachforschungen durchzuführen, und ich bin ziemlich gut in dieser Art des Nachforschens.« Er erklärte, das sei nahezu das einzige, was er für Jesse noch tun könne. »Anscheinend habe ich mich nämlich in eine Romantikerin verliebt«, schrieb Matt. »Nancy möchte im Juni heiraten. Einem Winter des Alleinseins blicke ich noch entgegen, aber das Warten fällt mir leicht. Nancy ist ziemlich traditionsbewusst eingestellt, und ich merke jetzt bei mir, ich bin genauso. Ich bereue meine wilden Jahre bestimmt nie, bin aber darüber froh, dass sie von nun an der Vergangenheit angehören.«

Daheim wurde es tiefer Winter. Zu Weihnachten erreichte mich ein langer Brief von Jesse mit zum Teil völlig vernünftigem Inhalt. »Diesen Sommer habe ich achtzehn Wagen bestattet. Der Andrang hat nachgelassen, weil ich mich weniger angestrengt habe. Um Kontakte zu knüpfen, muss man dauernd auf Achse sein. Vielleicht gebe ich demnächst Anzeigen auf. Die Katzen haben sich verdünnisiert. Ich hatte vergessen, sie regelmäßig zu füttern. Darum gehen sie jetzt in der Scheune am Autostrich auf Mäusefang. Mike rät mir, ich solle mir einen neuen Hund zulegen, ich kann mich aber nicht dazu durchringen.«

Danach widmete er sich in dem Brief seinen Plänen hinsichtlich des Autofriedhofs.

Er hatte dafür richtig großspurige Einfälle. Er meinte, ein hübsches schmiedeeisernes Zufahrtstor würde sich gut machen und Kundschaft anlocken. Er dachte daran, einen Abschleppwagen anzuschaffen, um *verreckte Fahrzeuge* transportieren zu können. »Aber wenn ich es mir recht überlege«, schrieb er, »mag ich eigentlich, wenn jemandem sein Auto so wenig bedeutet, dass er nicht mal selber fürs Abschleppen sorgt, sein Blech auch nicht bestatten.«

Er setzte noch einiges über seine Geschäftsprinzipien hinzu, doch nicht einmal ein Anwalt hätte es verstanden. Allem Anschein nach drehte sich in seinem Denken vieles um die gebotene Achtung vor Miss Molly, Betty Lou und Judith. »Sue Ellen ist ein wahres Prachtstück«, schrieb er über seinen Lincoln. »Ich bin mit ihr schon 360 000 km abgefahren, und hinzu kommt das von vorher.«

Das hieß, Jesse legte im Jahr rund hundertzwanzigtausend Kilometer zurück, gar keine schlechte Leistung. Fernfahrer bringen es auf hundertfünfzigtausend. Allerdings verdienen sie damit auch ihren Lebensunterhalt. Der Rest des Briefes bestand aus derart irrem Geschreibsel, dass ich es kaum fassen konnte.

»Pistenhengst habe ich durchschaut. Stell dir zwei kleine Jungs vor. Ihre Mutter liest ihnen vor. Sie spielen Nachlaufen. Der eine ist immer schon da, als wäre er der schnellere, wie in der Fabel der Igel. All das ist mir klargeworden, weil ich unten an der Grenze Colorados zufällig ein paar Kindern begegnet bin. Ich war hinuntergedüst, weil ich dort mal eine Frau kannte, aber sie ist verzogen. Scheiss drauf, sagte ich mir, bin aber noch einige Tage da rumgehangen, und dadurch bin ich Pistenhengst auf die Schliche gekommen. Die Kinder nahmen an einem Picknick der Sonntagsschule teil, und ich machte auf der Rückbank ein Nickerchen. Eine Pastorsfrau kam angewackelt, aber sie sah, dass ich nicht betrunken war, der Pastor kreuzte auch auf, und sie haben mich eingeladen. Also bin ich zum Picknick gegangen, und alle sind nett zu mir gewesen. Jedenfalls, es dreht sich um Folgendes:

da spielten diese Kinder, und von denen kenne ich diese Fabel mit Hase und Igel, und seitdem weiß ich, Pistenhengst ist aus Colorado.«

Genauso erschreckend war die letzte Seite des Briefs. Jesse hatte Buntstifte genommen und die Frontenden des Lincoln und Miss Mollys gemalt. Hinter der Wiedergabe Miss Mollys sah man einen Schweif, der vermutlich Stoffels Rute sein sollte, und in der Mitte befand sich das Bild eines Grabsteins mit der Beschriftung:

RIP PISTENHENGST

Aber es hatte gar keine Begegnung Jesses mit irgendwelchen kleinen Kindern stattgefunden. Jesse war nicht in Colorado gewesen. Er hatte den Autofriedhof gepflegt und war im übrigen im Umkreis seines Wohnsitzes geblieben. Entweder täuschte Jesse seine Erlebnisse vor, oder Matt Simon log; doch es gab keinerlei Anlass, weshalb Matt Unwahrheiten verbreiten sollte. Irgendwie nahm Jesses Schicksal einen ganz, ganz schlechten Verlauf. Ich hatte keine Möglichkeit zur Abhilfe. Ich versah meinen Dienst und schickte ihm jeden Monat oder alle sechs Wochen einen Brief, tat so, als verhielte sich alles völlig normal. Ich schrieb über meine Absichten für die Zeit nach meiner Heimkehr und über den Chrysler. Vielleicht ist das schwer nachvollziehbar, aber Jesse war mir wichtig. Er verkörperte einen erheblichen Teil der Erinnerungen an mein Zuhause.

Ende April kam bei mir eine zweite Postkarte an, diesmal aus Havre. »Pistenhengst ist hinter mir her. Ich spüre es.« Dieses Mal handelte es sich um einen gewöhnlichen Postkartenvordruck. Ohne Bild.

Im Mai schrieb wieder Matt, und zwar hauptsächlich über seine Zukunftsplanung. »Vorläufig wollen Nancy und ich noch keine Kinder«, stellte er fest. »Grundsätzlich möchten wir welche, aber erst später.« Er schrieb einen durchweg munteren und lebhaften Brief, dem man etwas Frühlingshaftes anmerkte.

»Jetzt habe ich fast den Hauptgrund meines Schreibens vergessen«, hieß es schließlich. »Jesse stammt aus der Gegend von Boulder in Colorado. Seine Eltern sind schon lange tot. Es ist eine Ironie, dass sie bei einem Verkehrsunfall umgekommen sind. Seine Mutter war Lehrerin, sein Vater Bibliothekar.

Diese Menschen, die ein so beschauliches Leben führten, hatten einen Wilden wie Jesse gezeugt, und zudem Jesses Bruder. Das ist die rein sachliche Seite seiner Vorgeschichte. Die menschliche Seite ist dermaßen knifflig, dass ich darüber lieber nichts zu Papier bringe. Ich kann wahrhaftig gar nicht recht glauben, was ich inzwischen weiß. Wir reden darüber, wenn Du im nächsten Herbst daheim bist.«

Der Brief machte mich gleichzeitig traurig und wütend. Traurig, weil ich keine Heiratsaussicht hatte; und wütend, weil Matt bezweifelte, dass ich den Mund halten konnte. Dann jedoch begriff ich seine Haltung besser. Er selbst war es, an dem er zweifelte. Ich raffte mich auf und erledigte, wozu jeder guterzogene Mensch sich verpflichtet fühlen muss, ich schickte ihm und Nancy zur Hochzeit eine hübsche Sauciere.

Gegen Ende Juli traf eine weitere Postkarte Jesses ein. »Er ist hinter mir, ich bin hinter ihm her. Reg Dich nicht auf, falls ich nicht mehr da bin, wenn du zurückkommst. So was passiert eben. Wer viel fährt, muss der Straße ihren Tribut zollen.«

Der Sommer verstrich. Trotz des Kriegs entließ die Marine *überschüssiges* Personal. Nach vier Jahren Dienst war auch ich überschüssig. Die Tage schleppten sich dahin wie eine Rostlaube mit defekter Einspritzpumpe. Aber wenigstens etwas Vorteilhaftes geschah: Mein ehemaliger Chef verlegte seine Tankstelle an den Ortsrand und eröffnete eine Autozubehör-Handlung. Unumwunden teilte er mir mit, dass er einen Mechaniker für

Dieselfahrzeuge brauche. So hatte ich neben trüben auch hoffnungsfrohe Gedanken.

* * *

Im September erfolgte meine Entlassung, und ich hatte dank meiner Tätigkeit an Bord von Kähnen, die anschließend – wenn auch ohne mich – irgendwo auf der Welt umherschifften, das Anrecht auf ein Oberseedienst-Ordensbändchen. Nun durfte ich daheim dem Veteranenverband beitreten, eine vielleicht sogar erstrebenswerte Belohnung. Der Verband hatte den besten Billardtisch im gesamten Bezirk.

»Kameraden«, sagte ich zu den Jungs bei der Fahrbereitschaft, »'s war mir weiß Gott echt 'ne Ehre, hier mit euch zu brasseln, aber jetzt tschüss! Und verirrt euch nicht nach Montana, dort ginge euch bloß der Arsch mit Grundeis ab.«

Der Chrysler und ich stoben davon wie Windhunde. Nach Salt Lake City zu fahren und von dort aus – treu nach der Autokarte – nach Havre hinaufzugurken, wäre am einfachsten gewesen, aber ich verspürte einen Drang, der mich vom Weg ablenkte. Ich hielt mich ostwärts in Richtung Las Cruces, bog dann – mit der Vorstellung, vielleicht weitergehende Aufklärung über Jesses Herkunft zu erlangen – Richtung Norden nach Boulder ab. Der Chrysler surrte brav wie ein Nähmaschinchen und brachte die Kilometer spielend hinter sich. Als ich in Boulder eintraf, verflog meine Hoffnung. Die Einwohnerschaft war viel zu groß. Ich hatte nicht einmal irgendeine Ahnung, wo ich mit dem Fragen anfangen sollte.

Sich selbst irrezuführen ist leicht. In der Nähe Boulders merkte ich endlich, dass ich die ganze Zeit hindurch in die Richtung Sheridans fuhr und ich nicht einmal Sheridan als solches zum Ziel hatte.

Ein Mädchen, das mir vor vier Jahren zugelächelt hatte, war mein Ziel. Ich fand es in einer Eisenwarenhandlung, und es trug keine Ringe. Mit rotem Kopf drückte ich mich ein wenig in dem Laden herum, dann musste ich erst einmal zurück ins Freie, um Luft zu schnappen. Ich dachte daran, dass Jesse sich die erforderliche Zeit gelassen hatte, ehe er den Lincoln kaufte; es sah ganz so aus, als bräuchte auch diese Anbahnung ihre Zeit. Ich hatte das Geld der Abfindung und zusätzlicher Zahlungen für unbeanspruchten Urlaub in der Tasche. Folglich leistete ich es mir, in einem Zehn-Dollar-Motel abzusteigen. Es dauerte drei Tage, mit dem Mädchen Bekanntschaft zu schließen; danach gingen wir ins Kino und zum Essen. Die Blondine hieß Linda. Ihr Vater war Mormone. Das bedeutete, mindestens ein Jahr lang auf Freiersfüßen gehen zu müssen, aber von Montana nach Sheridan ist es nicht allzu weit. Um den Mormonen zufriedenzustellen, musste ich heim und mir Arbeit suchen. Am Sonntagnachmittag setzten Linda und ich uns ein zweites Mal ins Kino, aber diesmal hielten wir Händchen. Vor dem Nachhausegehen küsste sie mich, zwar nur einmal, aber richtig zärtlich. Das entschädigte mich für die schweren Zeiten in San Diego. Ich spürte, ich war wieder unter meinesgleichen.

Während mir verheißungsvolle Zukunftsbilder durch den Kopf wirbelten, durchquerte ich die Ortsmitte. Um ins Bett zu kriechen, war es noch viel zu früh, aber auf Bier hatte ich keinen Durst. Am Ortsrand gab es ein heruntergekommenes Café. Ich dachte an Kaffee und Apfelkuchen.

Pistenhengst war dort, wie sich zeigte, auch schon gewesen. Seine Schrift ließ sich nur noch schwach unterscheiden, als hätte man die Wand abgewaschen. Neuere Schmierereien waren darübergekritzelt wordend.

Fritze und sein Bruder Franz
Waren einsam, und zwar ganz:
Einer musst auf den andern warten
Dort an dem Tor zum Friedhofsgarten.
Pistenhengst

Das Lokal war eine total verpennte Bude. An der Theke hockte eine Reihe alter Knacker; um einen Tisch saßen vier jüngere Autofans und schwadronierten über Einspritzmotoren. Die Alten gähnten und hörten sich alles an. Verblasste Fotografien alter Rennwagen dekorierten die Wände. Die Jüngeren saßen unter einer Aufnahme des Bluebirds. Der Wagen hielt damals mit 648,6 km/h den Landgeschwindigkeitsrekord. Dies Café war ein Rennfahrertreffpunkt; war es jedenfalls lange, lange Zeit gewesen.

Eine angegraute, mütterliche Frau arbeitete als Kellnerin. Sie machte um die alten so viel Aufhebens wie um die jungen Kerle. Ihre Augen widerspiegelten die Weite der Prärie, hatten einen Blick, der Wind, Feuer und schwere Zeiten kannte, alles was Menschen das Rückgrat brach oder ihnen zu Klugheit verhalf. Möglicherweise hatte Matt Simon in zwanzig Jahren gleichfalls diesen Blick. Ich versuchte mir Linda im Alter der Kellnerin vorzustellen, und sie gab dabei durchaus kein schlechtes Bild ab.

Hinter der Theke hatte man Schnappschüsse von Rennautos, beiderseits der Tür Aufnahmen von Personenwagen aufgehängt. Frisierte Koffer der 50er Jahre hingen neben aufgemotzten Chaisen. An der Wand gab es jede Menge mächtig heiße Reifen zu betrachten. Ein Foto zeigte einen Golden Hawk. Ich ging hin, schaute es mir an und entzifferte in einer Ecke den Namen Still, hingesetzt in Pistenhengsts Schrift. An sich hätte mir dabei nicht so gruseln dürfen. Ich zitterte, als ich zur Theke umkehrte. Ein alter Herr mit freundlichem Aussehen schlappte Kaffee. Seine Hände hatten von tausend abgerutschten Schraubenschlüsseln zurückgelassene Schwielen. Rings um seine Augen hatte Wagenschmiere sich tief eingefressen, wie es nach Jahren über Jahren der Plackerei an Kraftfahrzeugen geschieht, ohne dass Seife es abwenden könnte. Er war ein grundsolider Mensch, so viel sah man ihm an. Und er hatte so klare Augen wie ein Kind.

»Mister«, sagte ich zu ihm, »entschuldigen Sie, dass ich Sie störe. Wissen Sie etwas über den Studebaker?« Ich deutete auf die Wand.

»Du störst mich nicht«, antwortete er, »aber sobald du mir lästig wirst, sag ich dir Bescheid.« Er tippte sich gegen die Seite des Schädels, als müsste er erst einen Gang einlegen, dann fing er an, mir technische Daten des Studebaker-Motors herunterzuleiern.

»Ich meine den Mann, dem er gehört.«

»Auch deswegen bist du mir nicht lästig.« Er wandte sich an die Kellnerin. »Sue«, erkundigte er sich, »hat Johnny Still mal wieder reingeguckt?«

Sie drehte sich von der Kuchentheke um, die sie gerade abwischte, und schaute hinüber zu den jungen Männern, als ob sie um sie Sorge hätte. Man merkte, dass Motoren sie nicht begeisterten. »Seit einem Jahr oder länger nicht mehr.« Sie musterte die Reihe der Alten. »Erst vorgestern habe ich mir noch über ihn den Kopf zerbrochen …« Sie fügte nichts hinzu. Alles schwieg. »Er kommt und geht so dezent, dass man ihn glatt übersehen kann.«

»Ich vermiss ihn nicht so, dass 's mich zu Tränen rührt«, meinte einer der jungen Burschen. Der Vogel sah aus wie eine Ente und hatte ein Stimmchen wie ein Spatz. Er hatte zu saubere Fingernägel. Das bewies etwas.

»Weil Johnny dir davongefahren ist«, sagte ein anderer jüngerer Mann. »Johnny ist dir jedes Mal davongefahren.«

»Weil er 'n Bekloppter ist«, entgegnete das Vogelstimmchen.

»Es gibt solche und solche Bekloppte. Das ist doch 'n ganz komischer Kauz.«

»Er hat einiges durchstehen müssen«, sagte die Kellnerin in verständnisvollem Tonfall. »Johnny hat einen schweren Verlust erlitten. Er ist eben der Typ, der lange trauert.«

Sie sah mich an, als erwartete sie eine Stellungnahme.

»Ich bin 'n Freund seines Bruders«, sagte ich zu ihr. »Kann sein, Johnny und sein Bruder verstehen sich nicht so gut.«

Der Alte warf mir einen Blick unverkennbaren Befremdens zu. »Du bist ganz schön hinter der Zeit zurück«, sagte er. »Johnnys Bruder Jesse ist schon ziemlich lange tot.«

Ich dachte, ich fiele in Ohnmacht. Meine Hände verfielen ins Schlottern, die Beine fühlten sich mir zu schwach zum Stehen an. Von einer Neonreklame vor dem Fenster des Cafés drang roter Lichtschein herein, und im Innern des Lokals saßen alle Anwesenden völlig ruhig da, warteten ab, ob ich mich auch als Beknackter herausstellte. Benommen stocherte ich im Kuchen. Einem der Jüngeren konnte man gehöriges Unbehagen anmerken. Er schlich, vielleicht aufgrund der Auffassung, es könnte empfehlenswert sein, eine Knarre zu holen, zur Tür. Die Mienen der übrigen drei jungen Männer bezeugten Verwirrung.

»Verzeihung«, sagte ich zu dem Alten, »aber Jesse lebt noch, kein Quatsch. Im Norden, oben an der Autobahn. Wir machen zusammen Autotouren.«

»Jesse Still ist im Herbst zweiundfünfzig – oder vielleicht war's dreiundfünfzig – mit einem miesen, alten Hudson Terraplane in den South Plate River gestürzt.« Der Alte erteilte mir diese Auskunft in vollständiger Gelassenheit. »Ihm ist 'n Reifen geplatzt, und ganz nüchtern war er auch nicht gewesen.«

»Und deshalb trinkt Johnny keinen Alkohol«, sagte die Kellnerin. »Wenigstens nehme ich an, dass das der Grund ist.«

»Und nun bist du lästig.« Der Alte wechselte Blicke mit der

Kellnerin; offenbar beschäftigten sie jetzt so zahlreiche Fragen wie ihn.

Niemals hat irgendwer sich hoffnungsloser oder entsetzter gefühlt als ich in diesem Moment.

Es gab überhaupt keine Erklärung dafür, weshalb diese Leute so ein Ammenmärchen auftischten.

»Jesse ist so was wie 'n Rauhbein.« Ich flüsterte lediglich. Meine Stimme hatte zu wenig Kraft. »Jesse hat den Ruf, 'n Rabauke zu sein.«

»Was das angeht, liegst du richtig«, bestätigte mir der Alte. »Aber eins kannst du dir hinter die Ohren schreiben, mein Junge, ob du mir glaubst oder nicht: Jesse ist mausetot.« Ich erkannte, wie es sich verhalten musste, doch etwas zu erkennen heißt noch nicht, es auch zu glauben. »Danke schön, Mister«, raunte ich dem Alten zu. »Und Ihnen auch vielen Dank, Gnädigste«, sagte ich zur Kellnerin. Dann verzog ich mich und ließ die Leute die Sache diskutieren; Gesprächsstoff hatte ich ihnen genug geliefert.

Infolge Jesses letzter Postkarte begleitete grässliche Furcht meine Fahrt. Er hatte geschrieben, er wäre vielleicht nicht zu Hause, wenn ich daheim anlangte, und das konnte mehr bedeuten, als es auf den ersten Blick besagte. Der Chrysler stieg weiter in meinem Ansehen, wir flogen nur so dahin. An einem klaren Tag braucht man von Montana nach Shelby acht Stunden. Drückt man auf die Tube, schafft man es eventuell in sieben, unter Umständen, falls kein Hirsch sich um die Kühlerhaube wickelt, auch in sechseinhalb. Ich war völlig konfus und verängstigt, und zudem erbitterte die Situation mich heftig. Linda und ich waren gerade erst soweit gekommen, dass wir auf Verlobung hoffen durften, und nun bestand alle Aussicht, dass ich mir beim Plattwalzen eines Stachelschweins oder beim Zusammenstoß mit einer Färse das Genick brach. Mein Chrysler schoss die Straße entlang wie ein Hund auf einer heißen Fährte. Bei hundertzwanzig schien es, als wollte das Gaspedal sich noch tiefer in den Fahrzeugboden schmiegen, das Auto erst richtig losjagen.

Nachts strotzt die Straße von Gefahr. Auf allem krauchen Schatten. Was ins Scheinwerferlicht springt, kann etwas Wirkliches sein, oder aber nicht. Die Metallkreuze halten kleine Sträuße dunkler Blumen in den Armen, und unterm Mond erstreckt sich weithin die Landschaft. Spitzkuppen ragen wie große, in der Plain vor Anker gegangene Schiffe empor, und die Flussbetten ähneln getrockneter Tinte. Im kommenden Frühjahr strömen die Flüsse wieder; aber im September findet der einzige Fluss auf der Autobahn statt. Der Tanzgeist lauerte mir an der A3 bei Comanche auf, aber diesmal tanzte er nicht. Er stand auf dem Bankett, ohne dass irgendwelche Dunstfähnchen ihn an Ort und Stelle gebannt hätten. Er gab mir das alte Autofahrerzeichen für *Nur zu, nur zu!* Hinter Columbia zeigte er sich noch einmal. Sein Mund machte Bewegungen, als feuerte er mich lauthals an, und gerade so wie meins zuckte auch sein Gesicht vor Furcht. Das gab mir Grund zur Hoffnung. Bei Jesse hatte ich solche Furcht nie erlebt, also beruhte vielleicht doch alles auf einem Irrtum. Es konnte sein, der Tanzgeist war gar nicht Jesses Geist. Hartnäckig blieb ich hinters Steuerrad geklemmt und zwang mich, an Linda zu denken. Solange ich an sie dachte, hatte ich das Empfinden, nicht durchdrehen zu müssen. Die A3 ist keine großartige Autobahn, aber das bereitete mir keinen Verdruss. Ich kann mit allem, was Räder hat, jede Straße befahren. Noch wiederholte Male erschien mir der Tanzgeist und winkte, trieb mich zur Eile an.

Ich sagte mir, so einem Scheissgespenst fehlte es wohl an Urteilsvermögen, sonst wäre es ja kein Gespenst. Doch das hinderte mich keineswegs daran, noch stärker zu beschleunigen, nur genügte es nicht, um die Geisterzuschauer längs der Straße zu befriedigen. Sie kamen aus dem Nebel oder stiegen aus den

Gräben; Grüppchen oder Trauben bleicher Geister standen unter einem fahlen Mond. Manche tratschten miteinander. Einige schrien mir Aufmunterungen zu. Kann sein, dahinter verbarg sich ein Sinn, aber ich hatte sowieso alle Hände voll zu tun. Falls sie mir zu helfen versuchten, bewirkten sie höchstens das Gegenteil. Ihr Treiben hatte nur zum Ergebnis, dass es mir kalt über den kerzengerade aufgerichteten Rücken lief und ich mit dem Gedanken spielte, das Tempo zu drosseln.

Vielleicht hatten die Geister eine Versammlung abgehalten und die Problematik gelöst. Sie sahen wohl eine freie, gefahrlose Straße, aber ich konnte nichts Derartiges sehen. An der A12 erschien erneut der Tanzgeist und zeigte mir mit erhobenem Daumen *freie Strecke* an.

Ich glaubte kein Wort, aber was ich wenig später im Rückspiegel erblickte, glaubte ich noch weniger. Schweinwerfer holten so rasant auf, als ob ich stünde. Ich hatte das Gefühl, etwas Ähnliches schon einmal erlebt zu haben, nur war letztes Mal bloß ein Paar Scheinwerfer daran beteiligt gewesen.

Es waren Miss Molly und Betty Lou, die mich nach Hause geleiteten. Miss Molly überholte, sauste vorbei und vollführte einen so sauberen Spurwechsel, als säße am Steuer ein alkoholfeindlicher Adventist. Die hohe, nach vorn geneigte Karosserie Miss Mollys vibrierte aus Eifer. Sie sprühte keine Funken, protzte in keiner Weise. Weder spielte sie Hase und Igel, noch Haschen. Betty Lou fuhr an meine Seite, damit ich sehen konnte, wer sie war, dann blieb sie zurück und in etwa achthundert Metern Abstand hinter meinem Chrysler. Sollte ein Sheriff unsere Verfolgung aufnehmen, um uns einen Strafzettel zu verpassen, müsste er zuerst sie stellen, und dafür könnte man ihm nur viel Glück wünschen. Ihre Scheinwerfer schwebten mir quasi nach, als ob Engel über mich wachten.

Miss Molly fuhr mir eineinhalb Kilometer voraus und beließ

es bei dieser Entfernung, egal wie sehr ich aufs Gas trat. Vor Great Falls bemerkte sie zweimal Gefährdung, und das Aufleuchten ihrer kleinen, schmalen Bremslichter bewog mich zum Verlangsamen. Einmal war ein Tier die Ursache, das andere Mal handelte es sich um beschädigten Straßenbelag. Kurz vor Great Falls verschwanden Miss Molly und Betty Lou, doch kaum hatte ich die Stadt passiert, stießen sie wieder zu mir.

Wir schossen durch die Nacht wie Raketen. Die Autobahn lag verlassen. Der Tanzgeist hielt sich, so wie die anderen Gespenster, nun fern. So konnte ich mich – ein wahrer Segen – endlich konzentrieren. Bei solchen Geschwindigkeiten hat man keine Zeit für tiefschürfende Überlegungen. Die Straße flitzt vorbei, Stunden vergehen, aber man muss durchweg den scharfen Verstand eines Rennfahrers bewahren. Ganz gleich, wie erschöpft man sein müsste, man wird es nicht, bevor es vorüber ist.

Während der Mond als Sichel über den Himmel wanderte, raste ich nordwärts einem Gespensterauto nach. In tiefster Nacht verwandelt das Land sich in Silber. Bei hoher Geschwindigkeit denkt man nicht, aber man hat Empfindungen. Je weiter wir in den Norden rollten, umso nachhaltiger setzte sich in meinem Fühlen die Verzweiflung durch. Vielleicht geschah bei Miss Molly das gleiche, aber jeder von uns leistete, was er konnte.

Der Chrysler bewies, dass er ein echter Renner war, und Gott weiß, welche Obergrenze sein Tempo hatte. Selbst unter Berücksichtigung einer Unzuverlässigkeit des Tachometers spritzten wir auf alle Fälle mit über zweihundert Sachen dahin. Gegen drei Uhr früh erreichten wir die A2 und Shelby, von wo aus wir links abbogen. Nahezu im Handumdrehen gelangte ich nach Hause. Betty Lou fiel hinter mir zurück, ihre Lichter wurden kleiner und kleiner. Miss Molly verschleuderte Funken und stob mir nichts, dir nichts außer Sichtweite. Die Funken hatten etwas zu bedeuten.

Miss Molly hegte noch Hoffnung. Oder vielleicht wusste sie, dass wir zu spät kamen.

Im schwachen Mondschein ähnelten die Grabhügel des Friedhofsgrundstücks dunkler Brandung. Im Hänger brannte kein Licht, der Lincoln war nirgends zu sehen. Trotz der schummrigen Verhältnisse konnte man in der Ferne schneebedeckte Gipfel erkennen, und die senkrecht aufgestellten Grabtafeln, die sich am Oberende jedes Grabs erhoben, zeichneten sich deutlich ab. Unweit des Wohnwagens stand ein Zelt, dessen Größe immerhin genügte, um darin eine bescheidene Veranstaltung nach Art der Wiedererweckungsprediger durchzuführen. Im Scheinwerferkegel sah ich an dem Zelt ein Brett mit der Aufschrift *Kapelle*. Ich entnahm dem Handschuhfach eine Taschenlampe.

In der *Kapelle* stand ein Dutzend Klappstühle, und ein Podium diente als Altar. Jesse hatte zwei Reihen Kerzen verteilt, also zündete ich einige an. Matt Simon hatte mir geschrieben, man müsste den Friedhof gesehen haben, um es glauben zu können. An einer Seite des Zeltinnern war ein Schild mit dem Hinweis *Gedenkstätte* befestigt, und überall auf dieser Seite hingen Straßenkarten, Fotografien von Autos sowie von Männern mit ihren Autos. Es gab eine gesonderte Sammlung von Kilometerzählern; unter den vorhandenen Stücken klebten kleine Schildchen mit Beschriftungen wie *529 500 km, 651 200 km* oder *ca. 1/2 Mio. km.*

Die Geräte entstammten den Champions unter den Kilometerfressern, den auf den Straßen am weitesten herumgekommenen Kraftfahrzeugen überhaupt, und der Anblick dieser Kilometerzähler konnte selbst einem verheirateten Mann Einsamkeit einflößen. Sie anzuschauen, ohne an leere Straßen und einsame Nächte zu denken, war unmöglich.

Trotz der Finsternis rings um den Autofriedhof wurde mir im Innern dieses Zelts schlimmer als im Freien zumute. dass Jesse die Chose ernst nahm, überstieg mein Vorstellungsvermögen nicht, aber dass für irgendjemand anderes das gleiche galt, war ich zu glauben außerstande.

Für Eulen war es noch nicht zu spät in der Nacht, und lautlose Schwingen glitten an mir vorbei, als ich das Zelt verließ. Ich suchte Mollys Grab auf, rechnete halb damit, von geisterhaften Scheinwerfern empfangen zu werden. Neben einem wirklich prunkvollen Marmorstein waren zwei kleine Tafeln in den Erdboden gerammt worden.

STOFFEL
URBILD DER GUTMÜTIGKEIT
NUN RUHE, WO DU BIST, IN FRIEDEN

CHIP
EIN LIEBER, KLEINER FREUND
ER IST BEI STOFFEL

In einiger Entfernung erspähte ich, wo der Bulldozer frische Gräber ausgehoben hatte, angehäuftes Erdreich. Vorsichtig näherte ich mich dem Bulldozer, ohne zu wissen warum, aber in der Überzeugung, dass es sein musste.

Zwei Gräber standen offen wie enge Garagen, und hervor lugten die Kühlerhauben des Lincoln und des Golden Hawk. Die vordere Stoßstange des Lincoln glänzte fleckenlos, aber der Rest des Wagens sah nach harter Beanspruchung aus. Beulen und Dellen verunstalteten die Fahrzeugseiten, und Bruchstellen zernarbten das Glas der Fenster.

Der Golden Hawk konnte mit einwandfreiem Zustand prunken, er wirkte, als wollte er jeden Moment aus dem Grab gebrummt kommen. Meine Taschenlampe spiegelte sich in gewaschenen, sauberen Scheiben.

Ich entsann mich an das, was ich in Sheridan gehört, und dachte an das erste Mal, dass ich den Golden Hawk gesehen hatte. Er war unverändert geblieben. Der Golden Hawk sah aus, als wäre er eben erst aus dem Ausstellungsraum des Autohändlers gefahren worden.

Kein Mensch mit ein bisschen Vernunft würde in dieser Lage irgendeine Neigung verspüren, einen Blick in zwei solche Autos zu werfen, aber bei mir war es keine Frage des Wollens. Irgendwo musste Jesse – oder Johnny, falls er Johnny war – sich hier befinden. Ich war mir todsicher, dass er Hilfe benötigte. Also schaute ich nach. Der Golden Hawk war leer. Das Licht meiner Taschenlampe huschte durch den Lincoln.

Dort lag Jesse auf den Sitzen im letzten Schlaf. Sein langes, schwarzes Haar war grau geworden. Mager war er immer gewesen, doch jetzt bestand er nur noch aus Haut und Knochen. Zu viele Kilometer hatte er zurückgelegt, ohne Zeit zum Essen zu haben. Die Krähenfüße um seine Augen hatte er vom vielen Geradeausstarren auf die Straße, inzwischen jedoch hatten sie sich so tief eingefurcht, als wäre er ein Greis. Dass er tot war, merkte ich auch an seinen Augen. Er hatte sie nur leicht geöffnet, aber weit genug. Mit einer derartigen Entdeckung allein zu sein, konnte ich nicht ertragen. Kaum fünfzehn Minuten später wummerte ich an Matt Simons Tür. Schließlich machte Matt auf, und hinter ihm sah ich Nancy in ihrem Morgenmantel. Sie war größer als Matt und anscheinend schläfriger. Blond, wie sie war, hätte sie Schwedin sein können. Matt wusste nicht, ob er sich freuen oder sauer sein sollte. Mehr oder weniger umständlich und verworren verklickerte ich ihm, was anlag, und da erst erwachte er vollends.

»Dr. Jekyll hat endlich Mr. Hyde erwischt«, sagte er leise zu Nancy. »Oder vielleicht war's anders herum. Kann sein«, wandte er sich an mich, »das klingt wie 'n schlechter Scherz, ist aber gar nicht bös gemeint.« Er ging sich anziehen. »Ruf Mike an«, beauftragte er mich. »Ob er nüchtern oder voll ist, ich will, dass er hinkommt.«

Nancy zeigte mir das Telefon. Anschließend besprach sie sich im Schlafzimmer mit Matt. Ich hörte, wie er ihre Angst beschwichtigte. Als ich Mike am Apparat hatte, war er zwar nüchtern, aber völlig dösig, doch meine Nachricht scheuchte ihn augenblicklich hoch und brachte ihn voll in Fahrt. Finstere Nacht und ein schmächtiger Mond bieten die günstigsten Voraussetzungen für das Erscheinen von Geistern; trotzdem spukten keine, während Matt mit mir zum Autofriedhof zurückfuhr. Der Chrysler bummelte. Es bestand kein Anlass mehr zur Eile. Ich wiederholte Matt, was man mir in Sheridan gesagt hatte.

»Das passt zu dem, was ich gehört habe«, sagte er. »Wir haben's mit zwei Geheimnissen zu tun. Das erste Rätsel ist interessant, jetzt aber unwichtig geworden: Hat John Still vorgetäuscht, Jesse Still zu sein, oder Jesse vorgespiegelt, er sei John?«

»Wenn Jesse dreiundfünfzig in 'n Fluss gefahren ist, muss 's John sein.« Meine eigene Äußerung missfiel mir, denn für mich war immer Jesse Wirklichkeit gewesen. So gut hätte nicht einmal der beste Schauspieler der Welt eine Rolle verkörpern können. Die Trauer schnürte mir die Kehle zu, aber ich schämte mich dafür nicht. Anscheinend bewegten Matts Gedankengänge sich in die gleiche Richtung. »Wir wissen nicht, wie lange das Spiel ging«, sagte er voller Zurückhaltung. »Nun finden wir's nie mehr raus. Es könnte sein, dass John damals, neunzehnhundertdreiundfünfzig, gerade Jesse gespielt hat.«

Durch diesen Einwand gestaltete sich alles noch verwickelter, und dagegen hatte ich irgendwie etwas. Die Angelegenheit war schon kompliziert genug. Matt und ich hatten soeben einen Freund verloren, und jetzt schwafelte Matt daher, als wäre das von allem am belanglosesten.

»Es bedeutet keinen Unterschied, ob er John oder Jesse war«, antwortete ich Matt. »Als er gestorben ist, war er Jesse. Er liegt in Jesses Wagen auf 'm Sitz. Du kannst hin und her reden, wie du willst, wir sprechen hier über Jesse.«

»Du hast recht«, entgegnete Matt. »Gleichzeitig hast du unrecht. Wir haben's mit jemandem zu tun, der beides gewesen ist.« Ein Weilchen lang schwieg Matt und grübelte. Es war nur gut, überlegte ich mir, dass er eine Lehrerin geheiratet hatte. »Nehmen wir spaßeshalber mal an«, sagte er, »Jesse ist dreiundfünfzig verunglückt. In dem Fall stand Johns Kummer am Anfang des Spiels. So oder so, es hat viele Jahre hindurch gedauert.« Auf irgendetwas wollte Matt hinaus, aber er macht es immer so umständlich.

»Nach einigen Jahren verschwand dann John oder Jesse. Es gab nur noch einen Mann, der sowohl John wie auch Jesse war. Das ist der Grund, weshalb es ohne Unterschied bleibt, wer dreiundfünfzig ums Leben gekommen ist.«

Durchs Wagenfenster blickte Matt nach draußen in die Dunkelheit, als ob er eine aufschlussreiche Beobachtung erwartete. »Wir leben in einem weiten, einsamen Land«, stellte er fest. »Das größte Rätsel ist: Warum? Es kann sein, die Lösung verbirgt sich in dem Geheimnisvollen, das Zwillinge umwittert, oder es ist möglich, sie steckt in etwas so einfachem wie dem menschlichen Bedürfnis, sich an schöne Erinnerungen zu klammern. Auf alle Fälle: Ein Bruder stirbt, und der andere Bruder hält ihn am Leben, indem er neben dem eigenen auch das Leben seines toten Bruders führt. Denk an die Planung, die für so etwas erforderlich ist, die verzwickten Vorbereitungen, die an Selbstbetrug grenzenden Phantasien. Denk daran, wie oft er die Rolle gewechselt haben muss. Irgendwann muss ein Zeitpunkt angebrochen sein, an dem dieser einsame Mann sich noch nicht einmal darauf besinnen konnte, wer er eigentlich war.«

Die Lösung war naheliegend, sie fiel mir sofort ein.

Jesse oder John war auf den Straßen umhergerast, um etwas wiederzufinden, das sie dort verloren hatten. Ihre Eltern und einander hatten sie verloren gehabt. Ich sagte keinen Mucks. Matt brachte mich auf die Palme, aber ich bemühte mich, ihm zu verzeihen. Er versuchte den Gram auf seine Weise zu bewältigen, und vielleicht wusste er keinen besseren Weg.

»Und infolgedessen hat er Pistenhengst ausgeheckt«, fasste Matt zusammen. »Dadurch konnte er die beiden Persönlichkeiten auseinanderhalten. Pistenhengst war eine Art von Sinnbild, das ihm seinen Stolz zu bewahren half. Sicher bringt das so manche Frau durcheinander, aber sicher gibt's weit und breit keinen Mann, der es nicht verstehen könnte.«

Ich erinnerte mich an lange Nächte und lange Straßen. Ich konnte Matts Deutung schwerlich widerlegen.

»Gleichzeitig ist das Sinnbild auch den Zwillingen dienlich gewesen«, fügte Matt hinzu. »Sie durften mit der Unschuld von Kindern auf den Straßen Fangen spielen, und vielleicht belebten sie sogar Erinnerungen aus der Zeit wieder, als sie noch ihre Eltern hatten und 's für sie schöner war auf der Welt. John spielte Pistenhengst, und Jesse jagte ihn, und wir, du lieber Himmel, wir allesamt auch! Pistenhengst gab wahrhaftig eine rundum prachtvolle Symbolgestalt ab.«

»Wenn alles derartig saugut war«, fragte ich, »wieso ist es dann schiefgelaufen? Anscheinend ist Jesse doch im letzten Jahr vor Pistenhengst auf der Flucht gewesen.«

»Die Symbolfigur trat zu stark in den Vordergrund«, erklärte Matt. »Die Zwillinge fingen an, sich gegeneinander zu wehren. Ständig habe ich's mitangesehen, aber nicht kapiert, was vorging: John Still versuchte noch immer, Jesse zu verdrängen, und Jesse, John loszuwerden.«

»Erst hat's lange Zeit geklappt«, sagte ich, »dann nicht mehr. Was hat die Sache ins Rutschen gebracht?«

»Unsere Überzeugung«, lautete Matts Antwort. »Wir alle haben an Pistenhengsts Existenz geglaubt. Weil wir alle daran geglaubt haben, musste John zwangsläufig stärker werden.«

»Und Jesse hat sich dagegen gesträubt?«

»Und zwar mit Erfolg«, sagte Matt. »Während des Jahres, in dem Jesse dauernd aus der Stadt raste, hundert Kilometer fuhr und zurückbretterte, war mein Gedanke, es sei Jesses Problem. Jetzt ist mir klar, es ist John gewesen, er wollte sich befreien, wieder auf die Straße, aber Jesse nötigte ihn jedes Mal zur Umkehr. Ein Ringen zwischen zwei wirklichen Männern war's, vielleicht Titanen im ältesten Sinne, aber keinesfalls zwischen Imitaten.«

»Er war ein Mann in Auseinandersetzung mit seinen Problemen.«

»Das ist 'ne einfache Erklärung«, meinte Matt. »Wie es sich mit John verhielt, können wir nicht wissen, aber einiges von dem, was sich bei Jesse ereignete, ist uns bekannt. Er hatte sich in eine Frau verliebt, Sarah, aber vergeblich. Seine Hunde sind gestorben. Das klingt nicht so dramatisch, ist es aber, wenn man außer Hunden niemanden hat. Jesse wehrte sich gegen das Scheitern, indem er sich ein zweites Symbol schuf, das ihm Rückhalt gewährte, nämlich diesen verdammten Autofriedhof.«

Matts Stimme war heiser geworden. Bisher hatte er seine Trauer unterdrückt, doch nun übermannte sie ihn. Das milderte meine Haltung zu ihm.

»Ich glaube, der Friedhof war Jesses Weise, sich gegen John zu verteidigen, oder ein Mittel, um seine Schwäche zu leugnen. Er brauchte ein Symbol der Stärke. Er hatte die Menschen, die er liebte, zu schützen versucht, doch es war ihm nicht gelungen.

Nicht einmal die Liebe zu seinem Bruder konnte er bewahren. Der Friedhof ist die letzte Bastion der Liebe Jesses.«

Matt wirkte, als müsste er gleich zu weinen anfangen, und ich fühlte mich ähnlich.

»Autos können niemandem weh tun«, sagte Matt. »Nur schlechtes Fahren kann schaden. Der Autofriedhof ist ein Symbol für den Schutz, den man einigem von dem geben kann, das man liebt. Damit sage ich nichts Nachteiliges über Jesse. Vielmehr bringe ich damit etwas Beklagenswertes über jeden von uns zum Ausdruck.«

Ich verringerte das Tempo und steuerte auf Jesses Wohnsitz zu. Am Wohnanhänger parkte Mikes Oldsmobile. Im Wohnwagen brannte Licht, sonst allerdings nirgends.

»Um Furcht und Einsamkeit zu trotzen, errichten Menschen sich alle erdenklichen Wolkenkuckucksheime«, äußerte Matt. »Wir geben und nehmen beim Erschaffen solcher Phantasiewelten. Man muss sich fragen, wie viel Jesse und John für das wenige, das ihnen zufiel, opfern mussten.«

* * *

Herbstwind strich über den Autofriedhof, als wir aus dem Chrysler stiegen, und Kühle kroch mir bis in die Knochen. Der Mondschein erhellte die Flächen von Grabtafeln, allerdings zu schwach, als dass die Beschriftung leserlich gewesen wäre. Mike ließ den Bulldozer warmlaufen. Er stand mit dunklen Scheinwerfern da und ratterte. Mike wusste, dass sich Dunkelheit empfahl. Auf der A2 überdrehte jemand entfernt einen Motor und verursachte Gejaule, und es schien, als raunten zwischen den Grabstätten Echos von Motorengebrumm. Im Düstern glich Mikes massige Erscheinung einem Grizzly.

»Ich habe schon Pferde erschossen, die besser als ihr beide

aussahen«, begrüßte er uns, aber er sagte es mit irgendwie rauher Stimme. Matt stapfte auf den Bulldozer zu. »So was ist verboten.«

»Ich habe nicht das Gegenteil behauptet.« Auf eine Streitigkeit, sollte sie unvermeidlich sein, war Mike gefasst. »Wem's nicht recht ist, kann sich umdrehen und gehen.«

»Ich bin auch dafür«, stellte Matt klar. »Es ist richtig und angemessen. Aber wenn wir ertappt werden, ist die Hölle los.«

»Ich kann alles und jeden leiden«, sagte Mike, »außer die Regierung. Sie drangsaliert einen, solange man lebt, und wenn man tot ist, gönnt sie einem noch immer keinen Frieden. Ich erspare Jesse bloß einige Unannehmlichkeiten.«

»Man wird wissen wollen, dass er tot ist und woran er gestorben ist.«

»Er ist an Kummer gestorben«, antwortete Mike. »Dabei lassen wir's bewenden.«

Jesse hatte sich selbst umgebracht, das Eintreten der Todesfolge seiner Erschöpfung und Aushungerung auf genau den rechten Zeitpunkt gelegt, aber ich beabsichtigte nicht, Mike zu widersprechen, und Matt dachte darüber genauso.

»Wir machen mit«, sagte Matt. »Aber die Gemeinde wird diesen Boden aus steuerlichen Gründen verkaufen. Irgendwann fängt irgendwer zu buddeln an.«

»Das dauert noch viele, viele Jahre. Das Gelände ist mir vererbt worden. Jesse hat entsprechende Papiere hinterlassen. Sie liegen auf 'm Küchentisch.« Mike drehte sich zum Wohnwagen um. »Wir müssen's anständig erledigen, und wir haben bloß noch wenig Zeit.«

Im Wohnanhänger fanden wir eine Woll- und eine Steppdecke. Mike zog eine Küchenschublade heraus und kramte eine Handvoll Schnappschüsse zum Vorschein. Eine Anzahl sah ziemlich neu aus, wogegen einige schon beträchtlich verblichen waren: Bilder eines Manns und einer Frau in veralteter Kleidung, zweier Jungen in Sonntagsanzügen, von Autos und Straßenschildern sowie zwei Frauen, vielleicht Sue Ellen und Sarah. Mike stapelte sie wie ein Kartenspiel aufeinander, legte ein Gummiband um sie, durchsuchte das restliche Innere des Wohnwagens. Außerdem stöberte er eine blassgelbe Sonnenbrille auf, wie manche Rennfahrer sie auf Nachtfahrten benutzen. »Sieht einer von euch sonst noch was?«

»Seine Hunde«, sagte Matt. »Er hatte auch Fotos seiner Hunde.«

Wir entdeckten sie unter einem Kissen und erachteten es als überflüssig, uns mit der Frage zu beschäftigen, weshalb sie gerade dort lagen. Dann kehrten wir zu dem Lincoln zurück und hüllten Jesse mit aller Sorgfalt in die Wolldecke. Die Steppdecke breiteten wir über ihn und legten seine Habseligkeiten neben dem Gashebel auf den Fahrzeugboden. Da fiel Mike etwas ein. Er wickelte Jesse halb aus, suchte in seinen Taschen und schlug ihn wieder ein. Er nahm Jesses Autoschlüssel, schob ihn ins Zündschloss und ließ ihn darin baumeln. Zu dritt stellten wir uns vor dem Lincoln auf; Matt stieß ein Räuspern aus. »Ich bin's, der das Abschiedswort sprechen darf«, sagte Mike zu ihm. »Er war mein bester Freund.« Mike nahm die Mütze ab. Schwach glomm Mondschein auf seiner Glatze.

»Eine Menge Pfaffen dürfte froh sein, weil dieser Mann nicht mehr ist, und damit ist etwas Gutes über ihn gesagt. Die biederen Bürger hat er immer nur verärgert. Er ist schlicht und einfach ein Rowdy gewesen, aber was die Menschen nicht verstehen, ist, dass auch Rowdys ein Daseinsrecht haben. Sie setzen für wenig alles aufs Spiel. Dagegen sorgen die meisten Leute sich wegen des Sterbens so sehr, dass sie keine Gelegenheit zum Leben haben. Jesse hatte sich so gründlich dem Leben gewidmet, dass er an den Tod keinen Gedanken verschwendete. Er fuhr hundertfünfzig, bloß um eine Bar noch zu erreichen, ehe sie schloss.«

Mikes Stimme erstickte, er schwieg und lauschte. Über den Autofriedhof hallte das Echo von Motoren, und von der A2 erscholl das Rumoren der Kurbelwelle eines Achtzylinder-Reihenmotors, die sich in ihrem Lager drehte. Als stammte sie nicht vom Mond, sondern von hundert Paaren Standlichter, beschien blässliche Helligkeit den Friedhof.

»Dieser Mann rettete das Abenteuer, während es überall sonst ausstarb. Er kannte keine kleinkarierten Rücksichten auf Sicherheit und Renten, aber eingebildet war er deswegen nicht. Hatte er Furcht, lachte er. Nie hat er eine Frau geschlagen oder einen Freund betrogen. Ihm ist es zuzuschreiben, dass mir eines Nachts Betty Lou verreckte, aber es war gar nicht seine Schuld. In Wirklichkeit ist es Pistenhengst gewesen, der's getan hat. Jesse hatte keine Schwierigkeiten, bevor er in den Studebaker stieg.«

Also wusste Mike längst Bescheid. Wenigstens Mike wusste etwas.

»Mit Jesse konnte ich jederzeit mithalten«, sagte Mike, »aber Pistenhengst habe ich nie abhängen können. Pistenhengst ist jedem davongefahren. Und das in einem beschissenen Studebaker.«

»Aber 'n sehr schnellem Studebaker«, sagte Matt halblaut, als spräche er einem Geistlichen das Gebet nach.

»Er war ein wildes, weil vom Dasein gelangweiltes, unterfordertes Spitzenexemplar«, rief Mike, »und das gleiche kann man von Jesse sagen. Und damit soll's nun 'n Ende haben. Amen.«

4.

Das Auspuffrohr des Bulldozers spie winzig kleine Flämmchen aus; die Berge in der Ferne trugen weiße Kappen und kündeten den Winter an. Rasch füllte Mike die Gräber. Matt besorgte

Schaufel und Rechen. Ich erklomm mit ihm die Grabhügel und half ihm; wir arbeiteten ausschließlich bei Mondschein. Unterdessen ging Mike in den Wohnwagenanhänger und kochte Kaffee.

»Trinkt aus und haut ab«, riet uns Mike, kaum dass er uns Kaffee eingeschenkt hatte. »Jesse hat ein paar Freunde, die zu Besuch kommen werden, und bald ist's Morgen.«

»Sollen sie ruhig«, gab Matt zur Antwort. »Wir sind ihnen nicht im Weg.«

»Du bist 'n kluges Kerlchen«, sagte Mike zu Matt, »aber in deiner Schlauheit siehst du vor lauter Bäumen den Wald nicht. Du bist schon im Weg gewesen, sobald du angefangen hast, weiter zu fahren, als deine Scheinwerfer leuchten.« Mike verstand es nicht, Matt etwas Derartiges freundlich ins Gesicht zu sagen, darum tat er es in barschem Ton. Mit seinem roten Schnauzbart und dem Kahlkopf ähnelte er einem Bilderbuchpiraten.

»Du behauptest also, ich werde alt.« Matt war mit Mike schon lange genug bekannt, um nicht zornig zu werden.

»Ich werd's auch«, entgegnete Mike, »aber nicht dermaßen. Wenn man alt wird, sieht man sie nicht mehr. Dann ist man soweit, dass man sie nicht mehr sehen mag. Weil man Bammel hat.«

»Geht einem die Vorstellungskraft flöten?«

»Man sieht nichts mehr, verdammte Scheiße noch mal«, erwiderte Mike. »Vorstellungskraft ist etwas, das man gebraucht, wenn man keine Augen im Kopf hat.« Er zuckte aus der Brusttasche des Hemds eine Zigarre und kaute daran, bevor er sie anzündete. »Geistern fehlt alles. Kann sein, das sind welche, die Gott zu wenig geliebt hat. Wenn man sie sieht, ohne einer von ihnen zu sein, ist man vielleicht jemand Wichtiges.«

Darüber dachte Matt nach, und ich ebenfalls. Aus irgendwelchen Gründen hatten wir zwei schon reichlich Straßenkilometer hinter uns gebracht.

»Irgendwie sind sie ruppig«, sagte Matt über die Geister. »Sie strecken die Daumen raus, möchten aber gar nicht mitgenommen werden. Ich habe schon gehalten und bin ausgelacht worden. Sie verarschen sich selbst. Oder vielleicht nicht.«

»Das ist 'n Spielchen für junge Burschen«, sinnierte Matt.

»Ein Spiel, das von echten Kerlen gespielt werden muss.

Jesse hat's bis zum Abpfiff durchgehalten. Er war, wer er war, egal wer. Das ist der Schlüssel zu allem. Deshalb knallt man Polypen einen vor 'n Latz, wenn's sein muss. Man könnte meinen, Jesse sei alt gestorben, aber in Wahrheit hat er länger als die meisten jung gelebt. Darin liegt das eigentliche Geheimnis. Wie schafft 'n Mann so was?«

»Ehe wir gehen: Seit wann weißt du, dass Jesse Pistenhengst war?« fragte ich.

»Etwa seit anderthalb Jahren. Ungefähr der Zeit, als er überzuschnappen anfing.«

»Und du hast nie 'n Wort gesagt?«

Mike sah mich an, als wäre ich etwas, das man den Abort hinabspült. »Du solltest lernen, deinen eigenen Reifen zu fahren«, empfahl er mir. »Es war Jesses Angelegenheit.«

Dann tat es ihm leid, so grob gewesen zu sein. »Außerdem hatten wir unseren Spaß«, fügte er hinzu. »Damit ist's jetzt wohl ein für allemal vorbei.«

Matt folgte mir zum Chrysler. Müde und trübsinnig verließen wir den Autofriedhof. Ich lenkte den Wagen auf die A2 und nahm die Richtung zu Matts Haus.

»Sollen wir um der alten Zeiten willen noch mal voll aufdrehen?«

»Mach ruhig langsam«, sagte Matt. »Ich bin jetzt in den ruhigen Lebensabschnitt eingetreten, und es ist besser, sich frühzeitig daran zu gewöhnen.«

In meinen Rückspiegeln schwebte eine ganze Kette von

Scheinwerferlichtern durch die Nacht; eines nach dem anderen bogen die Fahrzeuge zum Friedhof ab. Der Mond war vom Himmel verschwunden. Über Süd-Dakota glimmerte die erste Andeutung schwachen Morgenlichts. Längs meiner Strecke lagen Hügelgräber und Kanada. An meiner linken Seite verlief plan und spiegelblank die Gegenfahrbahn soweit nach Süden, wie man nur fahren konnte. Nebel wallte aus den Straßengräben empor, und vielleicht regte sich etwas in den Schwaden, oder vielleicht nicht.

Viel mehr gibt es nicht zu erzählen. Im Herbst, Winter, Frühjahr und Sommer fuhr ich regelmäßig nach Sheridan. Der Mormone war, wie sich zeigte, für einen Mormonen ein recht umgänglicher Typ. Ich ließ nicht locker und machte noch einen Herbst und Winter lang in Sheridan meine Besuche. Linda ließ sich überzeugen. Im Frühling heirateten wir, und ich rechnete mit Stunk. Man geht davon aus, dass Verheiratete sich streiten, aber bei uns ist nichts dergleichen geschehen. Wir arbeiteten ganz einfach tüchtig, erwarben nach einigen Jahren ein Eigenheim, und Linda brachte zwei Mädchen zur Welt. Das enttäuschte den Mormonen, aber für mich bedeutete es eine Beruhigung.

Und in den Zeiten, in denen ich zum Fahren Anlass hatte – bei Schnee vierzig oder bei Sonnenschein hundertzwanzig Sachen –, blieben die Bankette der Straßen leer, außer einige wenige Male. Miss Molly zeigte sich einmal rechtzeitig, um mich vor einer gesperrten Brücke zu warnen. Kann sein, sie ist es noch ein zweites Mal gewesen. Schmale, kleine Bremslichter blinkten mich eines Abends an, als ich etwas getrunken hatte und spät heimfuhr. Jemand hatte einen Lastzug gerammt, dessen Anhänger quer auf der Piste lag. Aber andere Geister sah ich nicht mehr. Ich wollte, ich könnte erzählen, ich hätte die Zwillinge gesehen, wie sie an der Straße standen und den Daumen hoben oder tanzten, aber ich habe nie derartiges erlebt.

Ich dachte jedoch häufig an Jesse, und dabei kam mir etwas in den Sinn. Falls Matt recht gehabt hatte, begriff ich, warum Jesse sterben musste, bevor ich nach Hause zurückkehrte. Anders war es nicht möglich gewesen, weil ich an Pistenhengsts Existenz geglaubt hatte. Meine Überzeugung, dass es ihn gab, hätte genügt, um John in den Vordergrund zu rücken, und das wäre genauso verhängnisvoll gewesen. Wurde einer von beiden zu stark, verloren beide etwas. Folglich blieb Jesse gar nichts anderes übrig. Witterungseinflüsse ebneten den Autofriedhof ein. Eine Zeitlang pflegte Mike ihn, doch nach und nach schwand sein Interesse. Das Wetter flachte die Grabhügel ab. Unkraut überwucherte die Grabtafeln, die vergammelten und zerfielen, so dass heute lediglich ein einziger Grabstein aus schwerem Marmor noch neben der A2 steht.

Die Winterstürme beugen weder diesen Marmorstein, noch verwehen sie die kleine Grabplatte, die Mike, Matt und ich nahebei hinterlassen haben. Sie liegt waagerecht auf der Erde. Um sie zu sehen, muss man wissen, wohin man zu gucken hat.

PISTENHENGST
1931-1965
CA. 3,2 MIO. KM
STETS SCHNELLER FUHREN WIR, ALS HÄTTEN WIR FLÜGEL:
WIR BLIEBEN DER HASE, UND ER WAR DER IGEL

Inzwischen sind auch die großen, guten Autos dahin, oder zumindest größtenteils. Angesichts der Benzinpreise, Kriege und Kriegsgerüchte baut man PKW heutzutage fast nur noch als Billigblech. Sie sehen fetzig aus, wie Raubkatzen, aber haben keinen Biss mehr, und vielleicht ist es so auch gut. Der Staat braucht weniger Kreuze aufzustellen. Trotzdem steht da und dort noch der eine oder andere Renner, und es gibt Männer, die damit gehörig zu stechen verstehen. Oft liege ich nachts im Bett und lausche dem Röhren der Motoren auf der A2.

Ich höre, wie sie durch die Dunkelheit fegen, in ihrer Einsamkeit sehnsüchtig dem Himmel am Horizont entgegenstreben, durchs unvergängliche Land kreuzen. Jüngere fahren jetzt auf Tour, wie junge Männer es müssen, treiben einander an, pesen auf Jagd nach ihren Traumgefilden, oder rasen, indem sie hoffen, es sei nicht wahr, hinüber ins Geisterreich; junge Kerle hetzen sich gegenseitig volle Pulle durch die Dunkelheit oder jagen irgendetwas nach; vielleicht nur der Straße.

Kilroy war hier

(Kilroy was here/1996)

Erstmals erschienen in »Werwolf im Schafspelz«
Heyne SF & F, 1999
Übersetzt von Cecilia Palinkas
ed. von Roland M. Hahn

Er träumte, seine Füße seien so kalt, dass er zur Versorgungsstation des Bataillons rannte. Dort waren Mutter und Schwester und machten warmes Essen auf einem Holzfeuer. Sie schürten das Feuer, damit er die kalten Füße an ihm wärme. Doch bevor er essen oder seine Füße erwärmen konnte, wachte er auf – und seine Füße waren noch immer kalt.

Ernie Pyle: *Brave Men*

1.

Das Veteranen-Hospital erhebt sich groß und erhaben über dieser allzu belebten Stadt im Nordwesten, wo der Verkehr rattert und es die meiste Zeit in Strömen gießt. Dunkelheit liegt zwischen diesem Ort und der Stadt, eine Dunkelheit, die wir jedoch erst vor kurzem wahrgenommen haben. Seit einer Stunde wanke ich die glühend heiße halbe Meile hinunter, vorbei an erleuchteten Gebäuden, und Burnside holt mich wieder ein, wie immer. Burnside fährt im Rollstuhl, sein Motto lautet: »Lass keine Schwester ohne Klaps auf den Arsch vorbei«, denn, sagt er, »Verschwendung ist eine Sünde, und ich versuche, ein wahrer Prediger zu sein.«

Und das Veteranen-Hospital ist kein ungeeigneter Ort für die Ausübung des geistlichen Amtes im Stile Burnsides. Das Hospital ruht wie ein Tempel, und in seinen Hallen, geheimen Gängen und Operationssälen leiden und hoffen seit eh und je armselige menschliche Gestalten – rätselhafte, fürchterliche Gestalten. Dem einen schlägt hier die letzte Stunde, dem anderen ist eine längere Frist gesetzt. Die Menschen schreiten, gehen auf Zehenspitzen oder tänzeln die Korridore hinunter, je nachdem, von welcher Freude oder Sorge sie getragen werden und was diese Sorge nährt.

Wir sprechen über die geriatrische Abteilung, und Burnside sagt: »Es ist bestimmt kein edler Beruf, aber es ist wie drei Treffer und eine Niete. Bei Gott, wir haben unser Auskommen.«

Wenn man mit Burnside redet, muss man Aussagen des gesunden Menschenverstandes mit ein paar Fakten mischen, damit er einen versteht. Burnside hat sechsundsiebzig Jahre seiner achtundsiebzig Jahre vertan – er war zu langsam gewesen, wie ein Baby. Er fährt den Rollstuhl wie ein Hell's Angel der geriatrischen Abteilung, einen Rollstuhl mit rasanten Streifen, Fuchsschwanz, Tatütata-Hupe und dem letzten Fetzen einer japanischen Schlachtflagge, flatternd an einem Stab, wie man sie an Motorrädern sieht. Burnsides Arme und Schultern sind die eines verkümmerten Riesen, seine Beine sind so dünn, dass die viel zu kleinen Füße wie winzige, an Zahnstochern befestigte Puderquasten aussehen.

»Ein solcher Körper ist wirklich abenteuerlich«, klärt er mich auf. »Man lernt, auf viele neue Arten zu scheißen.«

Burnside sind an jeder Schläfe etwa drei Haare geblieben, seine Birne ist kahl, der Schnurrbart grau, und die Haarbüschel, die ihm aus den Ohren sprießen, fast kastanienbraun.

Es wäre am besten, ihn vorbeizulassen, ohne ein Wort zu sagen, oder am gescheitesten, selbst an ihm vorbeizugehen. Doch die Tage werden lang, wenn der Kopf klar, der Körper aber zerstört ist, und vielleicht haben wir schon viel zu lange geschwiegen. Meine Hände konnten die Feder nicht mehr halten, doch ich verdanke dem geheimnisvollen Osten ein funktionierendes Tonbandgerät. Meine Hüften funktionieren fast nicht mehr – sie sind brüchig wie Glas.

Während ich über das rede, was jetzt passiert oder passiert ist, und über Burnside nachdenke, schnurrt mein Tonbandgerät wie eine Siamkatze. Es ging Burnside gut, bis er vor einigen Jahren mit einer Honda Goldwing gegen einen Telefonmast prallte und im Petunienbeet einer Dame landete. Sie stand nur da und jammerte über ihre zerstampften Petunien. Heute beklagt er sein kaputtes Motorrad und sein kaputtes Becken, weil sie ihn hinderten, die Situation auszunutzen und die Frau rumzukriegen.

Manche Leute hier sind zufrieden, möglicherweise. Sie welken dahin wie eine Pflanze. Sie haben sich von der Welt abgewandt, sich in die Vergangenheit hineingeträumt und sind Gespenster geworden. Sie sitzen vor dem Fernseher im Tagesraum, verfolgen das Geschnatter, das Geplapper, Tratsch und Gestammel der Zeichentrickfiguren.

Der Fernseh-Spuk ist gespenstischer als die wirklichen Gespenster, die dieses Hospital heimsuchen.

Dieser Ort ist eine Gespensterfabrik.

* * *

Es waren die wirklichen Gespenster, die angefangen haben. Wir Lebenden waren friedliebend genug, Lügen über unsere Schlachten und über unser Leben beim und nach dem Militär zu erzählen. Es machte uns glücklich, täglich die Todesanzeigen zu sichten und über das Hinscheiden von Generälen und Präsidenten zu glucksen. »Der Hauptunterschied zwischen tot und lebendig ist der, dass ein Toter nicht mehr in der Soldliste berücksichtigt wird«, behauptet Burnside.

Dann kamen die Gespenster. Für gewöhnlich trieben sie sich auf dem Friedhof im Hinterland zwischen hellerleuchteten Gedenktafeln herum, tummelten sich in Besenkammern oder unter Betten. Sie wehen durch die Hallen, ziehen lautlos vorbei, wie auf sanften Pfoten zu Staub zerfallener Kätzchen. Die Pfleger sehen sie nicht. Die Krankenschwestern sehen sie nicht. Selbst wir können sie fast nicht wahrnehmen.

»Es ist eine abgekartete Sache«, beklagt sich Burnside. »Jede Menge Menschen, Cafeteria, Fernsehen, Betten, und der Friedhof gleich nebenan.« Dann gibt er eine Geschichte in Burnside-Manier zum besten. Damals, nachdem er sich von der Infanterie abgesetzt hatte, arbeitete er als Platzwart auf einem Urnenfeld mit dem Namen *Ewige Ruhe*. »Sie hatten ihren Angestellten unglaublich viel abgezogen«, erzählt er aller Welt. »Ich verlor Geld an jedem Tag, den ich am Leben geblieben war.«

Aber die Geschichten über Burnsides Vergangenheit verblassten nicht und überließen ihren Platz nicht der Gegenwart – die Gespenster in der geriatrischen Station manifestierten sich. Wir wussten später nicht mehr, was als erstes geschah, wir merkten nur, dass sich unsere Reihen lichteten ... Bei uns lichten sich die Reihen immerzu. Nach kaum mehr als einem Monat begann in zwei Betten das Desaster: Sergeant Smith und Sergeant Sanders waren hinübergegangen. Ihre leergewordenen Stühle im Tagesraum nahm schnell ein pensioniertes Marineinfanteristen-Pärchen ein, das dumm genug war, dies zeitweilig als seine Aufgabe anzusehen.

Und noch ein Bett war leer geworden. Die Tür zu Corporal Harveys Zimmer blieb verschlossen. Schwestern kamen und gingen daran vorbei, sie kamen und gingen vorbei, Ärzte mieden den Ort. Alle Zeichen deuteten auf: »Lebewohl, Dan Harvey.«

Dunkelheit begann die Korridore hinabzufließen, und Dunkelheit rankte sich um die geriatrische Station. Der Tagesraum bewölkte sich, schimmerte blau, wie eine Bar von 1940, voll von Jazz und Tabaksqualm. Eine Klarinette wehklagte, als das TV-Geplapper aufgehört hatte und der Bildschirm ohne Flimmern dunkel geworden war. Finsternis fiel in die Einzelzimmer und erstickte die allgemeinen menschlichen Geräusche, Würgen, Keuchen und Ringen nach Atemluft, oder Wimmern, weil die Schmerztabletten ausgegangen waren.

Nicht einer Mutter Sohn, nicht einer Mutter Tochter fehlte

etwas in diesem Tagesraum, trotzdem hasteten Krankenschwestern dauernd hin und her, hin und her, ungesehen.

Die Gespenster erschienen herausgeputzt in ihren besten Sachen und so körperlich, dass man sie sehen konnte. Die Männer trugen die Uniform der 40er Jahre, die Frauen sahen aus wie Greta Garbo, nur komischer, amerikanisch, englisch oder anders, meist orientalisch. Viele Mädels trugen Uniform, die meisten jedoch Kleider. Die Klarinette klagte wie die von Liebe gepeinigte einsame Stimme an einem Kai, von dem gerade ein Schiff abgelegt hat, es war die Stimme, die nach dem letzten Winken, den letzten Abschiedsgrüßen erklingt.

Die Klarinette erzählte von Lili Marleen, und im Hintergrund schluchzte eine Posaune. Es war, als ob die Gespenster uns etwas sagen wollten. Ein Seemannsgespenst hisste eine Signalfahne, mit bunten Fähnchen wurden Buchstaben des Alphabets gemorst, doch der einzige Mensch auf der Station, der sie hätte entziffern können, war ein blinder Quartiermeister – es war alles umsonst.

Die Korridore wurden blauer, verrauchter, wie die kraftlosen Leidenschaften im Gehirn eines dahindämmernden Greises. Kalte Luft strömte durch die Säle, und die Tür zu Corporal Harveys Zimmer wurde geöffnet. Eine Schwester trat über die Türschwelle, ihre Schultern sackten in sich zusammen, ihr Haar geriet in Unordnung, und sie trug die erschöpfte Miene einer Schwester zur Schau, die einen Kampf verloren hat.

»Janet«, sprach Burnside in einer abstrakten und belanglosen Art, die im Augenblick keine Anzüglichkeiten enthielt. »Susan. Yukiko. Die Mädchen, die wir zurückgelassen haben.«

Er beobachtete eine andere niedergeschlagene Schwester, die Corporal Harveys Zimmer verließ. »Der arme Hund ist so tot«, murmelte er vor sich hin, »dass er sich wirklich krank melden sollte.«

Wir konnten uns nur wundern. Keiner von uns hatte je anders an Gespenster gedacht als an Phantome oder Erinnerungen – greisenhafter Phantasie entsprungen. Es kommt so einiges zusammen, wenn der Mensch alt wird, und wiedererinnerte Stimmen ertönen von überall her. Doch jetzt kam es uns vor, als ob mehr dahintersteckte. Ich suchte nach Gründen dafür, dass wir an einem Ort waren, an dem es spukte. Ich dachte über die Geschichte nach, womit Dinge ihren Anfang nehmen.

Den Bau des Hospitals verdanken wir der Tuberkulose. Anfang des Jahrhunderts bemächtigte sich die Tuberkulose in atemberaubendem Tempo des Lebens, verwandelte Lungen in zerfetztes Gewebe, und Wunden und Wucherungen entrangen den mit verkrustetem Blut befleckten Lippen das letzte Keuchen. Tuberkulose ist nicht die auffallendste aller Krankheiten. Dieser Ruf gebührt der Cholera, aber im Gegensatz zur Cholera schafft sie gleiche soziale Verhältnisse. Sie tötete Schullehrer, Bankiers und Industriekapitäne. Unsere Regierung war einsichtig und kasernierte die kranken Menschen, statt sie zu verbannen. Sie errichtete Hospitäler an entlegenen Orten. Diese Hospitaltürme auf langgestrecktem Hügel überblicken die Städte, damals mehr ein Zusammenschluss von Örtchen, denn lichtüberflutete Cities. Ein Hospital zeigt folglich die Windrichtung vorherrschender Wetterlagen an. Das Hospital ist hoch und dient als Orientierungspunkt für Flugzeuge, sogar für die im Puget Sound fahrenden Schiffe. Sein Äußeres stellt protzig gelbe Backsteine zur Schau, sein Inneres glänzt im Grün der Nervenheilanstalten.

Um 1940 fanden Ärzte Möglichkeiten, die Tuberkulose zu bekämpfen. Manche Hospitäler wurden aus Mangel an Patienten geschlossen. Dann kam es zum glücklichsten Ereignis, wie Burnside gern sagt: der Zweite Weltkrieg brach aus, zum Segen der Ärzte. »Er gab ihnen etwas zu tun«, erklärte Burnside. »Er nahm sie von der Straße und holte sie aus den Gefängnissen. Ich habe noch nie von einem Arzt gehört, der zum Landstreicher wurde.«

Ein riesiges Durcheinander von Gespenstern setzte ein, als das Hospital wieder zum Leben erweckt wurde, zunächst unter der Leitung des Militärs, dann unter der Behörde der Vietnamveteranen.

Geister wirbelten herum wie in einem Mixer. An der Westküste kamen die meisten Verwundeten aus dem Südpazifik, es kamen aber auch viele Fälle mit Erfrierungen und Verbrennungen von jenem heillosen Durcheinander auf den Aleuten. Die Männer starben auf mannigfaltige Weise, oder man verhalf ihnen zu neuen Abenteuern, indem man sie lehrte, ohne Beine zu laufen, ohne Hände zu arbeiten oder ohne Augen zu sehen – zu dem Abenteuer, Bier mit Hilfe eines Strohhalms zu trinken, wenn sie zu traurig und zu betrunken waren, das Glas mit der Prothese zu heben, die ihnen die Armee verpasst hatte. Wie Pommes frites brutzelten mit Stromstößen malträtierte Schädel, als damals die besten Köpfe der Ärzteschaft die Schocktherapie als liebstes Hobby für sich entdeckt hatten. Eine großartige Nation tat in Liebe zu ihren treuen Söhnen ihr verdammt Bestes, um den kümmerlichen Rest der Männer unter den zottigen Plüschteppich der Geschichte zu kehren.

Das Land entwickelte ein Gewissen, und das, betont Burnside, gereichte dem Hospital zum Vorteil.

»Der Krieg rettet die Menschen vor sich selbst«, sagt Burnside, »und wir fanden heraus, wie wir die Schlitzaugen retten konnten. Wir können auf jede asiatische Weise schießen.«

Das Hospital hatte den Zweiten Weltkrieg noch nicht vollständig unter den Teppich gekehrt, als die Korea-Veteranen begannen, sich vor Schmerzen zu krümmen, und Korea hatte auch nach Vietnam noch nicht zu Ende gekehrt. Hier fegen die

Ärzte noch immer, und die Schwestern sacken unter der Last der Mühsal und des Scheiterns jedes Mal zusammen, wenn eine Seele über den Jordan geht. Angesichts der Soldaten, Matrosen und verwirrten Marineinfanteristen überrascht es nicht, dass das Krankenhaus mit Gespenstern überladen ist. Ich sage *überladen*, nicht, dass es *spukt*, weil bis zu dem Tag, an dem Corporal Harvey abkratzte, die Gespenster uns auf die gleiche Art wahrgenommen hatten wie wir sie: auf unkörperliche Art. Die Gespenster kümmerten sich nicht um uns, genauso wenig wie sie sich um eine fette Ratte gekümmert hätten. Und auch wir fanden sie nicht allzu liebenswert.

Ich war noch immer verdutzt und dachte über die Geschichte nach, über Geister, das blaue Licht und die Bars in den 1940ern, über Taumel und Tränen. Unsere Gespenster hatten einen wilden Tanz aufgeführt und waren verschwunden. Das Gespenst, das mit den Flaggen gewinkt hatte, verschwand zuletzt. »Sarge«, wandte ich mich an Burnside. »Was, in aller Welt, war das?« Ich glitt vorsichtig in den Sessel zwischen all den TV-Leichen und sah mich um. Zwanzig alte Soldaten hockten hier samt zwei Armeehelferinnen. Eine von ihnen hatte im Zweiten Weltkrieg in einem Operationszentrum im guten alten Liverpool gearbeitet, die andere hatte in einem Lagerraum in Norfolk ihre Zeit vertan. Es gibt nicht viele Frauen in der Geriatrie des Veteranenhospitals. Wir haben nur diese zwei. Jetzt stießen die Helferinnen die Jungs an, die neben ihnen saßen, und kicherten heiser, was in etwa bedeuten sollte: »Fang mich, wenn du kannst.« Tallulah Bankhead hatte nichts im Sinn mit solchen Küken, wer hätte es je bezweifelt?

»Ross, alter Kumpel, das ist toll!« Burnside beobachtete die Frauen und die verblüfften Männer, deren Interesse plötzlich erwacht war. »Wenn das das Äußerste ist, was sie zustande bringen, dann soll es mir recht sein. Ich könnte mir da ganz andere Dinge vorstellen.«

»Blödsinn!«, sagte ich. »Was war das?« Ich schaute mich im Tagesraum um. Keine Klarinette, kein blaues Licht, keiner, der eine Signalfahne schwenkte oder zum Abschied winkte. Die Tür zu Corporal Harveys Zimmer blieb verschlossen. Nachtpfleger würden anrücken und Leichenräuber spielen, und schon im zarten Licht der Morgendämmerung wird Corporal Harvey nur eine schwache Erinnerung sein. In diesem Krankenhaus werden die Leichen nicht bei Tageslicht abgeholt. Es würde die Truppen deprimieren.

»Ich kann es mir nicht erklären. Wenn der Corporal auf der anderen Seite ist, warum winkt dann die andere Seite zum Abschied? Es macht mich richtig verrückt.« Burnside riss den Rollstuhl herum, der wackelte wie ein startbereites Pony und fiel beinahe um, als er sich im Kreis drehte. Ein Höllenfeuer wäre ihm sicher gewesen, hätte eine Schwester ihn dabei erwischt. Das Personal mag dieses Drehen nicht. Es hinterlässt Spuren auf dem Boden, Kratzspuren, die diese Heinis nie mehr ausradieren können, sie sehen darin Anzeichen der Rebellion der Patienten …

Außerdem würde jeder wissen, dass es Burnsides Drehung gewesen war. Er ist der einzige im Rollstuhl-Team, der stark genug ist, eine ordentliche Drehung hinzulegen. Er vollbrachte drei Drehungen, die sich überschnitten, wie in der Reklame für *Ballantines*. »Einmal schnauben vor dem Essen, und ein Nickerchen danach.« Er wandte sich mit dem Stuhl seinem Zimmer zu.

»Es sind die einsamen Trinker, die im Gefängnis enden«, sagte ich. »Du trinkst lieber nicht allein.« Ich folgte ihm, und ich folgte ihm langsam. An guten Tagen kann ich es auf diesen Korridoren tun, wenn ich mich auf einen Stock stütze. Meist nehme ich mit einer Gehhilfe die Verfolgung auf.

Hier ist eben hier, und wenn wir keine Scheiße anstellen, sind wir tot. Lassen Sie es mich erklären.

Hier gehört Schmerz zum Alltag – Körper heilen nicht,

Übungen härten nicht ab. Die Ärzte übertünchen starken Schmerz mit Tabletten, die Menschen flüchten vor dem Schmerz in den durch Sedativa und andere Drogen erzwungenen Schlaf. Hier ist das Leid unabänderlich, so wie Sonnenaufgang und Sonnenuntergang. Es gehört zu den Bedingungen, zu der Abmachung, die lautet: Wenn du lange genug lebst, wirst du verletzt werden.

An diesem Ort ist die Kotze ekelhaft, bitter, voller Galle – Erbrochenes, das viel zu oft aus Eingeweiden, die nicht mehr alles verkraften können, wunde Kehlen hinaufwandert. Die Kotze ist beladen mit Blut. An diesem Ort sind die Hüftknochen so zerbrechlich, dass man sich fürchtet zu stolpern, und Menschen, die aus dem Bett fallen, überleben es nicht. Wenn jemand sehr, sehr alt ist, wird seine Haut dünn wie Seidenpapier, die Knorpel in der Nase bilden sich zurück, die Nase fällt in sich zusammen. Das Gesicht gleicht einem mit Haut überzogenen Totenschädel. Es ist das Los des Menschen. Das ist das Menschliche, über das wir nicht nachdenken mögen, nicht einmal dann, wenn es soweit ist. Doch früher oder später passiert es den meisten von uns. Die einzigen ewig Jungen sind die, die früher dran sind, in eine Schusslinie zu geraten, oder unter einen Lastwagen, oder in eine tödliche Krankheit. Hier lautet die Botschaft: Wenn du nicht clever genug bist, früh zu sterben, weißt du, was dich erwartet.

Manche Leute wissen es nicht. Sie werden zu Fernsehleichen, und der Fernseher saugt sie ein in seine Düsternis. Andere wissen es zwar, überspielen das Wissen aber mit Bockmist. Bockmist ist die erste Front gegen den Schmerz, oder, wie Burnside über Corporal Harvey sagt: »Das einzige, was der arme Bastard gehabt hat, war Krebs. Ich habe Krebs und den Kampforden des Infanteristen bekommen.«

»Du hast nur Prostatakrebs«, widersprach ich. »Und bei Harvey saß er im Magen. Prostatakrebs kriegt man, wenn man mit den Frauen von Predigern herumfickt. Das kann jeder kriegen.«

»Die erste Front gegen den Schmerz … ein anderes Geheimnis des Schmerzes ist, dass du ihn einfacher erträgst, wenn du nicht selbst in Selbstmitleid verfällst.« Burnside und ich und die meisten dieser Greise hatten schon in der Grundschule gelernt, uns nicht selbst zu bemitleiden. Das liegt natürlich schon viele Jahre zurück. Die Gründe dafür, es gelernt zu haben, stehen jetzt in den Geschichtsbüchern. Wie Casey Stengle zu sagen pflegte: Es konnte nur noch besser werden.

Ich folgte also Burnside, der auf unser Zimmer zusteuerte. Wir hausen hier zu zweit in einem Raum, bis unsere Zeit zu Sterben kommt. Dann werden sie uns in Einzelzimmer verlegen. Als ich ihm folgte, freute ich mich schon auf einen Schuss Bourbon – auf seinen oder auf meinen. Burnside war imstande, mitten in der Sahara Whiskey aufzutreiben, und ich sorgte für das Bier zum Nachspülen.

Unser Versteck ist ein Ding, das man ursprünglich als Speisenaufzug benutzte. Das Krankenhaus wurde so häufig umgebaut, dass selbst die Architekten nicht mehr wissen, wie die Räume ausgestattet sind. Irgendwann sind die Aufzüge mal zugekleistert worden, und wir haben einen wieder geöffnet, den Verputz Stück für Stück in die Latrine hinuntergespült, und ich habe die Bataillonsflagge der 120. Pioniere über die Öffnung gehängt. Die 120 ist sowieso nicht meine Einheit, zum Teufel mit der 120.

»Das war eine prima Party. Harvey muss einigen Leuten etwas bedeutet haben.« Burnside entkorkte eine Flasche Jim Beam. Es stand uns eine harte Zeit bevor wegen Harvey. Dan Harvey war ein guter Freund gewesen.

»Ich habe immer geglaubt, dass die Gespenster nur unserer Phantasie entspringen«, bemerkte Burnside. »Ross, du wirst alt.«

Er griff nach einem Gurt, wischte sich über den Mund und nahm einen kleinen Schluck. Er warf mir die Flasche zu, und ich fing sie gerade rechtzeitig auf, bevor sie zu Boden fallen konnte. Burnside sah auf und deutete mit der Hand in meine Richtung – er musste etwas hinter meinem Rücken entdeckt haben. Sein Gesicht wurde leichenblass, sein Mund zuckte, und er umklammerte die Räder seines Rollstuhls, als ob er vor Angst in die Hose machen würde.

»Was tust du hier?«, flüsterte er, und das zweite Mal an diesem Tag war es nicht seine typische Stimme. Er sah mich an. »Schleck lieber mal an dieser Flasche, bevor du dich umdrehst.«

Als ich mich umdrehte, stand ein japanischer Soldat hinter mir. Er machte einen höflichen Eindruck. Er sah fast körperlich aus, fast real. Der Junge war kaum mehr als 25 Jahre alt, obwohl das bei den Japsen schwer zu sagen ist. Er trug eine zierliche Uniform mit einer Schärpe und verbeugte sich. Auch ich verbeugte mich unverzüglich, wenigstens so gut ein steifer Rücken und steife Hüften das zulassen. Ein Schauer überlief mich. Diese Höflichkeit war in Burnsides Gegenwart geradezu zivilisiert. Die Verbeugung schien dem Jungen zu gefallen. Er lächelte und verschwand. Puff. Eine kleine blaue Wolke – nichts.

Ich wandte mich an Burnside, und der war so bleich, dass ich schon befürchtete, er sei gestorben. Der kahle Kopf glänzte, schimmerndes Licht lag darauf, als hätte man ihn poliert. Die schweren Schultern waren zusammengesackt, und der Mund formte zu meinem Entsetzen ein nicht enden wollendes *Oh*. Plötzlich bewegte er die Hände. »Schlimm«, sagte er. »Noch ein Elender, der erschossen wurde – gib mir jetzt nicht die Flasche, ich lasse sie bestimmt fallen.«

Ich saß auf dem Bett, und meine Hand, die schon von Natur aus zitterte, zitterte noch mehr. Der Whiskey, eins der guten

Dinge im Leben eines Menschen, die ihm zum Schluss noch bleiben, brannte in meinen Eingeweiden, aber er war es wert. »Erzähl«, ermutigte ich Burnside.

»Es passierte am Kanal«, begann er. »Wir stießen zufällig aufeinander, während des beiderseitigen Rückzugs. Ich schoss ihm in die Eingeweide, mein MG ballerte mit einem Affenzahn. Leer. Er stand an einen Baum gelehnt, glitt ab auf seinen Hosenboden und zielte mit einer Pistole auf mich. Er überblickte die Lage und begriff, dass wir alle geleimt worden waren. Ich sah es an seinen Augen. Sie sagten im wahrsten Sinne des Wortes ›Ach, reingelegt‹, was auf japanisch *shiranu ga hotoke* heißt. Dann warf er die Pistole von sich, tippte sich an die Schläfe und erklärte der ganzen Welt den Frieden.«

Gummisohlen quietschten auf dem Gang, und ich versteckte die Flasche hinter einem Kissen. Burnsides Ohren sind nicht so hellhörig wie meine, aber er reagierte auf mein Zeichen und hatte seine Miene mehr schlecht als recht wieder unter Kontrolle, als Schwester Johnson das Zimmer betrat. »Das ist aber noch nicht alles«, flüsterte er.

»Das ist nicht der richtige Zeitpunkt für ein Saufgelage«, sagte sie beim Eintreten. Schwester Johnson hat Frühschicht, und das verschönert unsere Tage. »Ihr Gammler werdet niemanden foppen.«

Johnson ist von allen Schwestern die schwermütigste, wenn sie einen Patienten verliert, und sie hatte gerade Harvey verloren. Manchmal lungert sie bei uns herum, und sie tut das – da bin ich ganz sicher –, weil wir noch ein bisschen Leben in uns haben. Es muntert sie auf, und wir geben uns die größte Mühe, nicht ungebührlich zu sein.

In der geriatrischen Abteilung sind die Ärzte wichtiger als Jesus, der, wie die Jungs von der Navy sagen würden, nur ein

Holzkumpel war. Ärzte aber thronen zur Rechten Gottes und stehen in einer Rangordnung vom Cherub aufwärts bis hinauf zu den Heiligen.

Und wie, könnte hier jemand fragen, ist es dazu gekommen? Und wo, könnte hier jemand fragen, rangiert Schwester Johnson in diesem himmlischen Chor? Und wie lange schon, könnte jemand weiter fragen, versucht Burnside bei ihr zu landen?

Eine Frage nach der anderen – aber Burnside wird ohnehin keinen Treffer landen, und so gibt es auch keinen Grund zur Eile. Manch einer hier ist eine düstere Festung des Leides, und manch anderer ist ein kleiner, dichter, zusammengepresster Erdwall des Leides. Burnside, obwohl er mit seinem Arsch auf einem Rollstuhl reitet, ist eine düstere Festung des Leides mit brennenden Fackeln an den Türmen. Du kannst hier nicht zu einem zusammengepressten Erdwall werden, wenn du nicht den Blick verlierst für all das, was außerhalb deines Körpers geschieht. Wenn der Kopf nur noch über den Körper nachdenkt, werden die Ärzte zum Mittelpunkt des Universums. Wenn Burnside nicht auf die Präsidenten fluchen, nicht den Frauen nachjagen und Unmengen von Schweinigeleien produzieren würde, wäre er ein Erdwall geworden. Ich selbst wäre es geworden, obwohl mir nichts weh tat und ich mit einem Laufstuhl schneller laufen konnte. Und was gibt mir das Recht, über andere zu richten? In diesem Alter hat jeder sein eigenes Leid und seine eigenen Gespenster, oder seine eigenen Erinnerungen; und vielleicht sind die Gespenster und Erinnerungen ein und dasselbe. Die Menschen umhüllen sich mit der Vergangenheit, spinnen einen Kokon um ihr Leid. Die Erinnerungen schützen sie gegen das Eis des Todes, das ihnen die Beine hinaufkriecht, gegen die ewige Kälte, die ihnen in die Adern dringt. Menschen träumen von der Kindheit, von klirrenden Wintern und der Wärme aus Holzöfen … auch von Eisblumen, gezeichnet auf den Fensterscheiben der Seele, und sie träumen von blühenden Kirschbäumen und vielleicht vom einladenden Lächeln eines Mädchens, das sie, obwohl sie es nur einmal getroffen haben, dennoch immerdar erträumen. Also was gibt mir das Recht, zu richten? Auch ich bin nur einer von denen mit dem Hundeblick, der auf Staatskosten herumgefahren ist, der Geschichtslehrer an der High School wurde, der in den Ruhestand versetzt und dazu verurteilt wurde, nie mehr allein leben zu können – vielleicht zu Recht. Andererseits war ich in Europa und Asien und weiß, wie man Maschinengewehre und Raketenwerfer bedient, wie man bei hoffnungsvollen, hübschen und pickligen Teenagern Prüfungen in amerikanischer Geschichte abhält.

Und wer ist Schwester Johnson?

Sie ist eine von jenen Träumern, für die keine Zeit bleibt in der Welt. Sagen wir Ende Dreißig, wohlwollend ausgedrückt, und schön, was wirklich zutrifft. Sie steckt die langen Haare unter eine alberne kleine Haube und schreitet langbeinig durch die Säle, auf eine Art, dass man sich für die Existenz der Frauen dankbar fühlt. Ihre Nase ist ein kleines bisschen zu spitz für die Titelseite der Modeillustrierten, und ihre Miene zu gütig, um je ins Fernsehen zu kommen. Sie hat nussbraune Augen, volle Lippen und ist verführerisch schlank. Sie gibt sich mädchenhaft, wenn sie glücklich ist, und versprüht Überdruss, wenn sie es nicht ist. Schwester Johnson kümmert sich zu viel um ihre Arbeit und läuft Gefahr, sich völlig zu verausgaben. Ich hoffe, dass sie durchhält, bis Burnside geht. Burnside behauptet, immer ausschweifend gelebt zu haben, und Schwester Johnson, seine größte Herausforderung, sollte die Letzte sein, die er sieht, wenn er dieses Jammertal verlässt.

Und so gehört Schwester Johnson im himmlischen Heer zum erlauchten Kreis der Offiziere, deren goldene Tressen sie gerade noch ermächtigen, den Alt im göttlichen Chor zu singen.

»Es liegt an diesen schnellen Maschinen«, sagte Burnside zu

mir und klopfte anerkennend auf seinen Rollstuhl. »Sie holen die Mädchen immer ein!« Zu Schwester Johnson sagte er: »Sergeant Ross wollte gerade gehen.«

Johnson stand neben dem Bett, auf dem ich saß, lächelte ein kleines trauriges Lächeln und gab vor, Burnside nicht zu beachten. »Im Tagesraum herrscht Aufruhr. Ihr habt etwas angestellt, was alle verstimmt hat. Was war's?« Ihr Haar hat die Farbe von Spülwasserblond, doch es glänzt. Es vereitelt und mildert die Wirkung der kleinen spitzen Nase.

»Nichts weiter«, log ich. »Burnside hat Seemannsgeschichten erzählt. Corporal Harvey hat das Tanzbein geschwungen. Burnside hat etwas über *Minnie the Moocher* gesungen. Burnside ist schuld.« Es brachte sicher nichts Gutes, wenn man Krankenschwestern von Spuk und Gespenstern erzählte.

Ich hasse es, so viel Kummer in einem Gesicht zu sehen, und der Kummer, den Johnson ausstrahlte, war unerträglich. Sie kann einfach nicht verstehen, dass der Tod nicht so wichtig ist. Als es mit Harvey zu Ende ging, überwältigte der Schmerz die Wirkung der Drogen. Er war bettlägerig. Er konnte sich nicht damit abfinden, sein Leben im Bett zu verbringen. Auch ich hätte es nicht gekonnt, genauso wenig wie Burnside … wenigstens nicht allein.

»Er hat euch eine Nachricht hinterlassen«, sagte sie. »Ich mochte Corporal Harvey, auch wenn er sich mit Kerlen wie euch herumtrieb.« Johnson hätte besser auf der Entbindungsstation gearbeitet, und nicht mit Greisen. »*Minnie the Moocher*«, wiederholte sie mir zugewandt: »Ihr sagt wohl nie die Wahrheit.«

»Nur sonntags!«

»Oder wenn es keinen roten Heller wert ist«, versetzte Burnside. »Sergeant Ross ist billig, aber ich weiß, was den Frauen gefällt.« Er sah sich um, während er es sagte, als suche er den Urwald nach Schlangen ab. Sein japanisches Gespenst würde sicher nicht auf der Bildfläche erscheinen, wenn eine Schwester zugegen war, doch bei Gespenstern weiß man nie …

»Ihr werdet es beide hassen, wenigstens glaube ich das.« Schwester Johnsons Mund zeigte nur noch eine Spur traurigen Lächelns. Ihre noch feuchten Augenlider glänzten ein wenig. Vielleicht waren wir doch mehr für sie als nur Plus und Minus im Krankenblatt einer Schwester. Andererseits war es sinnlos, zu emotional zu werden. »Corporal Harvey weiß, warum Buddha lächelt«, sagte sie zu mir. »Er bat mich, euch das zu sagen. Er hat auch gesagt, man habe ihn angewiesen, es euch nicht zu erklären.« Sie wandte sich an Burnside und biss sich auf die Unterlippe.

Ich beugte mich vor und wäre fast von der Bettkante gefallen. Schwester Johnson hatte den Spieß umgedreht. Menschen, die an Krebs sterben, hinterlassen keine letzten Botschaften. Menschen, die an Krebs sterben, leben in riesigen Höhlen des Schmerzes, erleuchtet vom sündigen Feuer einer Hölle, die wirklicher ist als die Hölle Dantes. Menschen, die an Krebs sterben, winden sich innerlich, die Gewalt und das Chaos des Tumors überlagern den letzten Rest ihrer Intelligenz. Es ist der reine Schmerz, vermutlich, und vielleicht hat eine solche Reinheit etwas mit Buddha zu tun, aber eins ist sicher: der Mensch redet nicht darüber.

»Und für Sergeant Burnside, ich zitiere wörtlich, sagte Harvey: ›Heb deinen faulen Drückebergerarsch und such dir einen anständigen Job.‹«

»Er hat eben das letzte Wort, oder? Harvey konnte immer sehr dick auftragen.«

Burnsides Stimme war voller Bewunderung, obwohl er sich noch immer im Zimmer umsah. Er war eigentlich nicht zerstreut, aber er verfolgte aufmerksam die Schatten in den Ecken oder an anderen Stellen, in denen sich Visionen oder Quälgeister aus der Vergangenheit hätten verstecken können. Ich blinzelte Schwester Johnson unauffällig zu, und sie blinzelte unauffällig zurück. Burnside saß zwischen uns und war blöd genug, jede Unze des Gesagten zu glauben. Ich begriff, dass dieser Tag einen Wendepunkt in Schwester Johnsons beruflichem Werdegang markierte. Es war eine Nummer größer als Paul Bunyon, mindestens, denn sie hatte gerade den bekanntesten Bockmist-Lieferanten verscheißert, der je in der Geschichte des amerikanischen Westens vorgekommen war.

* * *

Die geriatrische Abteilung fiel, abgesehen von gelegentlichen Einsätzen bei Fernsehleichen, für drei Tage in monotone Alltagsroutine zurück. Die Jungs machten sich gelegentlich mit den zwei Mädels zu den hinteren Fenstern des Flügels auf die Socken, wo Memorial Gardens liegt, der Militärfriedhof, oder, wie Burnside sagen würde, *das Heim des alten Soldaten.*

Der Park hatte seine Grenzen überwuchert. Oder es hatte sich die Dunkelheit, deren Existenz wir erst später bemerkten, in diese Verwahrlosung eingenistet. Der Pavillon ist eine Ruine, sein Dach zerbrochen, die Stufen verwittert. Der dekorative eiserne Zaun ist verrostet, die Bäume sind nicht beschnitten, die Hecken wuchern. Aus der Entfernung aber ist es ein Ort geistiger Gesundheit inmitten von all dieser Trostlosigkeit.

Keiner geht mehr dorthin, nicht mal um Feuerholz zu schlagen. Auch die Gespenster des Veteranen-Hospitals gehen nicht dorthin. Es ist ein Wald, in dem es spukt, ein Park, in dem es spukt, ein Ort der Vergangenheit, in dem es spukt, und hier spukt etwas weit Abscheulicheres als ein Gespenst, und viel Bedrohlicheres als Gewehre. Das Hospital hat seinen ungefährlichen Teil mit Straßen und Wiese. Und es hat seinen dunklen, fast schwarzen, leblosen Teil. Nicht ein Vogel zwitschert hier. Um diese

Stellung zu halten, braucht man leichte Artillerie; um sie anzugreifen, genügen drei Feuerstöße aus Mörsern.

Burnside und ich blickten zusammen mit den auferstandenen Fernsehleichen auf die Reihen mit schimmernden weißen Grabsteinen unter dem fliegenden Banner einer großen Nation. Wir blickten zum Wald, zur Schlucht, dann zu der Stadt, die einst Lebensmittel und Fabrikwaren in die Welt exportiert hatte. Heute exportiert sie nur noch Stimmen und Unterhaltung – alles andere wird importiert. Keine der Fernsehleichen hatte angesichts des prächtigen Banners und der ständig gebeutelten Stadt den Mumm, sich am Sack zu kratzen.

»Es hat bestimmt noch mehr auf sich mit diesem Jungen«, sagte ich später zu Burnside und erinnerte ihn damit an sein japanisches Gespenst.

»Er war jung, ich habe ihn getötet. Wie du dich vielleicht erinnerst, waren wir mitten in einem Krieg. Ich war nur ein junger Soldat. Ich durchsuchte seine Taschen, suchte nach Informationen über den Feind.« Burnside deutete auf die Überreste der japanischen Kriegsflagge. »Jeder von ihnen trug eine eigene Kriegsflagge. Er kann sie zurückhaben; ich benutze sie nur, um Mädchen aufzureißen. Keine Frau kann ihr widerstehen.« Burnsides Stimme klang ein bisschen angestrengt, als ob er sie nur mit Mühe zum Klingen bringen konnte, darin aber war er immer der Beste gewesen.

Veränderung lag in der Luft. Elektrisierend. Jeder, außer den im Endstadium der Senilität Befindlichen – vielleicht aber auch die –, spürte, dass die andere Seite ihre eigene Routine entwickelt hatte.

Schatten zogen vorbei an den Wänden, obwohl nichts zu sehen war, was dicht genug gewesen wäre, Schatten zu werfen. Gemurmel tönte hinter jedermanns Ohr, Geflüster aus der Vergangenheit. Nach dem ersten Tag zog die Wochenschau an unserem inneren Auge vorbei, die Wochenschau über eine vorbeiziehende Parade, eine Parade der Geschichte und des Krieges. Ich hörte Stimmen von Menschen, die tot und gegangen waren, von Geliebten und Verachteten. Ich hörte Kanonendonner hinter dem zerrissenen Horizont rollen. Ich hörte entsetztes Kindergeschrei, hörte die Stimme des Feindes in knarrender Kraut-Sprache und hörte das Schluchzen der Frauen, weil, ja, weil auch Deutsche schluchzen können.

Wieder hörte ich Laute – von der Invasion in Europa und von den Geschützstellungen in Korea.

Burnside hörte die Dinge ein bisschen anders. Er wollte, ehrgeizig wie er ist, zunächst reinen Tisch mit dem ganzen Pazifiktheater machen und dann pflichtbewusst Japan besetzen.

»Ich habe immer befürchtet, dass du leicht schwachsinnig bist«, vertraute er mir an, »hätte aber nie gedacht, dass du dich mit Leuten abgibst, die Stimmen hören. Du bist wirklich beknackt, Ross.«

Währenddessen nahm die Routine ihren gewohnten Lauf. Schwester Johnson war wie immer sehr beschäftigt, zerstreut, überspielte stets die Mühsal ihrer Arbeit und versuchte so wenig wie möglich im Leben um sie herum aufzugehen. Schwester Johnson hörte keine Gespenster, noch sah sie welche, vielleicht war sie dazu viel zu beschäftigt. Die Routine hielt sie aufrecht und stützte uns, und so ist es immer mit der Routine, sogar auf einer geriatrischen Abteilung, die vom Jenseits überwältigt worden ist, so wie das – wir setzen es hier einfach mal voraus – mit den meisten dieser Abteilungen geschieht.

Der Tag beginnt um vier Uhr morgens, wenn die Schmerzmittel ihre Wirkung eingebüßt haben. Sehr alte Leute schlafen nicht besonders gut. Wir wachen und ringen mit allem, was uns begegnet, mit eiternden Wunden, mit zerfallenden Knochen. Die meisten liegen von vier bis sechs darnieder, betäubt von ihren halbwachen Träumen. Stimmen aus der Vergangenheit stellen sich ein, streiten und beklagen sich über unsere Lage. Sie machen sich über uns lustig, präsentieren uns eindringlich Situationen, die eigentlich nie stattgefunden haben, aber stattgefunden hätten, wenn man damals nur gescheit genug gewesen wäre.

Der Fluch des Vaters und die Vergebung der Mutter.

Manchmal erscheint die Lieblingstante … und manchmal gebären die Stunden zwischen vier und sechs Monster. Dann sehen die Menschen Gesichter: von Menschen, die sie ermordet, von Frauen, die sie betrogen haben.

Um sechs Uhr morgens beginnt die Zeit der Pillen. Der Vorhang hebt sich für die Komödie des Tages – oder die Tragödie, je nach dem Willen des Herrgotts. Um sechs Uhr morgens husten alle sehr viel, und wenn es einem bestimmt ist, den Erstickungstod zu sterben, stehen die Wetten für sechs Uhr morgens am besten.

Pillen jagen die Arzneimittellisten rauf und runter. Medikamente entwickeln Persönlichkeit. Manche sind plebejisch, dumm, andere einfach wunderbar. Manche Medikamente sorgen für Knatsch, spielen eine Coda, eine Trompetenmelodie, so wie Ziggy Elman *And the Angels Sing* spielt.

Burnside, der dafür bekannt ist, dass er die Dinge nach Gutdünken ablehnt und unabhängig ist wie ein Ferkel auf dem Eis, wartet nicht erst auf Schwester oder Pfleger – über seinem Bett ist ein Flaschenzug aus rostfreiem Stahl montiert. Es kommt mir vor, als ob ich neben einem Zirkus wohne. Dennoch wird einem ganz übel, wenn man ihn hin- und herpendeln sieht. Der Mann hätte einen gelungenen Elf, einen Maschinenteufel oder Gnom abgegeben, sogar einen ausgewachsenen Kobold, stattdessen war er gezwungen, wie ein Affe hin und her zu schwenken. Er lässt sich in seinen Sitz sinken und steuert auf die Latrine zu, die zerlumpte Flagge schwebt wie eine zerbrochene Sonne über dem fahrenden Rollstuhl.

Frühstück ist um sieben. Du kannst es in deinem Zimmer zu dir nehmen oder dich in der Cafeteria in die Fressschlange einreihen. Für die Insassen der geriatrischen Abteilung lautet die Botschaft der Fressschlange so: Reih dich hier ein und erzähl der ganzen Welt, dass du noch am Ball bist.

Unsere Truppen brechen das Brot in Gesellschaft jüngerer Patienten, der Jungs in den 40ern und 60ern, die mit ihren eigenen Gespenstern leben, aber unsere nicht sehen.

Es sind die aus den späteren Kriegen. Fast alle sind verkrüppelt, und nicht wenige verrückt. Ich jedenfalls würde es nicht wagen, einen von diesen mit Gummibändern und Heftklammern geschmückten mit einem stumpfen Messer sich selbst zu überlassen.

Die Physiotherapie beginnt um 8.30 Uhr und endet, bis man zusammenbricht, was in den meisten Fällen um 8.45 Uhr geschieht. Burnside hat das nicht nötig. Er klopft wahrhaft elegante Sprüche: seine Beine fallen ihm sowieso fast vom Körper, und er bekommt reichlich heilsame Stöße und Knuffe von diesem Stuhl. »Ich hätte liebend gerne eine Harley«, beschwert er sich, »aber es werden keine gebaut.«

Zwischen zehn Uhr und Mittagessen machen die Ärzte Visite. Sie erläutern genau Hüftprothesen, Rückenmarkspunktionen und Ektomien, um die Eingeweide wieder zu richten. Die Ärzte machen altbewährte Witze und sind ihres eigenen Irrsinns fähig – Kriege müssen eben auch zu etwas gut sein.

»Nicht alle Krankenhäuser sind so angenehm wie dieses«, erklärt Burnside denen, die meckern. »In Japan sind alle Krankenschwestern Lesben. In England sprechen alle Ärzte wie Peter Ustinov. Bei den Scheißfranzosen ...« Dann rollt er mit den Augen und versucht lüstern auszusehen. »Der Grund ist, dass DeGaulle eine ungeheuer große Nase hatte. DeGaulle war unglaublich populär.«

Vor dem Mittagessen – und besonders an den launischen Tagen – grabschen wir nach dem Jim Beam. »Und jetzt ein Schlückchen«, wie Louis Armstrong zu sagen pflegte. Dann spülen wir den Whiskey mit einem Teller Suppe runter. »Nicht gerade so wie in Süddakota«, erklärt Burnside. »Damals auf der Farm tranken wir nie nach vier Uhr nachmittags.« Für Burnside ist Süddakota der Ort, der ihn berühmt gemacht hat. Nachdem er sich dort die Zeit vertrieben und sich vom Zaster losgesagt hatte, kehrte er heim. »Den einzig verfügbaren Job in ganz Süddakota bekam man nur mit einem Schwulen-Outfit.« Er arbeitete und gab sich wirklich Mühe, und in nur drei Monaten war er zum Oberarsch aufgestiegen.

Nach dem Mittagessen und einem Schläfchen empfangen manche Patienten Besucher – Verwandte, Sozialarbeiter, Pastorinnen oder Kapläne. Manche Besucher bringen Fotos von Urenkeln mit, als ob hier je einer behauptet hätte, dass er sich für die kostbaren Kinderchen oder Fotos von Urenkeln interessieren würde, die vor der zweiten Hälfte des folgenden Jahrhunderts dieser Station nicht bedürfen werden. Besucher plappern freundschaftlichen Schmus. Ich höre ihnen zu und stelle mir vor, was dereinst aus den Kindern wird – sie werden in Tarnanzüge gesteckt, mit schussbereiten Laserwaffen Flohbisse erdulden, während sie durch Schlamm kriechen oder ausgestreckt auf der gefrorenen Tundra liegen und pennen. Ich stelle sie mir vor in Schützengräben hinter der Hauptkampflinie, hinter Überschallwaffen kauernd, oder mit Stiefeln an den Füßen in Schlafsäcken liegend, um nicht zu erfrieren. Genießt eure Kindheit, ihr Kleinen, denn so lange es Menschen gibt, wird es auch Infanterie geben.

Burnside und ich laufen seit mehr als einem Jahr unseren Besuchern davon, weil alt zu sein eine sehr persönliche Angelegenheit ist – und das hat sich als sehr vernünftig herausgestellt. Ich habe meinen Besuchern geradeheraus gesagt, dass sie sich davonmachen sollen. Burnside aber hat den Weg der Beredsamkeit gewählt. Er gab vor, die Religion für sich entdeckt zu haben, und sein Rollstuhl wurde zur Kanzel. Er predigte mit Vorliebe Moses und Abraham, und dann erschreckte er sich selbst fast zu Tode. Er war zwar wie beabsichtigt seinen Besuchern entkommen, hatte aber eine der Fernsehleichen, einen Kanonier namens Hawkins, der sich gerade auf dem Weg ins Jenseits befand, tatsächlich bekehrt. »Hat man ihn hinausgejagt in den Himmel«, murmelte Burnside, »… jede gute Tat wird geahndet … die Sterne in meiner Krone …« Die Macht des Wortes hatte ihm einen heillosen Schrecken eingejagt – und das ist die volle Wahrheit. Die Besucher gehen am Nachmittag, und dann beginnt die Zauberstunde. Als die Gespenster noch mitgemischt hatten, war es die Zeit der Erscheinungen, die nur am Rande unserer Wahrnehmung vorbeigehuscht waren. Wir konnten fast die Tage unserer Jugend sehen, das Klappern des neuesten Ford-Modells hören oder den allerersten gesungenen Werbespot aus der kuppelförmigen Kathedrale eines Radios, das noch mit Vakuumröhren betrieben wurde. Wir hörten genau hin, wenn Väter und Onkel widersprüchlichen Unsinn über den Ersten Weltkrieg verzapften, während Großväter über Gettysburg und Shiloh, Kuba oder den letzten Indianerkrieg Bockmist erzählten. Die Zauberstunde brachte uns das Rascheln der Kornfelder unter der Sonne des Mittleren Westens und das Flüstern der großen Flüsse: des Mississippi, des Ohio, des Columbia, den Herzschlag einer ganzen Nation, den Salzboden, den Berg, die Prärie, lichte Baumwollfelder und Laubholzwälder.

Alles änderte sich in dem Augenblick, als die Gespenster ihr eigenes Päckchen schnürten. Burnsides japanischer Soldat war der erste, aber dann folgten andere. Am dritten Tag klappte ihre Übung schon wie am Schnürchen.

Das Jenseits rückte im gleichen Tempo näher, während folgende Episode um Burnside ihrem Höhepunkt zustrebte:

Burnside parkte im Tagesraum und erzählte, wie sein Onkel Henry eine Kirche gerettet hatte, nachdem die Gemeinde pleite gegangen war. Der Priester versenkte Onkel Henry auf einem geeigneten Feld in den Boden, erklärte das Feld zu einem Kirchenfriedhof und steuerfrei. Als die Preise stiegen, verkaufte er das Feld und verlegte Onkel Henry in ein anderes Feld. »… und Onkelchen befreite über die Jahre mehr Land von der Steuer als seinerzeit Alexander der Große. Der Priester hörte erst auf, als der Sarg abgenutzt war. Und Onkelchen hatte sich bis dahin sehr gut gehalten …«

In diesem Augenblick öffneten sich Türen und Fenster. Es geschah planvoll – nicht langsam, aber auch nicht schnell. Manche Türen und Fenster waren real, und echter Wind fegte wie ein natürlicher Besen durch die geriatrische Abteilung. Von der Schnellstraße her kam eine regensatte Brise und brachte Abgase mit. Die Puget-Meerenge fügte einen Hauch von Salz hinzu, und der Nebel aus Nordwesten umgab uns mit feuchtem Schimmer, wie ein leichter Mantel aus schützendem Pelz.

Die Schwestern schlossen die Fenster, zischten den Sanitätern zu, die Türen zu schließen, und das Pflegepersonal griff Burnside heraus, um ihn zu tadeln, bevor die letzte Brise erstarb. Burnside war von seiner Geschichte völlig in Anspruch genommen, saß ruhig da und blinzelte – er hatte die Kontrolle über die Geschichte verloren –, als der Surrealismus die Oberhand gewann: eine neue Tür öffnete sich in der Mitte des Tagesraumes, eine widerwärtige Tür, durch die nur wir von der Geriatrie hindurch konnten. Das Personal hatte nichts von alledem bemerkt.

Die Tür eröffnete eine Szene, wie die erste Kopie zu einem Film, in dem niemand gern die Hauptrolle spielt. Ein gewaltiger Raum breitete sich vor uns aus. Sargreihen glänzten matt und schwarz vor einem nächtlichen Hintergrund. Ein Schweigen, tief wie die Ewigkeit, lag über der Nacht, eine mächtige Stille, die nur von einer gewaltigen Streitmacht durchbrochen werden konnte, weil sie jeden gewöhnlichen Ton verschlang.

Das war der Tod, wenigstens ein Teil von ihm. Stille und Dunkelheit umgaben zerbrechliche Särge, die noch zerbrechlichere Überreste enthielten. Nicht Seelen lagen hier eingekapselt, nur Leichname, umarmt von der allmächtigsten Stille, umarmt von der endgültigen Dunkelheit.

Schwester Johnson saß da, eine einsame Trauernde, und ihr leises Schluchzen war der einzige Ton, der mächtig genug war, die Stille zu durchbrechen. Ihre Miene war alles andere als gelassen, ihre Lippen zitterten, als sie sich bewegten, wie im Gebet oder in Verwirrung, ihre Augen waren gerötet vom Weinen – eine kleine Gestalt, die vor der ewigen Nacht kauerte. Wir spürten ihre Verwirrung, ihre Einsamkeit, ihr Scheitern, ihre Trauer, und wir wussten, dass jeder einzelne von uns in diesem Tagesraum, in einem dieser Särge ruhte. Wir kannten die Zukunft, weil wir wussten, dass wir der Vergangenheit angehörten.

Schwester Johnson ist ein sehr gutes Kind in einer sehr schlechten Welt. Wir bekämpfen den Schmerz mit Schmerz, aber sie versteht es nicht, und manchmal funktioniert es sowieso nicht so gut. Die Särge sandten uns eine Botschaft, es schien zumindest so, und diese Botschaft mussten wir entschlüsseln. Sie lautete: Gebt acht auf dieses junge Ding, und ihr seid vielleicht nicht verloren. Das ist eure Aufgabe, dass ihr das kapiert, ihr Feldwebel und Offiziere. Dereinst rührtet ihr in den Tiefen der Geschichte, wie der Bäcker den Kuchenteig rührt. Kapiert das endlich, ihr Schwachköpfe.

Der gewaltige Raum vor dem Hintergrund der ewigen Nacht verdunkelte sich, als hätte die Nacht, so wie es sonst das Leben tut, einen Vorhang vor die Träume gezogen. Licht fraß sich durch die Düsternis, und die Särge begannen sich zu bewegen. Es war eher ein Entblättern als ein Öffnen, so wie Blumen zu Boden sinken, wenn sie verblühen. Die Särge schwanden dahin, und wir, die dort versammelten Seelen aus der geriatrischen Abteilung des Veteranen-Hospitals, lagen ohne unsere Särge. Altes Fleisch bedeckte wie ein zartes Tuch zerbrechliches Gebein. Wir lagen, ein Museum des Todes, im abnehmenden Licht. Dann sanken unsere Körper in die Dunkelheit hinein und verschwanden, und es blieben nur winzige Spuren des Lichtes zurück, wie Rauchfetzen über toten Gesichtern. Alte Gesichter. Geschlossene Augen, hinter denen vergangene Hoffnungen ruhen. Der Vorhang der Dunkelheit fiel herab, unsere Gesichter verblassten. Ein einziger Ton war zu hören in der ewigen Nacht: Schwester Johnsons Schluchzen.

2.

»Wach auf. Bitte.« Sie schüttelte sanft meine Schulter, weil sie aus Erfahrung wusste, wie sie mit zerbrechlichen Dingen umgehen musste. Schwester Johnson stand neben mir, während, wie es schien, die Hälfte des Pflegepersonals dieser gewaltigen Einrichtung durch den Tagesraum hastete.

Schockierte Patienten murmelten vor sich hin oder wandten sich einander zu mit einem Ausdruck des Glaubens, nicht des Unglaubens. Die Furcht des Glaubens hatte uns ereilt. Selbst die Fälle von Senilität wurden nicht verschont, und es wurde auch nicht darüber gestritten, was wirklich und was Illusion gewesen war. Die Menschen sahen einander an, und lautlose Botschaften machten die Runde. Niemand hatte irgendetwas gesehen. Gib das weiter! Mach es auch dem blödesten Marineinfanteristen klar! Semper Fi, ihr Knallköppe! Knöpft den Mund und den Hosenschlitz zu! Verschweigt jedes Detail.

»Es geht schon«, flüsterte ich ihr zu. »Das glaube ich jedenfalls.« Wenn sie mein Handgelenk nimmt, um den Puls zu fühlen, oder Burnsides Handgelenk, ist ihre Berührung fest, aber freundlich. Wenn sie verwirrt ist, ist ihre Berührung die einer Liebenden. Ich sage bewusst nicht *Geliebte* – sie ist freundlich wie die Berührung einer Mutter, oder einer Schwester, oder sogar wie die einer Geliebten – eine Berührung, die genau weiß, wie man Gefühle zum Ausdruck bringt.

In diesem Augenblick stoppt Burnside seinen Redefluss und stottert. Sein Teint wird ein wenig dunkler, als man es früher als Babyrosa bezeichnet hätte, und das ist das Äußerste an Blut, das er für ein Erröten aufbieten kann.

Wenn sie mein Handgelenk nimmt, werde ich an meine erste Liebe erinnert. Die Jahre fallen von mir ab wie der Schorf von den aufgeschlagenen Knien der Kinder. Ich fühle mich schwach wie ein Zehnjähriger, der seinen Western Flyer gegen einen Baum gefahren hat.

»Wir halluzinieren«, flüsterte ich. »Das passiert schon mal unter Krüppeln und Jammerlappen. Es ist für den New Deal verantwortlich. Es ist sogar für Eleanor verantwortlich. Einmal haben wir die Katzen rauslaufen lassen, damals in Indiana …« Dann fing ich an zu murmeln. Schwester Johnson ist Greise gewöhnt, die in ihrem Gedächtnis kramen, aber sie ist auch an mich und Burnside gewöhnt.

»Tu das nicht«, sagte sie zu mir. »Die Dementia ist schlimm genug, wenn sie echt ist.«

Ich würde vor einer Dame niemals *Scheißdreck* sagen. »Du hast

Burnside auf den Arm genommen, als Harvey gestorben war«, flüsterte ich. »Hat dir das geholfen?«

Sie flüsterte zurück. »Fragst du jetzt im Ernst?« Ihr Flüstern erinnert an Löwenzahn, der von einer warmen Brise gestreift wird. Wo war diese Frau, als ich in ihrem Alter und allein war? Noch nicht geboren. Schiffe fahren vorbei, ich würde lieber sterben, als mich damit abzufinden, wieder jung zu sein. Es ist eine gesunde Einstellung, weil genau das passieren wird. Schiffe fahren vorbei, auch in der Geschichte, nicht nur im Meer.

»Ich meine es im Ernst«, sagte ich. »Du hast Burnside reingelegt. Hat es dir geholfen? Nicht Burnside oder mir. Hat es dir geholfen?«

»Es machte mich traurig. Erst war es lustig, dann hat es mich traurig gemacht.«

Das war nicht die Antwort, die ich erwartet hatte, und ich habe sie auch keineswegs geglaubt.

»Jedes Leiden ist ungerecht«, sagte sie. »Das Leiden eines Hundes ist ungerecht, sogar das Leiden einer Wanze.« Sie mühte sich mit irgendeiner Schwesternethik ab, entschied sich aber, mir gegenüber offen zu sein. »Oberfeldwebel Harvey …« Sie schluckte ehrlich, es war ein aufrichtiges Schlucken.

»Es hat ihn verletzt.« Ich bemühte mich um eine freundliche Stimme. »Es sollte doch verletzen. Es gehörte zu den Regeln.«

Um uns herum bewegte sich das Pflegepersonal mit der Behutsamkeit eines Spähtrupps. Sie flüsterten mit den Patienten und spähten zu den Türen und Fenstern. Veteranen-Hospitäler sind nicht dafür gemacht, unheimlich zu sein. Sie sollen Paläste der Verlässlichkeit, der teilnahmslosen Versorgung sein.

»Du übertriffst die Bibel«, sagte ich. »Die Bibel gibt uns drei Gründe und zehn Gebote. Du hast Harvey darüber hinaus zu weiteren zehn Jahren verholfen.«

Ich hielt inne. Sie wollte es nicht hören. Sie war mit den Gedanken woanders.

»Sein Geist ist tot«, sagte sie fast schüchtern. »Jungs, etwas Furchtbares jagt hinter euch her.«

Ich fror. Jemand stellte den Fernseher lauter. Seife ist Seife, aber der Terror hatte ihr eine Form gegeben. Um uns herum brachte das Pflegepersonal die Patienten in die gewöhnliche Routine zurück, und sie tauschten miteinander vielversprechende Blicke, die bedeuten sollten, dass sie miteinander reden würden, sobald sie das Personal losgeworden waren.

Etwas Furchtbares jagte hinter uns her. Es war nicht nur das, was Johnson gesagt, sondern wie sie es gesagt hatte. Etwas Furchtbares.

Bilder rasten durch unsere Köpfe. Wir hatten in Korea die Maschinengewehre in Hügel 27 gerammt – durch die Kälte hatten wir mehr Leute verloren als durch den Feind. Eis. Schnee. Blut im Schnee. Chinesische Leichen lagen verstreut auf Straßen, Feldern und Gräben wie Saatgut, gefroren, mit offenem Mund und mit eisüberzogenen Zähnen. Hier und da stiegen Rauchfahnen hoch von den Bauernhöfen, die unsere Truppen in Brand gesetzt hatten, um zu überleben. Das Öl auf den MGs war gefroren, die Schüsse ratterten träge. Der Hügel 27 war die Hölle auf Erden. Schwester Johnson aber sprach von etwas Schlimmeren. Schwester Johnson ist ein Kind, aber ein Kind mit Erfahrung. Sie hat zwar weniger Menschen sterben sehen als ich – es war eine ziemlich große Menschenmenge –, aber ein paar Dutzend waren es bestimmt. Wenn etwas an Harveys Tod ungewöhnlich war, musste sie es wissen. Ich zitterte vor Kälte. Ich fühlte mich schwach und hilflos. Meine Zähne klapperten. Der Hügel 27 hatte etwas Tröstliches, weil man wusste, dass man für den Rest seines Lebens nie etwas Schlimmeres durchmachen würde. Das hier war anders. Jetzt sprachen wir über etwas, das hinter dem Tod lag, und mein Schaudern rührte von Johnsons Worten her, und weil die Gespenster uns zum Abschied gewinkt hatten. Burnside sagte, dass ihn der Abschied beunruhige. Was gäbe ich darum, wenn ich mich lediglich *beunruhigt* fühlen könnte.

»Ich bin kein Prediger«, sagte ich zu ihr. »Was meinst du mit *Geist?*«

»Ich bin auch kein Priester, aber als Oberfeldwebel Harvey gestorben war, ist nichts passiert. Nichts.«

»Ich verstehe dich nicht.«

»Absolut nichts.«

»Du warst erschöpft.«

»Absolut nichts.« Wenn ein Mensch stirbt, atmet er ein letztes Mal aus, vorausgesetzt, er ist nicht in Stücke gerissen worden. Es passiert etwas. Der Mensch geht. Das ist weder romantisch noch beeindruckend. Er geht so lange, bis er anhält, und er hält an. Manchmal funktioniert der Körper eine oder mehrere Sekunden lang weiter. Der springende Punkt ist, dass etwas passiert, und wenn es noch so winzig ist. Sei es ein weiterer Schritt, ein letztes Stöhnen, ein Schlucken, eine Zuckung. Immer. Wenn man eine Glühbirne aus der Fassung dreht, merkt man, dass das Licht ausgeht. Es geht zwar schnell, aber es ist ein »Vergehen«. Dasselbe gilt für einen Menschen, der stirbt.

Und bei Harvey war nichts passiert. Irgendetwas hatte ihn erwischt, noch bevor er ein letztes Lebenszeichen von sich geben konnte. Ich trauerte um Harvey genau zwei Sekunden lang und hätte auch weiter um ihn getrauert, wenn es ein *weiter* gegeben hätte.

Schwester Johnson zitterte. »Ich sollte wohl besser den Mund halten, wenn ich nicht weiß, wovon ich rede.

Im Allgemeinen traf das zu, weil ihr sonst das Heer der gesamten übrigen Welt Paroli geboten hätte, aber in diesem Fall war es unzutreffend. »Du hast mir einen großen Gefallen getan«, versicherte ich ihr. »Vielleicht hast du uns allen einen Gefallen getan. Würdest du mir zu meinem Zimmer zurück helfen?«

* * *

Hilflosigkeit ist das lausigste aller lausigen Gefühle. Wir bemühen uns alle, Unabhängigkeit vorzutäuschen, können uns aber nicht vor einem lebhaften Welpen schützen, und in unserem Alter können lebhafte Welpen uns töten. Ein Stolpern, ein Sturz. Die Uhr tickt. Wenn irgendetwas Harvey abgeschossen hatte, dann wartete es darauf, auch uns abzuschießen.

Uns blieb wenig Zeit, uns zu verteidigen, und körperlich waren wir nur fähig, uns zu ducken. Das erforderte Köpfchen, und die Hälfte der Köpfe in diesem Asyl war mit Staub bedeckt.

Gespenster begleiteten uns auf dem Weg zu meinem Zimmer, flüsternde Geister, die keinen Punkt und kein Komma setzten. Es waren Leute, die ich nie gekannt hatte, auf die ich nicht einmal geschossen hatte. Man erkannte sie undeutlich als Asiaten, vielleicht als Malaien, klein, aber hübsch. Unruhig gingen sie ihrer Beschäftigung nach, aber noch in diesen polierten Hallen konnte ich wie ein Echo den beißenden Geruch von Kordit riechen. Wenn es Malaien waren, kam das Kordit wohl kaum von der japanischen Artillerie. Die Malaien zirpten in der weichen Inselsprache, die nur aus Vokalen zu bestehen scheint, und Schwester Johnson führte mich durch ganze Horden hindurch. Man kann einen Menschen eben zu allem gebrauchen.

Ich fragte mich, was Burnside wohl sah, und wartete im Zimmer, wohl wissend, dass er jede Minute anrollen würde. Schwester Johnson stellte mich ab, tätschelte meine Schultern mit gütiger Hand und ging an ihre Arbeit.

Vor mir und um mich herum liefen Gespenster vorbei, und

es machte mir wirklich nichts aus. Sie umgeben uns, immer, und wir schenken ihnen keine Beachtung. Es sind die Geister der Vergangenheit, und die Vergangenheit ist immer freundlich. Der Grund, warum man die Geschichte verstehen sollte, liegt nicht darin, die Fehler der Geschichte zu vermeiden – ein paar Verrückte werden die gleichen Fehler sowieso an deiner Stelle wiederholen. Irgendein Wahnsinniger wird einen Krieg anzetteln, ein anderer eine Atombombe abwerfen, und du bist dann das arme Schwein, dem es zufällt, die Bombe entweder zu werfen oder von ihr getroffen zu werden.

Nein, wenn einer die Geschichte versteht, dann versteht er sich selbst.

Als Burnside ins Zimmer rollte, sah er aus wie jemand, der einen Kaplan brauchte. Sein Stuhl bewegte sich langsam vorwärts, die zerlumpte Flagge hing schlaff herunter; er war wie ein Mensch, den man windelweich geprügelt hat. Er warf sich aufs Bett, als wolle er für immer dort bleiben. Kein gutes Zeichen.

Er drehte sich auf die Seite, zappelte herum, blieb wieder liegen, drehte sich auf den Rücken und starrte an die Decke. Das gefiel ihm auch nicht, also setzte er sich auf und stieß ein paar wirklich gelungene Flüche aus. Er fluchte leise, wie jemand, der zu einem Karabiner mit Ladehemmung spricht, weil er befürchtet, dass der Feind sehr nahe ist. Er wiederholte kein einziges Wort. Es war ein gewaltiges Fluchen. Sehr eindrucksvoll.

»… wie eine Tankstelle, die den Gewinn macht bei einem Begräbnis«, sagte er abschließend. »Ross, wir sind diesmal beschissen worden. Wir haben die Chancen eines Chinesen in Tokio, genau das haben wir.«

Ich widersprach ihm nicht, aber wenn die Gespenster es wirklich auf uns abgesehen hatten, wieso machten sie sich so viele Umstände? Es schien, als ob unsere Gespenster uns helfen wollten.

»Sie wollen uns etwas sagen«, erklärte ich Burnside. Ich sagte nichts über Harvey. Es gab keinen Grund, ihm noch mehr Angst einzujagen.

»Hinzu kommt«, sagte ich ihm, »dass offenbar andere Gespenster mithelfen wollen. Dein japanischer Junge gehörte vorher nicht zu ihrem Stab.«

Hinter der Eingangstür füllte sich der Korridor mit Gemurmel, und im Tagesraum erhob eine Stimme ein dünnes Gekreisch. Einer der Senilen sang: *Du weißt nicht, was Einsamkeit bedeutet, solange du die Kühe zusammentreibst …*

Dann kam: *Das ist für den Hauptmann, das ist für die Mannschaft, und das ist für die Mädchen …*

Jemand brachte ihn zum Schweigen.

»Als ich zum ersten Mal an mir herumspielte – wenigstens das erste Mal, an das ich mich erinnere –, war ich sechs.« Burnside schien jetzt selbst senil zu werden. Entweder das, oder es war ein Scheißdreck mehr. Ich wartete auf eine Burnside-Geschichte, auf das Ende der Welt, die Ankunft des Todes, seine Wiederkehr – Auge in Auge zu stehen mit einem wie auch immer gearteten dunklen Übel, das danach trachtet, unsere Seele zu vernichten.

»… niemand hat von mir verlangt, den Jungen zu töten«, flüsterte Burnside. »Wir hätten zusammen beraten können. Wir hätten beide weiterlaufen können.« Seine Stimme wurde rau und beherrscht, wie die eines Unteroffiziers, der die totale Niederlage öffentlich bekannt gibt. Wir sind stolz darauf, kein Mitleid mit uns zu empfinden, aber Burnside hatte es ein bisschen übertrieben.

Sein Leben lang hatte er über die Sache nur dummes Zeug geredet, und jetzt funktionierte die Burnside-Masche nicht. Er hätte nicht so grob gesprochen, wenn die Schuld nicht an ihm genagt hätte. Man hätte nach all diesen Jahren denken können, dass der japanische Junge in Frieden ruht. Man hätte denken können, dass Burnside sich damit abgefunden hat. Stattdessen saß er da, vernichtet, völlig am Ende. »Shish kata ga nai – Es ist nicht zu ändern«, sagte ich. »Es war Schicksal, ein Verhängnis. Vergiss es.«

»Er war sehr mager, damals.« Burnside flüsterte fast. »Man hatte sie auf halbe Ration gesetzt. Mager, krank und dreckig in dieser widerlichen Art, wie man es nur im Dschungel sein kann. Er hatte Durchfall. Sogar nachdem er gestorben war.«

Der Junge sah besser aus als ein Gespenst. Saubere Uniform, ein gesundes Lächeln. Der Tod schien ihm gut zu bekommen. Ich war nicht stolz darauf, so zu denken. Es gibt die eine Burnside-Art und die makabre Burnside-Art. »Viel Glück, Soldat«, sagte ich leise.

»Du weißt, wie das läuft«, fuhr Burnside fort. »Er war vielleicht nicht der erste, aber er war der schlimmste. Verdammt, Ross!« Ich wusste, was er sagen wollte. Auch ich hatte ähnliche Probleme, aber ich wollte nicht über sie nachdenken … den Erinnerungen sei Dank.

»Ihr wart beide im Unrecht«, sagte ich. »Besonders er. Er war Soldat und hat wie ein Priester gehandelt. Er hat dich zum Leben verurteilt. Es war dein Leben. Nicht seins. Es hat euch beide erwischt.« Eine Art Flakfeuer brach im Tagesraum aus. Eine zittrige Stimme rezitierte ein Gedicht im Singsang eines Schulkindes. Der Kerl sagte eine Strophe aus *The Wreck of the Hesperus* auf. Er hatte das Gedicht wie ein Primaner auswendig gelernt. Einiges hatte er falsch verstanden, das meiste aber zitierte er korrekt.

»Ich bin deshalb so unglaublich berühmt«, sinnierte Burnside, »weil ich sehr viel verlange und wenig gebe.« Er legte sich hin und drehte mir den Rücken zu. »Wenn etwas passiert, lass es geschehen.«

In Korea handelten die Menschen manchmal ebenso. Die Temperatur fiel. Chinesische Artillerie nahm uns unter Beschuss. Die Chinesen griffen an. Sie kamen in Schwärmen, und es schien auf der ganzen Welt nicht genug Sprengstoff zu geben, sie zu stoppen. Nach dem Angriff, und als der Schweiß tief drinnen in unserer Kleidung zu gefrieren begann, konnte man sich in den Schlafsack legen, der einen zwar nicht wärmte, aber vor dem Erfrieren bewahrte. Man puppte sich ein, aber nicht um auszuschlüpfen; das tat man, wenn man aufgegeben hatte. Man konnte die Leute nicht einmal aus dem Sack prügeln. Die Menschen starben bei den Angriffen, weil sie gemütlich in ihren Säcken lagen und dieses letzte Stückchen Hölle zurückwiesen, das ihnen die Welt so großzügig bereithielt.

»Ich habe ein Problem«, sagte ich zu Burnside. »Ich habe nicht die Kraft, auf deinen armseligen Arsch einzuknüppeln.«

Er grunzte. »Ich kenne einen Typen«, murmelte er, »der will, dass seine Asche auf einer Farm in Süd-Dakota verstreut wird, wenn er gestorben ist.«

»Eine kurze Geschichte von den Japanern auf Guadalcanal«, sagte ich. »Mut kombiniert mit Dummheit schafft noch lange keinen guten Soldaten. Denk darüber nach, bevor du den Löffel abgibst.« Da lag er und redete über seine Asche, während ich mich für seine Seele abrackerte.

Dennoch, es war seine Seele. Ein Mann – eine Stimme.

Ich merkte, dass sich in der entfernten Ecke des Zimmers etwas bewegte. Dunst braute sich zusammen; die Bewegung in diesem Dunst schien nicht abendländisch zu sein. Wenn uns Gespenster zu Hilfe kommen wollten, so war Burnside das perfekte Opfer, so wie er da lag. Vielleicht waren im Dunst Burnsides persönliche Gespenster zu einem Klumpen geronnen. Ich sagte kein Wort.

Ich schlurfte nur fort, auf Beinen, die sich nicht gerade schwungvoll, doch weniger schlimm anfühlten als sonst. Der japanische Junge und ein ganzer Haufen anderer Gespenster formierten sich, um Burnside das Fell über die Ohren zu ziehen. Weder sind Gespenster eine Metapher für die Geschichte, noch ist die Geschichte eine Metapher für Gespenster.

Schwester Johnson hätte mich bestimmt für einen richtigen Herumtreiber gehalten. Ich schlurfte zurück zum Tagesraum und war wütend. Das vollkommen Böse existiert. Wir Greise hatten als Kinder alles darüber gelernt, und jeder Sozialarbeiter täte verdammt gut daran, nicht daherzukommen und das »Böse« den »Umständen« in die Schuhe zu schieben. Das Böse ist eine Kraft im Universum, eine Kraft, die jede Schwäche nutzt, um ihren Dreck in die Welt zu setzen, und die Hölle geht mit dem Bösen einher.

Was für ein Jammer! Ich war voller Trauer. Sie hatten sich Harvey geschnappt. Er war zwar nur ein uralter Soldat, doch tief im Innern verbarg er eine muntere Seele. Nun war sie eine Geisel, und wenn sie zerbrach, war es selbst für das Reich der Gespenster ein Verlust.

Harvey war nebenbei auch ein guter Freund. Wir vergossen keine Tränen, weil wir wussten, dass er viel zu stolz auf uns gewesen wäre, um uns zu beweinen. Aber es gibt so etwas wie unsichtbare Tränen. Schwester Johnson weint sie, so wie sie auch die andere Sorte Tränen weint.

Genau, da ist ja noch Schwester Johnson, ein gutes Kind in einer schlechten Welt. Ihre Welt stinkt nach Leuten, die keinen Glauben haben, oder nur einen armseligen – Menschen, die glauben, sich nach dem Tod mit einem sauberen Darm vor Sankt Petrus verantworten zu können. Sie sorgen sich um ihren Cholesterinspiegel, während sich ihre Kinder auf den Straßen gegenseitig über den Haufen schießen.

Schwester Johnson lebt bei einem Volk, das über selbstverschuldete Wunden jammert und sich als Opfer sieht. Die Leute, mit denen ich zu tun hatte, hatten nicht den Kopf mit diesem Scheißdreck voll. Wir tragen auch unseren Scheißdreck mit uns herum, aber er ist nicht von dieser Art.

... etwas vernebelte meinen Verstand, fast wie der Hauch einer Inspiration, wie sie auf viktorianischen Bildern dargestellt sind, oder wie das Flüstern eines längst Verstorbenen, der mir einen Wink geben wollte. Fast verstand ich unseren Schlussakt, und warum wir aufgetreten waren. Dann war das federartige Ding verschwunden. Ich zählte von hundert an rückwärts; das ist der klassische Test, um festzustellen, ob man an Alzheimer leidet. Die Vorstellung von etwas Federartigem konnte also wiederkehren, weil auf 99, 98 und so fort folgte ... Das Böse benutzt die Hölle als Parkplatz, und man muss nicht sterben, um dort abgestellt zu werden. Das Böse setzt die Leute hinein in Krieg, Hungersnot, exzessiven Wohlstand oder in Szenerien, die ausgestattet sind mit anderem Zubehör der Hölle. Es tritt zurück, sobald die Menschen frieren oder brennen oder sich gegenseitig aufs Kreuz legen. Das Anliegen des Bösen ist die Zerstörung des Glaubens an die Götter und die Moral, an Wissen und Ehrgefühl. Wenn der Glaube zerstört ist, schaffen sich die Menschen ihre eigene Hölle, und es steht in breiten Lettern in das Universum geschrieben, damit es alle deutlich sehen:

DIE ZUKUNFT IST GESTRICHEN.

Vielleicht waren nicht einfach nur unsere Seelen in Gefahr, denn der Glaube hat es heutzutage allgemein sehr schwer. Vielleicht waren Schwester Johnson und all die anderen wunderbaren Menschen in Gefahr, die ich zwar nicht kannte, die es aber in der Welt geben musste. Was geschieht mit denen, die an Vertrauen glauben, wenn der Glaube zerstört ist? Ich torkelte weiter und stellte mir vor, dass, wenn das Böse hinter mir her sein sollte, ich ihm standhalten konnte, wenn es aber zu Schwester Johnson kam, diese Pilgerin verloren sein würde.

Hinter mir war kein Laut zu hören, nur vor mir knisterte eine Mixtur nörgelnder Stimmen. Regelmäßiges Granatwerferfeuer hört sich an wie Papier, das man zerreißt, und so war es auch mit den Stimmen. Die Entfernung zum Tagesraum beträgt zwanzig Meter. Wenn ich mich an der Wand abstützte, konnte ich sie in zwei Minuten überwinden, aber meine eigenen Gespenster nutzten diesen Augenblick für sich.

Ich lehnte an einer Wand und sah plötzlich hinunter in ein nebliges Tal, das von wogenden Reispflanzen bedeckt war, und auf einmal wurde das hochgelegene Land wirklich. Steinbrocken lagen um einen niedrigen Hügel herum. Hinter mir erhob sich ein kahler Berg, geschwärzt von Kanonenfeuer. Zu Beginn des Korea-Krieges hatte meine Gruppe leichte Geschütze rund um einen breiten Bergrücken eingegraben.

Ich betrachtete das Flachland und den Nebel, der über den Reisfeldern schwebte, und wusste, dass dies eine Wiederholung war. Um nichts in der Welt wollte ich es noch einmal tun, weil kein gescheiter Mensch es auch nur einmal gern tat.

Fünf weiße Flecken erschienen in der Ferne und bewegten sich auf mich zu. Ich kannte sie, kannte aber nicht ihre Namen. Es waren fünf alte Männer in Weiß; Männer, die in der stillen Geborgenheit hätten sterben müssen, umgeben von Söhnen und Töchtern und Enkelkindern. Es waren Männer, wie ich es später werden wollte: alt, nicht weise, aber klug für ihr Alter und die damalige Zeit.

Sie schritten langsam vorwärts durch den Nebel, widerstrebend wie ich selbst, noch einmal mit dem Irrsinn konfrontiert zu werden. Hinter ihnen im Nebel, wie auf einer Kinoleinwand, stiegen Bilder auf und zeigten schreckliche Szenen, Wochenschauausschnitte aus den *Pathé News*, aus *March of Time*. Gebäude, die unter Artilleriebeschuss zusammenbrachen. Wände, die über Frauen und Kindern, kauernd in Kellern, zusammenfielen. Und weit, weit entfernt, draußen im Meer, trieben zerfetzte Schwimmwesten, dümpelten auf den Wellen. Einzelne Köpfe von Matrosen verwandelten sich in gebleichte glänzende Totenschädel.

Die alten Koreaner bewegten sich auf mich zu. Armbänder mit koreanischer Schrift wiesen sie als Alliierte aus der koreanischen Republik aus. Zwei von ihnen trugen altmodische Gewehre mit langen Rohren – wie man sie dort für die Eichhörnchenjagd benutzte –, weil in den Bergen Banditen herumstreunten. Die anderen fünf wanderten mit Stäben. Sie lächelten, als sie näherkamen. Das hatten sie aber beim ersten Mal nicht getan. Das erste Mal lief so ab:

Meine Gruppe hatte sich hinter einem Bergrücken eingegraben, wo sie das Tal überblicken konnte. Wir bildeten eine lange dünne Front, die nicht gut bewaffnet war. Wir hatten nicht genügend Leute, um eine tiefgestaffelte Front zu bilden, und die Nordkoreaner stürmten unter Hurrarufen mal den einen, mal den anderen Abschnitt. Das setzten sie den ganzen Nachmittag über fort. Wir mischten sie auf, und sie mischten uns auf.

Eine mondlose Nacht brach an, dunkler als der Meeresgrund. Nur unsere Ohren konnten Bewegungen im Tal wahrnehmen. Von weit her hörten wir ein Ächzen oder Stöhnen, es klang wie das einsame Sterben eines Mannes. Draußen lagen vielleicht Verwundete, aber es konnte auch eine List des Gegners sein.

Um Mitternacht griffen die Nordkoreaner noch einmal an. Sie stürmten mit Hurrarufen unsere linke Flanke. Die Nacht wurde lebendig, und das Gefecht tobte unter dem Licht der Leuchtkugeln und den Geschossspuren unserer Granatwerfer. Der Angriff erfolgte so weit weg von uns, dass wir nur Wut empfanden. Er verursachte so viel Lärm, dass wir nicht erkennen konnten, was sich vor unseren Augen genau abspielte.

Ich war festgefroren am Griff meines MG. Wir hörten nichts mehr. Keine Leuchtkugeln tanzten mehr über uns. Die Nacht hatte sich, wie es schien, noch mehr verdichtet, zugespitzt, als hätte sie es auf unseren Verstand abgesehen. Sie schien zu bersten vor fernöstlichen Stimmen, Gesichtern, dem Gekreisch einer hirnlosen Horde, einem Höllentanz, der zu Fleisch gewordenen Hölle. Dann stoppte der zweite Angriff zu unserer Linken. Die Leuchtkörper waren erloschen, die Dunkelheit wiedergekehrt. Der Tod hatte sich einmal mehr über das Tal gesenkt.

»Mami hat mich nicht aufgezogen, damit ich in den Boden gestampft werde«, flüsterte einer unserer Kameraden. »Was also sollen wir …« Dann verstummte er.

Etwas weiter rechts und so nah, als sei es direkt zu unseren Füßen, knackte es. Holz auf Gestein, wie ein Gewehrkolben, der über den Boden schleift. Das MG zu meiner Rechten eröffnete das Feuer. Soldaten feuerten blind drauflos. Ich feuerte wie ein Wahnsinniger, wie jemand, der die Nacht vernichten will, und ich zwang mich zum Schluss, den Finger vom Auslöser zu nehmen, sonst wäre der Gewehrlauf geschmolzen. Rechts vor uns erhob sich ein Schrei. »Ai-gue! Ai-gue!« Dann ein Wortschwall, und zum Schluss eine einzelne Stimme. »Ai-gue! Ai-gue!« Ich feuerte den ganzen Munitionsgürtel leer. Das MG hüpfte wie ein irre gewordenes Instrument, als ich mich erhob und weiterschießen wollte. Die Stimme schluchzte. »Ai-gue! Ai-gue!«

Jemand brüllte: »Knall ihn ab! Bring ihn bloß zum Schweigen!« Einer von uns sprang auf den Hügel, stolperte und leerte einen Karabiner in Richtung der Stimme. Stille. Stille. Wir zitterten bis zum Morgengrauen.

Koreanische Leichen sind nicht bemerkenswerter als chinesische, sie tragen bloß andere Kleidung. Als der erste Sonnenstrahl sich heranschlich, leuchteten weiße Klumpen fast schillernd auf der Böschung. Das heller werdende Licht zeigte uns, dass der

Hurra-Angriff, den wir so hysterisch bekämpft hatten, gar keiner gewesen war. Fünf alte Männer, zwei davon fast ohne Kopf von den vielen Einschüssen, lagen ausgestreckt da, mit weißen, nunmehr rotgefärbten Bärten. Die weiße Kleidung war schwarzgefleckt vom getrockneten Blut. Die Leichen waren klein, und ihre Gliedmaßen hatten sich verhakt. Sie lagen da wie der Leichnam der Geschichte.

Unser Kompaniechef kam durch den morgendlichen Nebel auf uns zu, um die Front zu inspizieren, seine Arbeit zu tun. Er überblickte den Hügelkamm, sah die Leichen, sagte: »Muss 'n Mordskampf gewesen sein«, und ging weiter die Front entlang. Wir hockten da, völlig beschämt, fassungslos. »Was, zum Teufel …?« Einer von der Truppe, der einen kleinen Koreaner kannte, kam näher. Er rief: »Ai-gue! Ai-gue!« Was so viel bedeutet wie: »Mein Gott. Mein Gott.«

Jetzt standen sie vor mir. Koreaner sind größer als die meisten Ostasiaten, und diese alten Männer standen aufrecht, aber nicht steif. Ich lehnte an der Mauer, wartete, fragte mich, ob das jetzt den Tod bedeutete oder nur eine Probe war. Auch sie warteten. Sehr höflich, aber nicht auf japanische Art. Koreaner haben einen anderen Begriff von gutem Benehmen.

»Glaubt nicht, ich hätte nicht darüber nachgedacht«, sagte ich zu ihnen, ohne zu wissen, ob die Worte aus meinem Mund kamen oder ob ich sie nur dachte. »Ihr wolltet bestimmt für eure Stadt eine Vereinbarung treffen. Vielleicht mit uns, oder mit dem Norden. Ihr hattet zwei Flaggen dabei, je nachdem, welche Armee ihr antreffen würdet, und ihr habt es für eure Kinder getan.«

Sie lächelten. Koreaner sind nicht unergründlich, wenigstens nicht, wenn sie höflich sind. Einer nickte. Ich merkte, dass sie sich entspannten, sich erleichtert fühlten.

»Ihr habt das Geballer zur Linken gehört und wolltet am Fuße der Hügelkette entlang, um das Gefecht zu umgehen.« Ich beobachtete sie. So weit, so gut. Auch sie beobachteten mich aufmerksam. »Aber ihr habt den Fehler gemacht, in der Nacht zu gehen. Ihr konntet ja nicht wissen, wo die Front verlief.«

Der größte von ihnen formte das Wort »anio«, »nein«, mit dem Mund. Kein Ton. Nur der Schatten eines Wortes.

»Ihr musstet also durch die Nacht?«

Der Mund formte »neh«, »ja«.

»Dann wart ihr die Vorhut …« Ich schwieg plötzlich, verstand nach all den Jahren, warum diese Männer auf einmal vor unseren Gewehren erschienen waren. Ihr ganzes Dorf muss nach Süden geflüchtet sein. Das ganze Tal war von Flankenfeuer bedroht, und sie konnten es nicht durchqueren. Die alten Männer waren vorausgegangen, um einen Weg über die Hügelkette zum Gebirge zu finden, bevor die Sonne über den Köpfen ihrer Frauen und Kinder aufging. Die jungen Männer waren bestimmt schon fort, wurden vom Norden zum Militärdienst gezwungen oder waren in Gefangenschaft bei den Alliierten.

»Gebe Gott, dass eure Leute es geschafft haben«, sagte ich, »und ich ehre euch.«

Sie wandten sich um und schauten ins Tal, wo die Menschen auf den Reisfeldern zwischen vereinzelten Bauernhütten arbeiteten, wo auf den erhöhten Wegen der alltägliche Verkehr und das Leben stattfand. Ich hörte die Musik, die nur wenige Abendländer wirklich verstehen, sah Formen und Umrisse von Kostümen und Kleidung, sah Kinder neben ihren Großmüttern sitzen. Ich sah Städte im alten Stil, ruhige Straßen, kleine Geschäfte, bunte Flaggen, Ornamente und Verzierungen – das Leben vor den Maschinengewehren, vor dem Kommunismus und dem Kapitalismus und dem Ehrgeiz der Generäle.

Dann wechselte die Szene, als absolute Dunkelheit das Tal überrollte. Es kam etwas angebraust wie eine Flutwelle, aufgeschäumt wie Brandung in der Dunkelheit, Neon leuchtete, Elektronenblitze, das Sausen und Zischen und Prasseln einer schönen neuen Welt.

Die alten Männer standen vor den Wogen und dem Spektakel moderner Zeiten. Sie standen direkt davor und warteten auf die Ankunft der Nacht, schritten auf die Dunkelheit zu, der ganzen Welt zum Trotz, wie Männer, die in den allerletzten Kampf ziehen. Die Dunkelheit rollte auf sie zu, das Tal verschwand, und die Szene verblasste, löste sich auf, und ich stand wieder an die Wand des Krankenhauses gelehnt und wies mit dem Finger zum Tagesraum.

Es war ungefähr so viel los, wie dieses Kind vertragen konnte. Ich beugte mich vor und suchte nach einem Stuhl – es konnte sogar einer vorm Fernseher sein. Ich wollte nur meinen Kadaver abstellen und etwas verschnaufen. Unwirkliche Gespenster lebten im Fernsehen, elektronische Gespenster mit Namen und Frisuren, hirnlose Stimmen. Es würde nicht wie früher sein, aber erholsam. Ich fragte mich, wie es wohl Burnside in unserem Zimmer erging. Ich fragte mich, ob seine Gespenster erfolgreich waren. Ich wünschte fast, dass er auftauchte.

In einem Chaos flackernden Lichts und tiefer Schatten war der Tagesraum alles andere als erholsam. Das Licht tanzte trügerisch wie ein Nordlicht, ließ alte Gesichter aufblitzen, schrumpelige Hälse und magere Gliedmaßen. Wo normales Licht durch große Fenster fallen sollte, glühte Dunkelheit. Eine drückende Schwermut lag hinter den Fenstern. Noch während ich hinsah, verwandelte sich die Schwermut in eine Dunkelheit, eine undurchdringliche, leere Tiefe, bis hin zu den äußersten Grenzen des Nichts. Die Schwärze war nicht einfach nur anwesend, sie war auch eine aggressive Abwesenheit von Licht. Sie diente als Hintergrund für die auf unheimliche Art erleuchteten Gestalten meiner früheren Kameraden und verschmolz sie zu surrealen Gemälden à la Dali – furchterregend, wie seltsames Gelächter aus dem Inneren von Mausoleen. In diesem Raum war jeder von seinen eigenen Gespenstern umgeben. Die Gespenster der Feinde mischten sich unter die Gespenster der Verbündeten. Sie bekamen Verstärkung von überall her. Ich fragte mich, ob es die letzte Bastion war, ein Ort der schicksalsschweren und letzten Entscheidung. Ich entdeckte im Gemeinschaftsraum einen leeren Stuhl und ging langsam darauf zu. Hinter mir hörte ich das Summen eines Rollstuhls.

»Du kannst froh sein, dass es Glatzköpfe gibt«, sagte Burnside. »Ross, ich hatte ein Problem.« Er rollte seinen Rollstuhl vor mich hin, drehte ein paar Kreise; sein Mund wollte wohl eine kleinere Ladung Frechheiten ausspucken, aber seine Lippen blieben geschlossen. Der alte Sarge hatte sich wieder durchgesetzt. »Du siehst besser aus«, sagte ich zu ihm. »Hast du zugenommen, oder hast du was mit deinen Haaren gemacht?« Offenbar hatten ihm seine Gespenster einen Grund geliefert, sie schmollend zu verlassen.

»… musste mit dem Jungen was regeln. Es hat ihn ein wenig getröstet.« Burnside sah sich im Tagesraum um. »Wie in der guten alten Heimat, alltags an der Himmelstür«, murmelte er. Er beobachtete eine Zeit lang das Geschehen auf dem Bildschirm, schüttelte den Kopf und lenkte den Rollstuhl zwischen mir und dem Geschehen wie jemand, der mit einem MG den Rückzug sichern will. »Die Bibel sagt: *Auch dieser Kelch geht an mir vorüber*, und ich habe es immer für wahr gehalten, außer im Fall von Gallensteinen.«

»Willkommen daheim«, sagte ich und nahm einen Stuhl. Der Fernseher brabbelte hirnlos weiter, während ich mich im Tagesraum umsah.

Was war aus all den leisen Botschaften zwischen Gespenstern und Greisen geworden?

Was ich sah, war wild und alles andere als wundervoll – wie

eine chinesische Schießübung, die griechische Luftwaffe, die lettische Marine. Meist sah ich Blut und Neonlicht, Vergangenheit und Gegenwart – alles miteinander vermischt. Und so, wie sich alles vermischte, wuchs auch die Dunkelheit. Die Menschen wurden immer kleiner. Die Dunkelheit verwies uns in unsere Schranken, aber woher sie kam und was sie von uns wollte, wusste ich nicht.

»Hast du je jemanden gehasst, auf den du geschossen hast?« Eine dumme Frage aus Burnsides Mund, eine jener Fragen, die eines alten Soldaten nicht würdig sind. Die Haltung gegenüber dem Feind unterliegt einer Norm, und ein alter Soldat muss sie einfach kennen.

Ich war erschüttert. Ich wagte kaum zu atmen. »Nur wenn sie zurückschossen.« Das entsprach nicht ganz der Wahrheit. Ich hatte zwar nicht den gewöhnlichen Deutschen oder den gewöhnlichen Koreaner gehasst, aber die Erinnerung an die deutsche SS löste in mir nie versöhnliche Gefühle aus.

»Weil es nur arme Hunde waren«, sinnierte er. »Sie haben ihre Arbeit getan. Das ist nichts Hassenswertes.« Burnside hatte entweder seine Ansichten geändert und würde auf Engelsflügeln ins himmlische Reich einkehren, oder seine Gespenster hatten ihm etwas eingeflüstert, was ihn vertrauensselig werden ließ.

»Der Batavia-Tod rückt vor«, sagte ich. »Das zum Thema arme Hunde.«

»Du bist ein sehr fähiger Mann, aber irgendwie verworren. Komm mir nicht mit diesem Mist vom Fernen Osten.«

Was ich über den Fernen Osten weiß, hat meist mit zerstörten Städten und Leichen zu tun; ich kümmerte mich nicht viel um die Vergnügungen, auch nicht um die Besatzung. »Die Geschichte selbst ist verworren«, erwiderte ich. »Es geht mir nicht um Batavia. Ich schätze, du hattest Kontakt mit dem Jenseits.«

Wir betrachteten den Tagesraum und die Dunkelheit, die

unbefugt eingedrungen war, als die Show langsam ausgeblendet wurde. Die Greise waren restlos k. o. Die Gespenster blinzelten. Menschen starrten ins Leere, wandten sich einander zu, murmelten, berührten sich an den Händen, prüften die »Realität« von Menschen und Dingen. Sie rüttelten an den Stühlen, bevor sie sich setzten, um sicherzugehen, dass sie existierten. Sie saßen nicht ruhig. Alle miteinander begannen mit ihren Gummischuhen im Takt zu schlagen.

»Tokio und Erdnussbutter«, bemerkte Burnside. »Ist es nicht furchtbar?« Er besah sich unsere Truppen, wie jeder mit dem anderen tratschte. »Da krieg ich Sehnsucht nach Süd-Dakota.«

Die Dunkelheit entschwand – sie glühte, während sie verschwand. Und obwohl sie sich zurückzog und den Spuk mit sich nahm, schien es, als ob sie nur hinter die Fenster gekrochen sei, um zu warten und beizeiten wiederzukommen.

»Drück dich ein bisschen genauer aus«, bat ich ihn. »Erdnussbutter?«

»Wir sitzen hier nett beisammen«, sagte Burnside, »und du, Ross, wirst nachlässig. Was ich dir flüstern will, ist eine reelle Sache.«

Ich wartete auf eine neue Burnside-Geschichte, glaubte, dass er erst ein bisschen herumquatschte, bevor er zur Sache kam. Das war ein Irrtum. Wenn man an Burnside eine Erwartung stellte, dann übertraf er sie für gewöhnlich.

»Unser einundfünfzigster Staat«, sagte Burnside über Japan. »Wir zogen eine ganze Generation mit Erdnussbutter auf.« Die ostasiatische Kost ist in der Regel proteinarm. Während der Besatzung hatten einige gescheite Leute Erdnussbutter dazu verwendet, den Proteingehalt der Nahrung für Kinder zu erhöhen. Die Kinder hatten sie gierig geschleckt, weil sie eben Kinder waren.

»Ein Ding führt zum anderen«, sagte Burnside. »Jetzt sind die

Kinder benachteiligt und wissen es nicht mal. Das finde ich weniger bezaubernd.«

»Du und das Jenseits, was wollt ihr dagegen tun? Hiev dich aus dem Bett und leg los. Jetzt machst du wohl nur blauen Dunst, was?«

»Die japanischen Jungs hatten mir Tokio gezeigt. Tokio ist nicht mehr Tokio«, sagte Burnside. »Es ist nur noch eine verdammte Party. Irgendetwas ist gestorben im japanischen Geist. Die Vergangenheit ist gestorben, aber was anderes auch.« Burnside war eigentlich nie wirklich scharfsinnig gewesen. Die Furchen an seiner Stirn reichten nicht nur bis zu der Stelle, wo einst sein Haaransatz gewesen war. »Ich versteh das nicht«, sagte er. »Meine Gespenster haben mir das gleiche gesagt wie Harvey: ›Heb deinen faulen Drückebergerarsch und such dir 'nen ehrlichen Job‹«.

Es muss eine interessante Unterhaltung gewesen sein, schade nur, dass unsere Gespenster eigentlich nie sprechen. Burnside bildete sich etwas ein.

»Die Zeit ist gekommen, um einige Dinge zu klären« sagte er. »Es ist das Äußerste, was ich für den Jungen tun kann.«

Er war wirklich in Sorge wegen seines japanischen Soldaten. Es war schon unangenehm genug, diese Botschaft enträtseln zu müssen, jetzt war Burnside auch noch moralisch so richtig in Schwung gekommen.

»Ich habe ungefähr die gleiche Botschaft aus Korea erhalten«, sagte ich zu ihm, »aber sie kam aus der Provinz, nicht aus der Stadt.«

Burnside sah aus wie ein Trauernder. »Sie hieß Yukiko. Ich hätte sie mit nach Hause nehmen sollen.« Er war durchtränkt mit einem Schuldkomplex wegen seines kleinen steifen Pimmels. »1944 lebte sie mit ihrer Familie in einer Höhle, um den Bomben zu entgehen. Ihre schönste Erinnerung war, eine streunende Katze gefangen zu haben. Die lieferte das einzige Stück Fleisch, das sie '44 aßen.«

»Die Regeln besagen, dass jemand, der einen Krieg anzettelt, sich wirklich nicht beschweren kann, wenn Bomben auf ihn abgeworfen werden.«

»Sie hat ihn nicht angezettelt, du hast ihn nicht angezettelt ...« Burnside schwelgte gern in Abstraktionen, und er ist nicht gerade Houdini, wenn es abstrakt wird. Er wollte noch etwas sagen, aber es misslang ihm. Er löste bei mir jedoch das Gefühl aus, dass ich unseren Schlussakt irgendwie kannte.

»Du bist der große Redner vor dem Herrn«, sagte ich. »Hör dich um. Finde heraus, was los ist, während sie alle reden.«

Ich musste über einiges nachdenken und brauchte dabei keine Hilfe, vor allem nicht von ihm.

»Mach deine Sache gut. Solange wir nicht wissen, was los ist, wissen wir auch nicht, was zu tun ist. Die günstige Zeit in der Geschichte ist schnell vorbei.« Burnside nickte, prüfte nach, ob ich sicher saß, und fuhr davon.

Manchmal erinnert er mich an ein Kind beim Seifenkistenrennen.

Keiner erinnert sich an die Namen der armen Hunde, die an der Seite von Leonidas bei den Thermopylen kämpften, oder mit Karl Martell in der Schlacht bei Tours. Aber wie und wofür sie kämpften, lebt jahrhundertelang weiter. Ohne die Vergessenen wäre die westliche Zivilisation nicht entstanden. Sie haben alles aufs Spiel gesetzt, weil es in der Geschichte Zeiten gibt, in denen das allumfassende Böse aus seiner dunklen Höhle kriecht.

Was wussten denn die Leute, als jene Schlachten tobten? Der arme Hund wusste, dass sich ein paar verrückte Perser in den Kopf gesetzt hatten, die Welt zu geißeln, oder dass ein maurischer Anführer seine Leute angestachelt hatte.

Und der arme Hund stand. Er stand zwischen dem Feind und

seinem Heim, stand vor einem Leben, das nur teilweise seins war. War er daheim in Friedenszeiten der Boss gewesen, bezahlte er für dieses Privileg im Krieg. Das männliche Geschlecht verteidigt sein Land und sein Heim. Es wird immer so sein. Und das ist die Wahrheit über die Infanterie.

Solche Gedanken schossen mir durch den Kopf. Sie waren konkreter als die Bilder, die über den Bildschirm flimmerten. Um mich herum begannen Menschen miteinander zu reden, die seit ihrer Ankunft nie miteinander gesprochen hatten. Solche, die nie gesprochen hatten, versuchten ihre Tarnung des Schweigens abzulegen. Wir sind nicht genug Veteranen, um einen Zug zu bilden. Wir sind eine kleine Gruppe, und wie von allen vergessenen Soldaten bleibt auch von uns nur ein Tüpfelchen auf der Wandkarte der Vergangenheit.

Dennoch, das Jenseits hatte uns aufgetragen, noch mal hervorzutreten. Ich fragte mich, was wir zu geben hatten, das für irgendetwas von Nutzen war? Wenn irgendjemand hier reich war, wäre er sicher nicht ins Veteranen-Hospital abgeschoben worden.

Zu was sind wir also von Nutzen? Burnside hofft, sein Leben mit dem süßen Geschmack von Bourbon auf der Zunge auszuhauchen. Ich habe höhere Ambitionen. Ich will mit neunzig Jahren, während ich den Kongress stürme, erschossen werden.

Das ist natürlich totaler Unsinn. Burnside wird im Bett sterben, oder an einem Schlaganfall in seinem Rollstuhl. In Anbetracht der spärlichen Überreste seiner Prostata wird er schwerlich eine Show in einem Bordell abziehen.

Fernsehlicht flackert hier und da durch das Zimmer. Der Fernseher hat mich nie sonderlich interessiert, aber manchmal beobachte ich die Lichtreflexe auf den dunklen Wänden. Der Rest unserer Truppe sitzt vor dem Bildschirm, aber ich versenke mich in das Flimmern. Manchmal sieht es aus wie Granatfeuer in der Ferne, manchmal wie brennende Städte. Manchmal aber verjagen die Grünen und die Blauen die Roten, und die Wände des Raumes sind geheimnisvoll wie verzauberte Wälder oder, wenn Gelb hinzukommt, wie eine Wiese an einem Frühlingsmorgen.

Ich beobachtete das Flimmern, dachte über die modernen Zeiten nach, und dann fiel mir ein, dass wir nie aufgehört hatten, zu kämpfen. Wenn unsere Kriege beendet waren, hatte das Nachhutgefecht begonnen. Wir kämpften gegen den Verfall der Ordnung und verloren, als die Kultur starb und von einer irrsinnig gewordenen Gesellschaft zu Grabe getragen wurde. Das Jammern wurde zum König gekrönt, das Geplapper zur Königin.

Schließlich bewahrten uns die Bullen davor, sentimental zu werden. Wir beten nicht die Vergangenheit an, so wie das Flimmern nicht nach oben steigt. Keiner hier glaubt an Lawrence Welk oder Eisenhower.

Ich sah, dass unsere Truppe jedesmal verstummte, wenn jemand vom Pflegepersonal näherkam. Selbst Schwester Johnson hatte Mühe, von ihnen mehr als einen Gruß zu bekommen. Zur gleichen Zeit aber redeten Schwerhörige aus vollem Halse miteinander. Bald wird das Personal für sich entschieden haben, dass uns irgendetwas aus dem Fernseher den Kopf verdreht hat, dass die Beziehung zu den Patienten normal funktioniert, und sie tun wie gewohnt ihre Arbeit. Menschen können alles neu schreiben, wenn sie nur ein bisschen kreativ sind …

… was auf eine neckische Art nahelegt, dass jede neue Generation die Geschichte je nach ihrer eigenen Engstirnigkeit neu erfindet. Dann beruft sie sich auf die neugeschriebene Geschichte, um zu demonstrieren, dass die eine oder andere hervorragende Gruppe unaufhörlich die Zivilisation gerettet habe und dabei Gott weiß welche Übergriffe erdulden musste. Die Daseinsberechtigung eines Historikers ist die gleiche wie die eines Pförtners. Beide fegen den Speisesaal, nachdem die Gäste ihren Müll abgeladen haben.

Die Schwestern und Sanitäter beteiligen sich daran, indem sie hier und da ein Stückchen aufheben. Schwester Johnson verhielt sich in der Regel geschickter. Sie wartete ab und lauschte. Sie berührte die Hände der Menschen, ihre Arme, und bewegte sich wie angenehme Musik. Schwester Johnson ist das Beste von dem Guten, das noch geblieben ist in der Welt. Sie sollte auf einer Kinderstation und nicht in der Geriatrie arbeiten … nur – ich habe es schon erwähnt – stimmt es nicht. Ich habe es ihr nahegelegt, worauf sie antwortete, dass sie die geriatrische Station vorzieht. Sie sagte wörtlich: »Ihr redet viel Schweinereien, aber einer passt auf den anderen auf.« Dann sagte sie, dass sie schon in der Pädiatrie gearbeitet habe und dass manche Leute ihre Kinder nicht liebten. Schwester Johnson kommt zu mir in meinen Träumen – und ich bin jung. Sie kommt seltsamerweise als lange geliebte Freundin oder seit vielen Jahren vertrautes Eheweib, obwohl wir dazu in diesen Träumen viel zu jung sind. Oder sie kommt als jene Unschuld, die die Jugend einst war, als man im Kino Händchen hielt und, während die Bilder der Liebe und der Spannung vorüberzogen, Finger nicht ganz ausgewachsener Hände sich verflochten in der Ekstase des Erforschens, um zu lernen, dass die süße Berührung all das erklärte, was es über das Wort *Glückseligkeit* zu wissen gibt.

Ich war wohl eingenickt. Alte Männer tun so was, sie sinken in einen betäubten Schlaf. Schlaffe Muskeln verkrampfen, Gelenke scheuern in Kapseln wie Knochen gegen Sandpapier, und wir wachen auf. Der Schmerz ist die Sprache der Natur, um uns all die Gelegenheiten vor Augen zu führen, von denen die pharmazeutische Industrie profitiert.

Die Zauberstunde lief auf vollen Touren. Unsere Truppe saß völlig apathisch da, erschöpft, abgehetzt, erschlagen von der ganzen Aufregung. Wer quasselte, quasselte mit sich selbst. Falls Vereinbarungen getroffen worden waren, hatte ich nichts gehört, und die Hälfte dieser Scheintoten hatte sie schon längst wieder vergessen.

Im Tagesraum war es bemerkenswert still, nur der Fernseher lief. Fernsehgespenster diskutierten, als ob sie an den Sinn ihrer Worte glaubten. Als ich richtig wach war, lief die Hauptdarbietung ab in den Fenstern gegenüber dem Friedhof. Gespenster beeindruckten mich nicht mehr, aber das hier tat es. Die Gestalt war zusammengesetzt wie ein Hologramm aus Schwarz und tieferem Schwarz und stand gewichtiger da als der Geist bei »Hamlet« in der Friedhofsszene. Und er winkte, wie der Geist von Hamlets Vater. Schlimmer noch, er bedeutete mir mit einer altehrwürdigen Geste, vorzutreten.

Ich konnte es so gut gebrauchen wie die Jungs im Schützengraben Kopfläuse. Andererseits, wer konnte eine solche Gelegenheit ausschlagen? Das gab ich meinen Füßen zu verstehen. Der Laufstuhl bebte, obwohl ich fester stand als ein Berg. Die Gestalt im Fenster wartete, und obwohl der Tagesraum hell erleuchtet war, breitete sich Dunkelheit vor mir aus. Etwas, das Corporal Harvey ähnlich sah, stand in Fußfesseln da, wie ein Mann, der an eine Strafkolonne gekettet war, doch nur seine Augen teilten mir etwas mit. Sie leuchteten nicht wild, nicht verrückt, sie waren riesige Becken voller Kummer, einem Kummer, der auf ein allumfassendes Strafgericht hinwies, auf allumfassendes Leid. Schlimmer noch, es schien, als stünde die Gestalt mitten in einem stetig zunehmenden Wind.

Der Harvey, der einst so gescheit gewesen war, jetzt war er von Sinnen; es war an seinen Augen deutlich abzulesen. Nur Leid war in ihnen. Intelligenz, so viel noch davon geblieben sein mochte, war verborgen, vergessen und unerreichbar, auch für Harvey selbst, der jetzt vor mir stand wie der Geist des Geistes eines alten Soldaten. Der Geist eines Geistes ist sicherlich eine fortschreitende Erinnerung. Ich spürte die vielen Erinnerungen der Dunkelheit, die das Krankenhaus und dieses Jahrhundert umgab, das Leben und den Tod, die durch die Zeiten hüpfen, trampeln oder stolpern, und die Dunkelheit stand vor mir wie eine Schieferwand. Früher oder später musste einer von uns nicht nur mutig, sondern auch gescheit sein. Ich schob mich langsam an den Fenstern vorbei auf die Terrasse. Sie wirkte unverändert. Tische, Stühle und eine weite Aussicht auf die Stadt, die sich wie ein Geschwür zwischen dem Puget Sound und dem Cascade-Gebirge aufblähte. Aus der Ferne vernahm ich das allen Städten eigene Dröhnen, und es hämmerte und wirbelte. Licht blitzte auf und erhellte dunkle Straßen – es kam von den Wolkenkratzern, Flugzeugen und Scheinwerfern und tanzte über die Parkplätze.

Der Friedhof lag etwa fünfzig Meter entfernt, bedeckte den Abhang des Hügels, ordentlich wie eine Bankstatistik. Die armen Teufel, die jetzt die Radieschen von unten sahen, waren dort noch immer in Reihen aufgestellt. Weiße Gedenktafeln schimmerten in der Dunkelheit. Ich fragte mich, wie schon früher, ob Lakaien oder Kobolde die Tafeln in der Nacht polierten. Weiter unten begann der Wald, und hinter ihm folgten Brücke, Park und Musikpavillon. Hier war alles zerstört, aber aus der Ferne vermittelte es noch immer den Eindruck von Ganzheit und Ordnung.

Die Dunkelheit verfärbte sich, verdüsterte aber nicht die Landschaft. Sie wich vor mir zurück, langsam, störrisch, wie ein Tier auf der Hut, aber nicht furchtsam, oder sie bewegte sich in der ruhigen Gewissheit, dass meine Tage gezählt waren und ihre Geduld unermesslich. Ich erforschte das Antlitz der Dunkelheit, konnte Harvey aber nirgendwo entdecken. Direkt vor mir sah ich die Stelle, wo Harvey fortgerissen worden war. Wenn Menschen sterben – und ich war einige Male fast gestorben –, sind sie beschäftigt. Sie sind mit dem Sterben beschäftigt, es ist ihr Job. Sie kümmern sich um nichts anderes als diesen Job, und genau so erging es Harvey. Er wurde dahingerafft, während seine Aufmerksamkeit anderen Dingen galt.

»Ich mach das Rennen lieber einige Monate später – dann komme ich nicht ins Gedränge«, flüsterte Burnside, der neben mich rollte. »Wir tragen eine lustige kleine Hölle auf unseren Händen. Du solltest dich besser hinsetzen.« Flüstern ist sonst nicht seine Art.

»Langsam wird mir etwas klar«, sagte ich, ohne zu wissen, zu wem ich eigentlich sprach, zu ihm, zu Harvey oder zur Dunkelheit. »Man kann sich die Zukunft nur mit Hilfe dessen ausmalen, was man über die Vergangenheit weiß. Wenn die Geschichte stirbt, kann die Zukunft nur abscheulich sein.«

»Meinen Verstand verdanke ich meiner poetischen Natur«, sagte Burnside. »Einer von uns muss ja sensibel sein. Setz dich.«

Ich hing über meinem Laufstuhl und betrachtete die Dunkelheit. Ich wusste jetzt, was sie war, aber dass man eine Sache benennen kann, bedeutet nicht, dass man sie auch versteht.

»Schwärme aus zu meiner Linken, als wolltest du die Flanke angreifen«, sagte ich. Ich ging zu der Terrassenecke, wo die Betonplatten aufhören und das Gras beginnt. Burnside rollte nach links und fuhr langsam an der Ecke entlang. Ich sah, dass die Dunkelheit innehielt, zurücktrat, widerspenstig wie ein verwöhntes Kind, gefährlicher als ein Teenager mit einer Mauser-Pistole. Sie zog sich ungefähr fünf oder sechs Meter den Hügel hinunter zurück. »Du hast recht«, sagte ich zu Burnside, »es sitzt eine hübsche kleine Hölle auf unseren Händen, und ein Feuerwehrmann ist in Sicht.« Ich wandte mich um, fand einen Stuhl in der Terrassenecke, setzte mich. Die Dunkelheit wich weiter zurück.

»Erzähl mir eine Geschichte«, bat ich Burnside.

»Schwester Johnson hat die Truppen beruhigt. Sie ist wunderbar.« Burnside sah den Hügel hinab. Im Zentrum der Dunkelheit lag ein durchschnittliches Gelände, ein sanft fallender Abhang bat darum, das Flankenfeuer eröffnen, ein junger Wald, Granaten abschießen zu dürfen, ein wackeliger Steg über eine Schlucht, die nur von einem Sturzbach geliebt wurde; und ein von Gespenstern heimgesuchter Park. Ich horchte, horchte im wahrsten Sinn des Wortes, als Burnside sachlich wurde. Zum ersten Mal verstand ich, warum er in der Armee Oberfeldwebel geworden war.

»Die Situation ist nicht nur eine taktische«, sagte er, »sie ist auch strategisch. Wenn das verdammte Ding fest genug wäre, eine Mistgabel in den Boden zu rammen, würden ganze Armeen aufmarschieren und über Hemisphären marschieren.«

»Ich zweifle nicht daran, dass ein frommer …«

Burnside hob die Hand und brachte mich zum Schweigen. »Im Tagesraum sitzen Jungs von überall her, und es gibt dort Gespenster von überall her. Das hier ist kein Spaß, Ross.«

»Wie fest ist es?«

»Das ist ja das Problem«, sagte Burnside. »Du kannst ihm kein Haar krümmen. Aber was wir gegen ihn unternehmen werden, ist dunkel wie das Innere einer Schlange, und dann sieht das Ganze schon etwas besser aus. Es wird für Chaos sorgen.«

Während er sprach, ereignete sich immer wieder das gleiche: Blitzlichter zuckten durch die Dunkelheit. Unsere Leute hatten Rom und Madrid, Paris und Berlin, London und Athen gesehen. Sie hatten Hongkong, Sydney, Bora Bora, die Falklandinseln, Murmansk und Tunesien gesehen, und überall war es dasselbe: ein hirnloses Brausen, wie im Karneval, das sich über die Stille legte. Feuer stieg auf, aber nicht über Heerlager, sondern über Schulen, nicht über Schiffswerften, sondern über Moscheen, Kathedralen und über Versammlungsorten, während sagenhafte Drachen vor der einbrechenden Nacht flohen. Ich sah in der Ferne eine Stadt, deren Dunkelheit durch das Aufflackern von Licht durchbrochen wurde. Schwester Johnson lebt irgendwo in dieser Stadt. Irgendwo in einer Wohnung, die sie sich mit jemandem teilt; einem Geliebten oder vielleicht nur mit einer Katze; wo sie Wäsche bügelt, Essen zubereitet und dabei leichte Rock- oder Jazzmusik hört. Sie zieht Efeu, oder – noch besser – Philodendron, und ihre Küchenvorhänge sind fröhlich bunt – rot, orange oder blau mit gelben Enten. Hinter der hellen Wärme ihrer Wohnung kauert die Dunkelheit. Schwester Johnson weiß vermutlich gar nicht, dass sie da ist. Oder, weil sie jung ist, weiß sie nicht, wie fest sie zuschlagen kann und wie hart. »Du warst auf dem College«, sagte Burnside, »also, was ist hier eigentlich los, verdammt?« Er fuhr am Terrassenrand hin und her und beobachtete die langsamen Wellen, die seine Bewegung der Dunkelheit aufzwangen. »Die Typen werden jeden Augenblick hier sein, also, spuck es aus.«

Ich wusste nicht, ob er seinen Nippon-Soldaten meinte oder Schwester Johnson, die bald ihre Schicht beendet haben musste.

»Du bist ein Süßer«, rief Burnside in die Dunkelheit hinein. »Eine Schwuchtel, ein Lutscher, eine Shirley Temple, ein Glas Welpenpisse, und deine Mami ist ziemlich enttäuscht von dir …«

Ich hob die Hand. Wenn Burnside mit Schimpfkanonaden anfängt, kann es eine Weile dauern. Er schaute mich an. »Wozu die Aufregung? Sie weicht zurück.«

Was sollte ich sagen? Sollte ich ihm mit dem Brand der großen Alexandrinischen Bibliothek kommen?

»Es spielt keine Rolle, was sie tut«, sagte ich. »Sie richtet sich danach, woran wir uns erinnern und an was wir glauben.« Hinter uns wurde eine Tür aufgestoßen. Schwester Johnson, deren Schicht zu Ende ging, kam auf die Terrasse. Ihre Silhouette hob sich ab von der Dunkelheit, aber sie sah die Dunkelheit nicht. Sie spitzte die Lippen; ihre Miene war reinste Entschlossenheit. Ihre schmale Gestalt war ganz auf ihre bevorstehende Aufgabe gerichtet. Ihre Gedanken drehten sich um den Abschied. Ich fragte mich, wie es wohl für sie war, an einem Ort zu arbeiten, wo jeder

Abschied der letzte sein konnte – was ein Klischee ist, aber in ihrem Fall der Wahrheit entsprach. Wie oft hatte sie sich von einem Patienten verabschiedet, um am nächsten Tag wieder zur Arbeit zu kommen und festzustellen, dass er gestorben war?

»Ich habe euch zum letzten Mal gerettet, Gentlemen«, sagte sie leise, »versucht also nicht, eure Freundin mit Gerede einzuwickeln. Irgendetwas passiert hier, und es ist nichts Gutes.«

»Micky Mouse ist eben Micky Mouse«, sagte Burnside grimmig. »Man erwartet nicht von ihm, dass er ein Nationalheld ist!«

Sie schaute mich an. »Du bist der einzige, der diesen Burschen im Zaum halten kann. Hat er noch einen letzten Funken Verstand?«

»Er vermisst Süd-Dakota und seine Sandstürme.«

Burnside entwickelt sich allmählich zu einem Trottel. Es zog nicht. Gut gemeint, aber es klappte nicht … »Als wir über Harvey redeten, hast du mir etwas Furchtbares erzählt. Du hattest recht.«

Sie richtete sich auf, blickte sich um und ging bis zum Rand der Terrasse. Die Dunkelheit pulsierte, rollte den Hügel hinunter und auf sie zu. Wenn Burnside und ich nicht auf der Terrasse gesessen hätten, hätte die Dunkelheit sie verschlungen.

Burnside murmelte etwas über die Dunkelheit, so leise, dass sie es nicht hören konnte. Es war etwas Zotiges der gemäßigten Art.

»Das, worüber ich rede, bleibt unter uns«, sagte ich. »Wenn es herauskommt, gibt es hier nur noch Seelenklempner und Sozialarbeiter. Unsere Leute sehen Gespenster. Wir wissen, was uns Harvey entrissen hat.«

»Und es jagt uns keine Angst ein«, ergänzte Burnside. »Unsere Männer sind mehr bissig als räudig. Sie reden wieder von ›Kampf‹, es wachsen ihnen neue Zähne und Krallen. Ist die Strafe dafür, vernünftig gewesen zu sein.«

»Ich glaube kaum an Gespenster.«

Damit hatte sie einen Teil des Problems angesprochen. Wenn Gespenster eine Metapher für die Geschichte sind, ist der Glaube ein Sprung in die Realität. Wenn die Geschichte eine Metapher für Gespenster ist, wurde es wirklich ernst.

»Aber du glaubst auch, dass Harvey uns entrissen wurde.« Ich schaute sie an und überließ mich den Bildern meiner Erinnerung.

Das Feuer der Geschichte brennt heiß und lange, aber die Erinnerung an das Feuer brennt nicht lange genug. Schwester Johnson weiß nicht, dass Frauen und Kinder immer zuerst vernichtet werden. Sie sterben nicht durch Schwadronen, Kompanien oder Armeen, sondern als zufällige Opfer im Chaos der Schlachten: die Streitkräfte blasen die Bevölkerung wie Spreu zur Seite. Schwester Johnson ist eine starke junge Frau und weiß mehr über das Leiden als irgendein anderer ihres Alters … aber sie sieht nichts.

»Ich weiß, was ich gesehen habe«, sagte sie nun leise und meinte Harvey. »Ich muss etwas tun. Wir können nicht …« Sie hielt inne, weil sie beinahe gesagt hätte: »Wir können nicht zulassen, dass es uns noch andere entreißt.« Und sie hätte es fast gesagt, als sie zwischen einem 78 und 80 Jahre alten Mann stand. Sie biss sich auf die Unterlippe, versuchte zu lächeln – eine klägliche Vorstellung. »Ihr habt recht«, schloss sie. »Wir brauchen keine Sozialarbeiter.«

Es war eine fatale Situation. Schwester Johnson würde wieder Anteil nehmen an Leid und Trauer. Es gab keine andere Möglichkeit. Keine Möglichkeit, es behutsam zu verhindern. Ich nahm mir vor, es überhaupt nicht zu verhindern. Aber ich konnte sie auch nicht im Stich lassen. »Halte das Personal von den Parkanlagen fern«, riet ich ihr. »Das ist unser Problem.« Stimmt nicht, Schwester Johnson, es ist auch dein Problem. »Und wenn wir damit nicht fertig werden, werde ich dich rufen.«

»Ihr habt wirklich Gespenster gesehen?«

Das Schöne an Schwester Johnson war ihre Fähigkeit, keine Krankenschwester, sondern eine Frau zu sein, wenn etwas wirklich Wichtiges geschah.

»Ihr seid schon in Ordnung.«

»Ich wünschte, es wäre Dementia gewesen«, sagte Burnside, »aber das war es nicht.«

»Ihr habt noch keinen schlimmen Fall von Dementia gesehen«, sagte sie fast geistesabwesend. »Was wollt ihr jetzt tun, Jungs?«

»Zurückschlagen«, sagte ich, und dann log ich. »Ich weiß nicht wie. Halte du nur das Personal von den Parkanlagen fern. Wir werden es ein, zwei Tage ausknobeln, vielleicht auch länger.«

»Ihr sagt mir Bescheid?«

»Klar doch.« Welch ein Lügner. Ich sage dir Bescheid, wenn es vorbei ist, Schwester Johnson. Nachrichten aus dem Nirgendwo.

Sie tätschelte Burnsides Glatze und brachte ihn damit zum Erröten, strich mir über die Hand und ging.

»Man kann keinen Krieg gewinnen, ohne die Schlachten zu gewinnen«, sagte Burnside.

»Wenn wir hier nur herumsitzen, werden wir einer nach dem anderen aufgelesen.«

»Ich habe nie Kerben geschnitzt, weder an mein Gewehr noch an meinen Bettpfosten. Ich wäre mir wie ein Betrüger vorgekommen.«

»Jetzt bin ich ganz sicher, dass die Welt übern Jordan geht«, sagte ich. »Du hast gerade zugegeben, ein Gentleman zu sein.«

»Ich kann nur so lange anständig sein, wie es unter uns bleibt. Außerdem zeigt der launenhafte Spitzel in unsere Richtung.« Ich wusste nicht, ob er sich darüber im Klaren war, was er da sagte, oder ob es nur ein dummer Spruch war. Er wusste irgendwie, dass wir durch die Läuterung hindurch mussten; keine Knöpfe auf den Augen.

Es ist eine Kreatur der Zerstörung. Es erwacht, wenn der Verstand des Menschen eng, profan und rachsüchtig wird. Und zu einem bestimmten Zeitpunkt wird es gemein, schleicht sich mitten unter uns und beschwört die Flammen der Inquisition herauf. Während meines ganzen Arbeitslebens bin ich durch die Vergangenheit gestreift. Jetzt streifte ich durch die Zukunft. »Noch eine Schlacht«, sagte ich zu Burnside.

»Wenn es einen Sinn hat.«

»Wann hat etwas von dieser ganzen Scheiße je einen Sinn gehabt?«

»Es kann nicht schlimmer werden als der Kanal.«

Es konnte nicht schlimmer werden als der 27. Hügel. Ich überblickte das Gelände. Der 27. Hügel war schlimm, aber die Feinde waren nur Nordkoreaner. Ich dachte an sie, dachte an ihre Hurra-Rufe, an den Mut, wie ihn nur der Wahnsinn im Menschen entfachen kann – sie rannten in die Mäuler der Kanonen, weil ein Politiker ihnen eingeredet hatte, man habe ihr Land angegriffen. Ich wünschte, ich hätte ein Bataillon solcher Männer.

»Ich hoffe«, sagte Burnside, nicht zu mir, denn er sprach mit fester Stimme und nicht im Plauderton, »dass dich der Zustand des Todes etwas über das Leben eines Soldaten gelehrt hat.«

Sein japanisches Gespenst stand neben ihm. Es ist das Verblüffende bei jungen Leuten, ob Schwester Johnson oder die Japse, dass die besten in ihren Idealen schwelgen und doch hart bleiben, ihre Pflicht erfüllen können. Das ruhige Gesicht des Jungen war ernst wie beim Einsatz, doch seine Lippen konnten ein kleines Lächeln der Erregung nicht verhehlen. Ich musterte ihn, dachte an das, was ich über ihn gehört hatte, und wusste nicht genau, ob wir ihn haben wollten.

»Geh bis zum Rand des Rasens«, sagte Burnside zu ihm. »Ich werde dafür sorgen, dass nichts passiert.«

Der Junge ging los. Die Dunkelheit setzte sich in Bewegung,

erreichte den Fuß des Hügels, kam aber nicht weiter, zog sich aber auch nicht zurück. »Du hältst dich lieber fern davon«, riet Burnside ihm. »Da versteckt sich etwas wirklich Böses.« Er fuhr vor, an die Seite des Jungen. Die Dunkelheit floh nicht vor ihnen, wälzte sich aber schneller rückwärts. »Es läuft wie ein Hase«, sagte Burnside, »aber es rennt nicht weg vor den Gespenstern. Gleichwohl kommen uns Gespenster zu Hilfe.« Er sah hinauf zu dem Jungen. »Hast du Verstärkung mitgebracht?«

Der Junge stieß mit dem Zeigefinger auf seine Brust. Er kam allein.

»Ich hab' nicht vor, dafür zu zahlen, dass ich mutig und dumm zugleich bin«, sagte Burnside zu dem Jungen. »Denk darüber nach.«

Der Junge lächelte; dann hob er eine Faust und lächelte nicht mehr.

Dann verschwand er.

Ich sah Schatten über das Gelände herankriechen. Dunkelheit lag auch hinter der Stadt, aber die Schatten waren natürliche Dunkelheit, die sich bei alltäglichen Dingen wie Fernsehnachrichten und Abendessen einstellte. Ein schneller Sonnenuntergang.

»Ich denke über Symbole nach«, sagte ich zu Burnside. »Flaggen und ähnliches.«

»Ich denke darüber nach, Plakatkleber anzuwerben …«

»Auch wenn wir Hilfe bekommen, sehe ich uns nicht auf der Gewinnerstraße!«

»In einem hast du recht«, sagte Burnside, und das war nicht nur als Spruch gemeint. »Ich vermisse den Sandsturm. Wer hätte das gedacht?«

»Die Hohlköpfe sind ganz gut in Form.«

»Ich hab mit ihnen gesprochen. Sie sind ganz schön clever

geworden. Sie haben ihr Hirn lange nicht mehr benutzt.« Als wir die Terrasse verließen, vermengte sich die Dunkelheit mit der herankommenden Nacht.

Bei alten Leuten sind Nacht und Tag austauschbar. Die Nacht ist nur dunkel, oder nicht mal das, weil die Korridore von gedämpftem Licht hell sind. Wir wachen, um zu grübeln oder zu leiden. Die meisten von uns fürchten den Tod nicht. Wir fürchten die Schwäche, fürchten uns, unsere Hosen zu bepinkeln oder senil zu werden. Das Geschlecht und das Hirn sind die Motoren der Geschichte.

Nach dem Wachwerden fühlte ich mich schlapp. Still war's im Zimmer; gelegentlich stockte Burnside der Atem, und sein keuchendes Luftholen unterbrach die Stille. Jetzt schnarchte er nicht mehr und war im Begriff aufzuwachen. Hinter unserem Zimmer im Tagesraum wurde gekehrt und poliert, leise, mäuschenstill. Der große Tisch unten in der Halle würde glänzen wie ein Glorienschein am Himmel über der Geschichte dieses Ortes, der Geschichte eines Jahrhunderts … Mohnblumen blühen auf dem Schlachtfeld in Flandern … Es paart sich die Furcht mit der Schlacht seit alters her. Ich dachte daran, Burnside etwas zu sagen, entschied mich aber für die Stille. Als es gemütlich wurde in dieser Stille, erläuterte das Land sich selbst. Oder, anders herum, ich verstand endlich, wie die Dinge zusammenpassten.

Die Dunkelheit im Tagesraum war nicht echt gewesen. Es war eine Botschaft aus dem Geisterland über die Dunkelheit hinter den Wänden. Der Blick auf die Särge war eine Warnung. Der Mumpitz mit den Gespenstern, die zum Abschied gewinkt hatten, war auch eine Botschaft, eine verzweifelte, aber dennoch farbenprächtige Botschaft. Die ganze Show war eine hypothetische Standarte, eine Flagge, sie deutete auf die Fäulnis, die in unserem Umfeld herrschte. Unsere Gespenster waren hilflos ohne uns. Es sah so aus, als ob wir alte Männer gefordert wären, nicht nur die Zukunft, sondern auch die Vergangenheit zu unterstützen.

»Ich denke an die Strafbaracken in Leavenworth«, murmelte Burnside. »Jetzt kommt es mir vor, als wäre es ein fröhlicher und warmer Ort gewesen, sehr sicher und freundlich.«

Er kapierte das meiste von dem, was wir gesehen hatten, und ich hatte gehofft, dass es nicht so sei. Es ergab keinen Sinn, wenn wir uns beide als Verdammte fühlten. Ich beschloss, nichts über Harvey zu erzählen.

»Ich sorge mich um meine Enkel«, flüsterte er, und es rührte ihn fast zu Tränen. »Behalt es für dich. Es gibt Zeiten, in denen ich glaube, dass wir an diesem kleinen bisschen Schwachsinn schuld sind.«

Hat sich Burnside gewandelt und ist gerade als Heiliger flügge geworden? Wenn unsere Enkel zu Besuch kamen, hatten wir immer so getan, als ob es uns nicht interessierte. Wir hatten so getan, als ob alles mit ihnen in Ordnung sei.

Ich liege in der Dunkelheit, stumm und ohne eine Unze Tränen oder Schweiß, obwohl mir beides sehr wohl nützen würde. Ich liege im Dunkeln und gebe sogar zu, dass ich versucht habe, die Wahrheit unter einem Haufen Scheiße zu verbergen. Die Hölle kommt in zweierlei Versionen zu den Alten – in der kleineren und der größeren. Sie kommt in der kleineren Version daher, wenn die Geschichte umgeschrieben wurde, die Aufzeichnungen gelöscht, der Glaube an Ideale und an Sehnsüchte verlorengegangen ist, wenn nichts mehr überliefert wird und alle Geschichten auf die Gegenwart revidiert worden sind, auf den Kopf gestellt; wenn auf falsche Zeugnisse gegründet und der Vergangenheit die Schuld für gegenwärtiges Leiden aufgebürdet wird.

Es ist eine finstere Hölle, doch die größere Version ist noch schlimmer – die Hölle der Alten trifft just in dem Augenblick ein, wenn wir zugeben müssen, dass wir unsere Kinder, unsere Familie, unser Land, die Scherben und die Reste unserer Liebe nicht mehr beschützen können.

»Ich kann nicht verstehen, warum es vor uns wegläuft. Es läuft nicht vor Gespenstern davon.«

»Wir haben die Macht der Erinnerung. Wir erinnern uns an die Ordnung und haben noch unsere Stimme. Wenn die Erinnerung stirbt, stirbt die Zivilisation.« Drei oder vier Zimmer weiter unten ging eine Schwester leise den Korridor hinunter. Nein, zwei Schwestern, denn zwei Frauen murmelten.

Der Wind ächzte an den Fenstern. Ich fragte mich, wie viele von uns wach lagen, lauschten, sich um unsere Bedeutung Gedanken machten, unfähig, ihre Liebe zu zeigen, und so wie Burnside sich damit abgefunden hatten, schuldig zu sein.

Das leise Tappen von Gummisohlen ging vorbei, das Gemurmel verstummte.

»Es ist hinter etwas Größerem her als uns. Wir sind nur im Weg.«

»Ich hätte nichts dagegen, zu kämpfen«, sagte Burnside, »außer, wenn es sinnlos ist.«

»Flaggen sind Symbole. Worte sind Symbole. Kirchtürme sind Symbole. Rote Laternen vor Puffs sind Symbole. Die Welt weiß nichts davon, aber sie lebt von Symbolen. Manche sind gut, manche sind schlecht, wie die Flaggen.«

»Tote fahren keinen Rollstuhl. Das könnte sich als Vorteil erweisen.«

Er hatte nie über sein Leben als Krüppel gesprochen, es sei denn, um Witze zu machen. Ich dachte an die Langeweile, an die vielen Tage und Jahre in diesem Stuhl, an das eiserne Herz und die eiserne Seele, über die ein Mensch verfügen musste, um jedem einzelnen Tag die Stirn zu bieten.

»Ich musste pissen, aber ich war nie einer von denen, die eine Bettschüssel wollten«, sagte Burnside, und er murmelte nicht mehr. »Ich seh' dich bald in den Comics der Zeitungen.« Er schwang sich aus dem Bett – ein Schatten in dem abgedunkelten Zimmer. Es war das letzte Mal, dass ich ihn lebend sah, und alles, was ich sah, war nur ein Schatten.

Oh, Schwester Johnson, du weißt nicht, wie schnell es einen treffen kann, und wie hart.

Ich döste, wachte auf, ärgerte mich, döste, wurde hellwach, als mich die harte Erkenntnis traf, dass Burnside beim Appell nicht erscheinen würde. Unerlaubte Entfernung von der Truppe des Veteranen-Hospitals.

Die stillen Korridore füllten sich mit Echos, mit ängstlichen und hoffnungsvollen Stimmen. Irgendwo in der Dunkelheit brach Burnside auf, und Stimmen der Vergangenheit sandten ihr Getuschel in die gleiche Dunkelheit hinein. Geflüsterte Worte eilten hin und her, wie geheime, gegen einen lautlosen Feind patrouillierende Boten. Das Geisterland schwebte zwischen Erfolg und Niederlage – dazwischen gab es nichts. Draußen in der Dunkelheit erhob sich ein Sturm auf Shakespeareschen Flügeln. Schwarzes Sturmgefieder ritt auf Windböen, tumultartig, wie ein heftiger Zornesausbruch. Die Dunkelheit umzingelte und umklammerte, wie ein Sarg aus Wind und Regen, der dem Menschen den Atem raubt und ihn in Leichentücher hüllt.

Ich saß auf der Bettkante und verfluchte Burnside. Eigentlich war auch ich mit von der Partie. Ich fühlte mich vollkommen hoffnungslos, wie man es nur von Zeiten völligen Zusammenbruchs kennt. Zu hilflos, um irgend etwas zu tun, um etwas zu ändern, hilflos, aber – so sagte ich mir –, aber noch nicht verdammt. Nicht ohne Kampf. Unterdessen stöhnten Echos in den Korridoren, Geflüster schwirrte umher. Ich war voller Kummer, ging auf ein Fenster zu, öffnete es und horchte. Der Regen brachte kalte Windböen mit, getränkt mit Salzwasser. Er platschte auf das Laub der Bäume, und das Wasser gluckerte in den Gräben. Der

Regen prasselte sein altes Lied, und der Text des Liedes lautete: »Gott sei der Infanterie gnädig!«

Hinter mir hörte ich das Kleiderrascheln und Patschen weicher Schuhsohlen. Ein Pfleger stand da und atmete schwer. Vorhin hatte ich keine Tränen, jetzt kamen sie. Ich wandte mich nicht um.

»Wo?«, sagte der Kerl, und er sagte es grob; ein Kerl, der schon wusste, dass sein Hals bereits in der Schlinge lag. Kein »Ja, Sir«, »Bitte«, oder »Fahr zur Hölle«.

»Passen Sie auf, was Sie sagen.«

Ich wandte mich immer noch nicht um. Nur meine Stimme war leicht ins Stocken gekommen.

»Einer wie der andere – ein Schlappschwanz«, sagte der Typ. »Dich werde ich mir später vornehmen.« Er eilte fort.

»Du hast die erste Runde gewonnen«, sprach ich in Regen und in Dunkelheit hinein, sprach zu Burnside, wo immer er auch war. »Die ganze Hölle bricht zusammen. Was du brauchst, Kumpel, ist ein Wunder, du und deine verdammten Marines.«

Ich wandte mich um und ging in den Tagesraum zu meinesgleichen. Kummer erträgt sich leichter, wenn starkgesinnte Leute zusammenhalten und sich nicht gegenseitig auf den Arm nehmen.

Burnside brauchte ein Wunder, nun gut, aber was er bekam, war ein TV-Auftritt. Aus dem Hospital schwärmten Suchtrupps aus. Leute, die sich sonst nur um ihren Job gesorgt hatten, wappneten sich gegen den Regen. Scheinwerferlicht strich über die Straße, starke Taschenlampen der Polizei flackerten durch die Sträucher, als die Abenddämmerung sich über den Schauplatz senkte. Kein Suchender hätte sich vorstellen können, dass Burnside durch den Friedhof und den Hügel hinabgefahren war. Sie waren dazu nicht fähig. Sie glaubten, dass er in die Stadt gegangen sei oder dass er, wie Senile das oft tun, verwirrt wunderschönen Lichtern und Spektakeln hinterherjagte. Bei Tagesanbruch und trotz des Vorsatzes, den Deckel nicht vom Topf zu heben, benachrichtigte jemand die Fernsehanstalt. Ein Rettungshubschrauber kurvte an die Rückseite des Hügels heran – eine verkorkste Art, sich die Morgennachrichten zu beschaffen.

Die drei lagen auf schlammigem Boden, getränkt vom Regen aus Nordwest. Die Kamera übertrug die Bilder der Leichen, die aussahen wie Bündel durchnässter Lumpen; klein, ausgestreckt und verrenkt. Und obwohl die Berichterstatter von einem Kampf nichts wissen konnten, behaupteten sie, beeindruckt zu sein. Sie lagen verstreut am Fuß des Hügels. Burnside hatte es bis zur Brücke geschafft, hatte sogar mit einer Hand die Brücke berührt. Er lag genauso klein und zerfetzt da wie jeder andere tote Soldat. Kein Engel sang. Ein Feldwebel der Marineinfanterie lag genau unterhalb der Baumgrenze, sein Körper ein wirres Knäuel in der verqueren Haltung von Leichen, die schwerste Frakturen erlitten haben. Ein anderer lag am Rand der Schlucht. Die japanische Kriegsflagge hatte sich im Geäst verheddert und hing da nicht wie eine Sonne, sondern wie ein Blutfleck. Der Junge war ein hübscher Junge, aber kein Samurai. Der Mann an der Schlucht lebte noch, war aber irrsinnig geworden. Hände und Hirn wollten den Hügel hinauf, sein Körper aber war zu schwach, ohne Kraft. Als die Sanitäter ihn wegtrugen, griff er noch immer krampfhaft ins Leere, seine Stimme hatte ihn nach all dem Schreien im Stich gelassen, und sein Mund formte einen lautlosen Schrei.

Wir Patienten sahen einander an, murmelten, schüttelten den Kopf. Die Leichen wurden mit Traktoren herausgezogen. Der Mariner lag wie ein Klumpen unter dem Leintuch, die Beine waren gekrümmt, vermutlich gebrochen. Burnside mit seinen kläglichen Beinstümpfen bildete einen Klumpen unter dem Tuch, wie ein Knödel.

Die Patienten hatten nicht alle verstanden, wussten aber genug, um sich zu fragen, in welcher Weise Burnside geleimt oder aufs Kreuz gelegt worden war. Die Pfleger behandelten uns wie

Kinder auf dem Spielplatz, als wir über grundlegende Fragen der Infanterietaktik nachdachten.

Das Personal beobachtete jeden von uns, um herauszufinden, wer schuldig war. Das Personal glaubte nicht, dass drei alte Männer, einer davon ein Krüppel, ohne Hilfe dreihundert Meter bergab marschieren konnten. Die Angestellten beschuldigten sich gegenseitig und drückten sich davor, Verantwortung zu übernehmen.

Während dies alles in vollem Gange war, strafften die Ärzte ihre Schultern, wie zu klein geratene Menschen, und beschuldigten jeden – Patienten und Personal gleichermaßen –, ein hohes, nur den Ärzten selbst bekanntes Ziel verraten zu haben. Und als Schwester Johnson ihre Schicht begann, bekam sie die ganze Wucht der Anschuldigungen zu spüren. Das Personal beschuldigte die Frühschicht, keine Warnung ausgesprochen zu haben, worunter sich aber nur die Nachtschicht etwas Genaueres vorstellen konnte, und Schwester Johnson war die Oberschwester der Frühschicht.

»Schließlich«, sagte ein kleines Arschloch zu ihr, »sind wir von einem Ihrer Unruhestifter auf den Arm genommen worden.« Der Schnulli hatte schlechte Zähne, manikürte Fingernägel und roch seinem Aussehen entsprechend – nämlich *blumig*.

Schwester Johnson antwortete nicht. Schwester Johnson schaute ihre Patienten an.

»Na, die wären wir los«, rief ein anderer. »Hat mir nichts als Ärger eingebracht. Warum nur krieg ich immer die Problemfälle?« Dieser Typ sah aus wie einer, der seine Zeit damit verbringt, die Haare in anderer Leute Nasen zu stutzen.

Schwester Johnson stellte keine Fragen. Sie stand aufrecht, verzog keine Miene. Nur wer sie gut kannte, konnte ihre Verwirrung erkennen.

Keiner außer uns Alten konnte verstehen, warum die Jungs

hinausgegangen waren. Und wir waren, bei Gott, nicht bereit, die Dinge aufzuklären. Das Jenseits war mit uns, und jeder Mutter Sohn und jeder Mutter Tochter auf dieser Station war dem Tod mehr zugetan als dem Theater des Lebens, das um uns herum ächzte und quakte.

Den ganzen Morgen lang erschienen Geister von Männern und Frauen mit steinernen Mienen, und es gab keine Mätzchen. Burnside hatte verloren. Es war gut möglich, dass unsere letzte Chance vertan worden war. Eine Art Überdruss, eine Art Verhängnis war ins Geisterland eingezogen. Das Jenseits hatte noch Gefühle, weil es genau das tat, was auch wir taten – das heißt: Wir verbargen sie. Einige Frauen weinten, eine Japanerin schien keine anderen Gefühle mehr zu kennen außer ewigem Kummer. Wenn sie Yukiko hieß, weinte sie vielleicht um Burnside, wahrscheinlicher aber war, dass sie um den jungen weinte. Ich wollte es gar nicht wissen. Und als alle ein schlechtes Gewissen hatten oder wütend waren, weil man uns hintergangen hatte, übertraf ich alle. Ich hatte Burnside nichts über Harvey erzählt. Damals, als ich nicht wollte, dass er sich noch mehr fürchtete. Burnside war in die Mausefalle gelaufen, einen Hinterhalt, hatte sich gegen einen Feind gestellt, der schwärzer und gefährlicher war, als selbst er sich vorgestellt hatte. Ich hatte ihn reingelegt. Ich hätte es ihm sagen müssen. Hätte.

Andererseits war er ausgeschert. Ich hatte geglaubt, dass wir einen weiteren Tag nutzen würden, um zu planen – aber dann war Burnside wie ein Kamikaze, wie ein einsamer Krieger losmarschiert. Ich hätte sie vielleicht aufgehalten. Entweder das, oder Burnside hatte nicht gewollt, dass ich in die Dinge verwickelt wurde.

Ich glaube, das Ersteres zutrifft, weil er genau wusste, was er tat. Wenn er noch mehr Leute gefunden hätte, um es zurückzuhalten, hätte er gewartet.

Während der Zauberstunde machte ich eine Bestandsaufnahme unserer Truppe. Drei Rollstühle, deren Besitzer absolut sauber waren, zwei Armeehelferinnen – zähe kleine Prinzessinnen, eine Schreckschraube – drei sabbernde geistige Nullen, zwei Bettlägerige, ein Drückeberger, zwei Mobile, die sich aber von einer Operation erholen mussten, ein einarmiger Bootsmann mit einer künstlichen Hand, ein blinder Quartiermeister ... Der Bootsmann sah ziemlich gut aus, der Blinde nicht allzu schlecht. Ich beförderte mich zur Terrasse, um nachzudenken.

Das Gelände war unverändert. Die kaputte Brücke stand noch. Der zerbrochene Musikpavillon im Park war geblieben. Ich fragte mich, ob Burnside sich ein bestimmtes Angriffsziel vorgenommen hatte oder dem Feind nur hinterhergejagt war, bis er fiel. Die ganze Sache war von einem Geheimnis umgeben, aber auch von der Gewissheit absoluter Zerstörung, wenn wir gescheitert waren. Es konnte zwar auch eine totale Zerstörung geben, wenn wir erfolgreich waren, aber das Problem betraf nur andere. Wir konnten nur die Maßstäbe festsetzen, unser Testament anhand unserer Taten machen und hoffen, dass jemand es richtig lesen und gegen die eindringende Nacht die Arme heben würde.

Finster blickte die Dunkelheit hinter der Stadt hervor, erreichte das normale Licht des späten Nachmittags und streckte sich bis zu dem kleinen Park, drang aber nicht hinein. Der Pavillon stand leer im konfusen Sonnenlicht. Ein paar Kampfspuren mussten zurückgeblieben sein, etwas, das den Vormarsch aufgehalten hatte. Der Geist eines Geistes war vielleicht doch mehr als nur Erinnerung. Er konnte ein Stück Geschichte sein, das sich dem Neugeschriebenwerden widersetzt hatte.

Möglich, dass von jenen Männern irgendetwas geblieben war. Möglich, dass sogar von Harvey etwas geblieben war. Vielleicht hatte Burnside nicht völlig versagt. Eins war sicher: die Zeit, die mir blieb, war viel zu knapp, um sie zu vertun.

Nach jedem Kampf folgt eine Zeit des Stillstandes, eine Pause, nachdem die Leichen aneinandergereiht, begraben oder verladen worden sind. Zwischen zwei Kampfhandlungen ist ein Vakuum. Der Feind befindet sich noch auf dem Vormarsch, die Bevölkerung kann nicht entkommen. Es ist eine Frist, es ist aber keine gute Zeit, weit vorauszuplanen oder geboren zu werden.

Ich konnte vielleicht den Park erreichen und um den kleinen ordentlichen Platz herum Stellung beziehen. Die eigentliche Niederlage hatten schon Burnside und seine Leute eingesteckt. Das ganze Geschäft war eines der Symbole, ohne die wir nicht existieren können. Symbole, voll des Bösen. Die Welt brauchte das Symbol der Ordnung – einen kleinen viktorianischen Park. Möglich, dass die Welt so oder so der endgültigen Dunkelheit nicht entkommen konnte, aber wir konnten ihr wenigstens eine Chance geben.

Wir besitzen die Macht der Erinnerung, und die Erinnerung an die Ordnung … Eine Tür wurde leise hinter mir geöffnet. Schwester Johnson, natürlich. Ein braves Kind in einer schlechten Welt. Ihre Schritte waren auf dem Terrassenboden kaum zu hören: Sie verharrte in Schweigen, stand neben mir und überblickte das Gelände. Die Welt war ruhig. Ich hörte ihren Atem, hörte sogar ihren Puls. »Er war in einem Rollstuhl«, flüsterte sie.

»Er fuhr den Hügel rauf und runter. Jedes Mal, wenn er den Wald erreichte, ließ er sich aus dem Stuhl fallen und abrollen. Da, wo er nicht rollen konnte, robbte er wie ein Infanterist. Dazu braucht man keine Beine, dazu braucht man Schultern.«

Die Stille kehrte zurück. Sie klagte mich nicht an. Sie ist nicht so wie die meisten anderen. Sie sieht in ihren Patienten oder Nachbarn keine Problemfälle. Sie ist so altmodisch, ihren Mitmenschen einen Freiraum zu gewähren, ohne eine Unmenge Erklärungen dafür zu verlangen.

»Sie hatten bestimmt ihre Gründe.«

»Wenn ich es erklären würde, würde es nichts nützen«, sagte ich. »Man muss es selbst herausfinden.«

»Er fehlt mir sehr. Sie fehlen mir alle, aber er war so unverbesserlich. Ob du mir auch so fehlen wirst?«

In der Station erklang schwach und unmelodisch ein Lied, wie der primitive Gesang eines Hinterwäldlers ... »Ich will dich wiedersehen ...« Sicher, Kumpel, natürlich, richtig so, aber klar.

Schwester Johnsons Miene wirkte alarmiert, wie die einer frischgebackenen Mutter, deren Baby quäkt.

»Du bist viel zu gut für diesen Ort«, sagte ich zu ihr. »Du solltest dich nicht um einen Haufen verschlissener Kadaver sorgen müssen ...« Sie hob die Hand, um mich zum Schweigen zu bringen. Der Typ hatte aufgehört zu singen.

»Ich will keinen von euch mehr verlieren.« Ihre Stimme blieb kaum hörbar. Die Gedenktafeln auf dem Friedhof schimmerten unter den Sonnenstrahlen. Eine Flagge, derer man sich an anderen Tagen nicht zu schämen brauchte, hing schlaff herunter.

»Ich mache keine Versprechungen, weil ich es nicht kann«, sagte ich. »Vielleicht war dies die Schlussszene eines Drehbuches, das vor einem halben Jahrhundert geschrieben wurde.« Eher noch, Schwester Johnson, es könnte aus dem 1. Weltkrieg stammen. Ich dachte an all die mutigen Leute, die ich über die Jahre gekannt hatte. »Ich weiß nicht, warum manche Menschen Krankenschwestern werden wollen«, sagte ich. »Ich bin nur froh, dass du eine bist.«

»Welchen Grund könnte jemand haben, Soldat zu werden?« Ihre Stimme klang heiser. Sie unterdrückte ihre Tränen.

Sie wusste nichts über die Thermopylen. Sie wusste herzlich wenig über die Schlacht um England. »Es gibt verdammt wenig Menschen, die Soldat werden wollen«, sagte ich. »Es ergibt sich einfach.« Ich spürte, dass wir nicht allein waren. Aus den Augenwinkeln bemerkte ich einen weißen Schimmer. Ich brauchte mich nicht mal umzudrehen, um zu erkennen, dass meine koreanischen Patriarchen anwesend waren, alle fünf; drei mit Stöcken, zwei mit albernen Eichhörnchenbüchsen.

»Ich muss wieder an die Arbeit«, sagte sie, und es war klar, dass sie meine Koreaner nicht sah. »Sie drehen bestimmt bald wieder ein neues Ding.« Es ging eine solch tiefe Traurigkeit von ihr aus, wie ich sie noch nie gesehen hatte, nicht mal bei ihr. »Dieser Ort lässt einen unablässig darüber nachdenken, was gut und was schlecht ist. Ich kann hier nicht meine ganze Zeit zubringen.«

»Burnside war verrückt nach dir«, sagte ich, und so war es auch gewesen. Dann log ich, aber ich fand, dass es zur Situation passte. »Du bist die einzige Frau, die Burnside je zum Erröten gebracht hat.«

»Ich bin mir nicht zu gut für einen kleinen Flirt.« Sie versuchte ein Lächeln. »Es hilft den Jungs, am Leben zu bleiben. Und: es kostet keinen roten Heller.« Dann weinte sie ein bisschen.

Ich wollte ihre Hand berühren, ihr sagen, dass es in Ordnung war, ihr sagen, wie viel ihre Entschlossenheit bedeutete. Ich wollte ihr eine ganze Menge mehr sagen, aber es gibt selbstverständlich Dinge, die man nicht tun sollte, auch wenn man es kann.

3.

Die Stunden vergingen. Ich humpelte hierhin und dorthin, organisierte den Einsatz – alte Leute daheim –, das Abendessen kam und ging. Ich sprach mit Quartiermeister Wilson, einem guten und verblüffend gescheiten Mann. Von einem, der wie er fünfzig Jahre lang blind war, erwartet niemand geistige Höchstleistungen. Wilson weiß, dass er herzlich wenig zu verlieren hat und dass es ihm vielleicht guttut, nützlich zu sein. Der Fernseher plapperte um uns herum, die Abendnachrichten hatten Burnside auf ihrer Jagd nach neuen Sensationen vergessen: Unzucht zwischen Politikern und Treuhandbeamtinnen. Ich sprach mit Bootsmann Tilton, der uns anführen will, weil man für diesen Job nur Beine und keine Hände braucht. Wir werden den Feind mit unseren Erinnerungen zurückdrängen, mit der Macht der Geschichte, mit Bildern von Vernunft und Ordnung.

Unterdessen bleibt die Station äußerlich ruhig. Die beiden Armeehelferinnen halten Hof; der beschissene Umgangston wird merklich besser …

Ein paar wirklich niedliche Geschichtenerzählerinnen; wer hätte es je von ihnen gedacht? Die Mädchen hatten mit den Rollstuhlfahrern ein Abkommen getroffen, und sie haben das Pflegepersonal aus ihrer kollektiven Schublade geschwatzt. Sie sind faszinierende Rednerinnen, und unsere Jungs scharen sich um sie. Das Personal beruhigt sich, entspannt sich, hält die Dinge für normal, wird unachtsam. Merkwürdigerweise scheinen unsere Leute frei zu sein, manche zum ersten Mal im Leben, selbst die Senilen sind mehr oder weniger präsent. Licht flackert an den Wänden, rot und schwarz, wie brennende Städte. Die Station aber ist mit Pläneschmieden beschäftigt, während das Leid Nielsens Abend heimzusuchen trachtet. Unsere Truppe nutzt die letzten Reserven – ihre Hilflosigkeit –, um die Tarnung nicht aufs Spiel zu setzen.

Und das Geisterland umringt uns. Bleibt lautlos. Das Geisterland greift nach uns mit dem Versprechen von Hilfe und Unterstützung, oder vielleicht nur aus Dankbarkeit dafür, dass man sich seiner wieder erinnert. Wir haben Japaner und einige Deutsche. Wir haben Afrikaner von den Gummiplantagen der Krauts und Angehörige der einheimischen Küstenwache von den Inseln. Wir haben Maultiertreiber von den Straßen von Burma und Widerstandskämpfer – Franzosen, Griechen und Spaghettifresser, Holländer, Norweger, Belgier, russische und polnische Kavallerie.

Keiner hat eine Flagge mitgebracht. Wir haben Lappen und Türken, Briten und walzertanzende Österreicher. Musik erklingt aus weiter Ferne, schwächer als ein Echo. Wir hören nur wenige Märsche, aber sehr viele Balladen.

Und bald wird es Zeit sein zu gehen. Wenn jemand dieses Tonband hört, könnte es bedeuten, dass noch etwas Zeit bleibt. Es könnte bedeuten, dass einer von uns durchgekommen ist.

Ich betrete die Terrasse, schaue in die Nacht hinaus und denke nach.

Lichtstreifen wirbeln auf dem Gelände. Gesichter der Hölle erscheinen, das zwanzigste Jahrhundert ist hier so konzentriert, dass es die braven Mitarbeiter von *Reader's Digest* neidisch machen würde …. Dieses blutrünstige Jahrhundert.

Wie auf einer Kinoleinwand bewegt sich der erste Panzerwagen der Welt wie ein gekipptes und mit einer Plane bedecktes Dreieck, walzt Schützengräben und Stacheldrähte nieder.

Das erste Maschinengewehr spricht, der erste Flugzeugmotor läuft und surrt, zischt und knallt. Im Hintergrund quasselt das erste Radio über die Sexskandale von 1920 und bemüht sich, Kaugummi und Schlangenöl an den Mann zu bringen. Das Aufflackern von Napalm aus späteren Kriegen. Und das Zeichen des Sieges hängt wie ein Gütesiegel über in die Luft gesprengten Brücken, zerstörten Kathedralen, glühenden Feuerringen, wo einst strohgedeckte Hütten standen.

Und die Botschaft lautet: Selbst wenn es eben jetzt eingestellt worden ist, wird alles noch einmal von vorn anfangen – der alte Hass, die zügellose Selbstsucht, die erhobene Faust, die proklamiert, dass der eine oder der andere Gott das Recht erteilt hat, in die Schlacht zu ziehen, statt zu denken. Die Botschaft besagt: Die Welt vergisst zu jeder Zeit, dass das Böse besteht, das es wiederaufersteht, das Wort »Ehre« zunichte sein und in Flammen aufgehen wird.

Doch einst lebten Männer, die wussten, dass es Dinge gab, für die es sich zu sterben lohnte. Einst lebten Frauen, die für sich selbst und für andere kämpften, so viel sie nur konnten. Auf einer Geriatrischen bedeutet ein Körper sowieso keinen Vorteil, und so steht es mit uns: Wir können die Zukunft nicht mitgestalten, aber wir können Verantwortung zeigen.

Wir wandern nicht gerade singend umher, aber wir machen uns auf den Weg, ein Haufen alter Männer, geschwächt von Operationen, ein Blinder mit kräftigen Beinen, einer mit Augen, der lenken kann, während er sich auf den Blinden stützt, ein anderer mit einem Greifhaken statt einer Hand. Alte Männer, geführt oder verfolgt von Gespenstern ehemaliger Verbündeter oder von Feinden, die hügelabwärts in die Leere ausschwärmen. Es braucht nur einer von uns über den Steg zu gelangen, um einen Brückenkopf zu bilden, und wir marschieren mit einer kleinen Hoffnung auf Rettung – nicht Burnsides oder Harveys oder unseres Ichs. Keiner hier wiegt mehr als ein Engel. Wir hoffen, dass die Brücke hält. Und die Kameraden und Mädchen, die wir hinter uns lassen, werden uns Deckung geben. Die beiden Armeehelferinnen planen vor dem Morgengrauen einen Krawall. Die Jungs im Rollstuhl werden einen Anfall vortäuschen. Das Pflegepersonal wird überlastet und viel zu sehr beschäftigt sein. Wir werden uns davonstehlen, leise wie das Jenseits, leise wie die Erinnerung.

Des Dunkels wegen

(By Reason of Darkness/1988)

Erstmalig erschienen in »Horror vom Feinsten«, Heyne 1993,
übersetzt von Walter Ahlers

Lehre du uns, was wir ihm sagen sollen.
Wir können wegen des Dunkels nichts vorbringen.

Hiob, 37,19

Längst sind sie zerfallen, die toten Körper, nicht zu Staub, aber eins geworden sind sie mit dem fruchtbaren, gut durchwässerten Boden der Täler. Die offene Sonne scheint in die Wälder, sie streckt ihre Fühler in die dunkelsten Ecken, wo das Moos von einem grauen, helleren Grün ist. Man sollte annehmen, dass selbst die Skelette zu Erde geworden sind, aber manchmal wird das eine oder andere weißgescheuerte Stück Knochen von den Hügeln heruntergewaschen und leuchtet spektralfarben, juwelengleich durch das grüne Blattwerk. Die Dörfer werden wieder aufgebaut, die Reisfelder neu bestellt. Sollten Geister über dieses nasse Land gehen, so wie sie es zu allen Zeiten getan haben, dann werden sie sich an uns erinnern, die wir so viel Tod gebracht haben. Die Lebenden aber versuchen zu vergessen.

* * *

Wir waren mit Landungsbooten, Flugzeugen und Hubschraubern gekommen, die heißen Schreie des Krieges ausstoßend; verschwunden sind wir wieder, als seien wir von einem eiskalten

Atem hinweggefegt worden, von den Seufzern, dem Raunen der versammelten Toten.

Du fragst, von welchem Krieg ich spreche? Das ist nicht wichtig. Sie sind doch alle gleich. Nur die Schlachtfelder wechseln. Alle paar Jahre werden die Waffen erneuert, aber wer erneuert unsere Illusionen?

Als ich den Anruf von Björn North erhielt, war ich erstaunt festzustellen, dass ich überhaupt noch Illusionen hatte. North lebte in einer kleinen Stadt an der Straße von Juan de Fuca im Staate Washington. Manchmal ging er fischen, meistens ging er sich betrinken, und wenn es mit dem Fischfang gar nicht lief, schmuggelte er Drogen in kleinen Mengen. »Ich habe Blackbird auch angerufen«, sagte er. »Ich brauche euch beide hier.«

»Blackbird ist verrückt«, antwortete ich. »Er hat nicht nur einen kleinen Tick, wie wir beide. Blackbird ist wirklich geisteskrank.«

Es gab einen Grund für Blackbirds Geisteskrankheit, und wir kannten ihn beide. »Das ist doch mehr als ein Veteranentreffen«, sagte ich ins Telefon. »Was hast du vor?«

»Ich verlange endlich Gerechtigkeit«, antwortete North, »und niemand außer dir und Blackbird wird es verstehen.« Norths Stimme stockte, flüsterte, stolperte über die Silben hinweg wie bei einem Mann, der sich zögernd durch eine ihm fremde Sprache tasten muss. Ich stellte ihn mir vor, wie er gebückt in einer Telefonzelle stand, von der aus man den Hafen überblicken konnte, mit den Gruppen von Bootsmasten, die der Abendnebel wie ein Leichentuch umhüllte. Es ist ein feuchtes, graues Land, in dem er lebte. North war ebenso groß wie ich, nur war sein Kopf weniger kahl als meiner, und auch die Hakennase fehlte ihm. Die Nähte seiner Jeans würden über den gewaltigen Oberschenkeln bis zum Bersten gespannt sein. Ich sah den viel zu schmalen Oberkörper vor mir, der immer so wirkte, als sei er auf den massiven Sockel eines Berufsringers gesteckt worden, und darüber das ebenfalls schmale, skandinavische Gesicht, wie ein Neumond mit blondem Haar.

»Hast du getrunken?« Wenn er betrunken war, dann lachte er oft sein schreckliches Lachen, bei dem das Gesicht puterrot wurde, und der rote Mund sich grotesk verzog. Am meisten amüsierten ihn Obszönitäten.

»Noch nicht genug«, antwortete er. »Wenn du wissen willst, ob ich nüchtern bin, kann ich dir nur antworten, dass ich fürchte, bald betrunken zu sein.« Die Telefonverbindung unterlegte seiner Stimme ein schwaches, verzerrtes Hallen.

»Bleib nüchtern. Bleib für drei Tage trocken. So lange werde ich brauchen, bis ich bei dir bin.« Ich schwieg einen Moment lang. North war im Grunde kein Lügner, obwohl es wohl auf der ganzen Welt keinen ganz aufrichtigen Seemann geben dürfte.

»Wovor hast du Angst?«, fragte ich ihn. Seine Stimme war nur ein vorsichtiges Flüstern, wie von einem Mann, der ein Geheimnis aus einem tiefen Brunnen ans Licht zieht: »Ich habe Angst, dass es keinen sicheren Ort zum Sterben gibt.«

Krieg ist etwas ganz Normales. Wenn es nicht so wäre, gäbe es nicht so viele. Ein Problem beim Krieg ist die Tatsache, dass die Männer, die ihre Körper in den Kampf werfen, stumm bleiben. Und sollten sie ihre Sprache doch einmal finden, dann hört ihnen niemand zu. Es kann sich niemand leisten, zuzuhören.

Wenn der Krieg vorbei ist, ziehen die Männer, die ihn überlebt haben, Zivilkleidung an und tauchen in der Menge unter. Manchmal findet sich einer unter ihnen, der sich mit einem Gewehr ins Gebüsch setzt und auf vorbeifahrende Autos schießt, der seine Freundin aus einem Fenster im siebten Stock stößt oder sich irgendwo verschanzt, um im Kugelhagel der Polizisten zu sterben. Zeitungen berichten dann über diese Ereignisse. Die Menschen schütteln ihre Köpfe und sagen *Mein Gott!* oder *Um Gottes willen!*

Sie sind erstaunt, aber das eigentlich Erstaunliche ist nicht, dass es ein paar Leute gibt, die so etwas tun, sondern dass es so viele Tausende gibt, die es nicht tun.

Ein Krieg produziert Leichen, aber er begräbt sie nicht. Zumindest begräbt er sie nicht tief genug. Ich hatte den Verdacht, dass Norths Leichen zurückgekehrt waren, um ihn zu grüßen. Wir alle ziehen eine lange Kette von Geistern hinter uns her, wie ein riesiger Drachen seinen Schweif. Wenn man sie respektvoll behandelt, dann flüstern sie einem nur gelegentlich etwas zu, dann bleibt dieser Schweif blass und unbestimmt. Wenn man sie aber falsch behandelt – und das hatte North vielleicht gerade herausgefunden – dann verwandelt sich der feine Nebelschleier ganz schnell wieder in den schwarzen Qualm des Napalm.

»Stirbst du?«, hatte ich ihn gefragt.

»Nicht jetzt gleich«, antwortete North. »Jedenfalls nicht, wenn ich es verhindern kann.«

»Ich werde dir nicht dabei helfen, dich selbst umzubringen. Auf so was bin ich nicht mehr eingestimmt, nicht einmal bei einem Freund.«

Er war erschrocken. Nicht deswegen, was ich zu ihm gesagt hatte, sondern weil ich einen schwachen Punkt berührt hatte, den er vor mir hatte verbergen wollen.

»Ich will leben«, sagte er. »Wenn ich jemanden brauche, der mich umbringt, werde ich Blackbird fragen.«

In diesem Moment merkte ich, dass ich noch Illusionen hatte. Ein Freund war in Not. Vielleicht konnte ich ihm helfen.

»Halte dich aufrecht«, sagte ich zu ihm. »Wenigstens achtundvierzig Stunden lang.«

Es war August, in meiner Anwaltspraxis in San Francisco gab es nicht besonders viel zu tun. Man konnte gut eine Woche lang ohne mich auskommen. Meine Sekretärin ist eine sehr zurückhaltende Person. Sie stellt nur absolut unvermeidliche Fragen. Bei

Miss Molly handelt es sich um eine fünfundvierzig Jahre alte Jungfer, und das in einer Zeit, in der es eigentlich keine alten Jungfern mehr geben sollte. Sie hatte auch nicht vorgehabt, eine zu werden. Jüdische Familien haben einen großen Zusammenhalt. Ich weiß das, weil ich selbst aus einer solchen stamme. Mollys Mutter starb sehr jung. Sie war die jüngste Tochter. Ihre Karriere war vorgezeichnet: zuerst Haushälterin, inzwischen Krankenschwester für ihren alten Vater.

»Blackbird«, sagte sie. »Hört sich nach billiger Fernsehserie an.«

»Genauso hört sich's an«, bestätigte ich. »Der mit allen Wassern gewaschene, jüdische Rechtsanwalt, der nordische Fischer und der King-Kong-Nigger. Aber trotzdem haben sie unrecht. Der Vogel ist klein, und er sieht tatsächlich aus wie ein Vogel.«

Albert Bird ist so schwarz, als käme er direkt aus dem afrikanischen Busch. Er könnte Miss Molly umbringen, während er ihr die Hand schüttelt. Sie wäre schon tot, bevor das Begrüßungslächeln auf ihrem Gesicht erloschen wäre. Aber er ist nicht etwa ein gut ausgebildeter Killer. Blackbird ist ein Naturtalent.

»Das hier ist wirklich«, sagte sie, als sie mir einen Aktenordner voller Arbeit in die Aktentasche steckte. »Nur für den Fall, dass die Dinge dort zu unwirklich werden sollten.«

Die Chancen, dass ich umgebracht werden würde, standen nicht besonders hoch. Aber unmöglich war es nicht. Als ich aus dem Krieg zurückkehrte, musste ich feststellen, dass Männer, die ihr Leben hassen oder die damit nicht mehr zurechtkommen, oft gegen den Drang anzukämpfen haben, diejenigen zu töten, die sie lieben und die ihnen nahestehen. Ich habe lange gebraucht, um das zu kapieren. Meine Frau ließ sich von mir scheiden, und ich glaube, sie tat das, weil sie die Kräfte fürchtete, die sie verborgen hinter meiner Zärtlichkeit spürte. In jedem Fall, Ehefrauen sind gefährdet. Und Sekretärinnen. Und wenn die Männer nicht verstehen, was sie vorantreibt, dann befinden sich Ehefrauen und Sekretärinnen in ganz furchtbarer Gefahr. Jemand wie Miss Molly ist fast so selten wie ein Dinosaurier. Es wäre ein Verbrechen, den letzten Dinosaurier aus einem Fenster im dreißigsten Stock zu stoßen.

Manchmal bringen Männer sich auch gegenseitig um, und auch das hat etwas mit Liebe zu tun. Aber davon später. »Ich glaube«, sagte sie, als sie meine Pistole in die Aktentasche steckte, »ich sollte Sie daran erinnern, den letzten Schuss für sich selber aufzubewahren.« Sie war eigentlich nicht sarkastisch. Sie hatte es auch nicht humorvoll gemeint, denn sie lächelte nicht einmal. Sie ist eine kleine Frau, hat dunkles Haar und lächelt nie. Vielleicht ist sie ein bisschen zynisch, aber nicht böse.

Ich mag sie wegen ihres rauen Gemüts. Miss Molly bittet nicht um Mitleid, aber sie hat auch keines übrig, jedenfalls nicht, bevor es sich nicht mindestens um den Tod eines nahen Verwandten handelt. Sie weiß genau, welchem Ungeheuer sie ihre beruflichen Fähigkeiten zuteilwerden lässt. Vielleicht hält sie mich für den letzten Dinosaurier.

* * *

Die Route aus San Francisco hinaus führte durch die Randgebiete von Chinatown. Gelbe, rote, purpurfarbene Fahnen. Touristen. Geschäfte, in denen billige Jadeimitationen, Bambus, Reispapier, Tee und Goldfische verkauft werden. Alles ist hier Fassade, oder auch nicht. Opium. Ausbeutung. Geld. Schmuggel wird mit nahezu allem betrieben, vorzugsweise allerdings mit illegalen chinesischen Einwanderern. Wir führen Krieg auf Krieg in Asien. Asien gewinnt immer. Es absorbiert uns, macht sich bei uns breit; wir verschwinden in seinem riesigen Rachen.

Billige Fernsehserie? Blackbirds Geisteskrankheit macht ihn unfähig zu lügen. Sie lässt ihn bei Pferden, Schweinen, Hunden, Rotfinken Rat suchen. Das sind lange Konversationen. Er hört ihre Stimmen. Die Geisteskrankheit ist der Grund für seine sexuelle Enthaltsamkeit. Er hat Angst vor Kindern, oder richtiger, er hat Angst, Kinder zu zeugen. Wenn ihm eine Tochter oder Enkeltochter auf den Schoß klettern und ihn fragen würde, was er im Krieg gemacht habe, dann würde Blackbird sagen: »Ich habe kleine Mädchen wie dich umgebracht, einfach so, weil sie mir über den Weg liefen.«

Aber für Molly ist das natürlich billige Fernsehserie. Sie kennt Bird nicht, obwohl sie ein paar von uns anderen kennt. Nur leiden wir anderen eben nicht unter der gleichen Krankheit wie Blackbird. Wir anderen wissen, wie man lügt.

Wenn meine Tochter mich fragen würde, was ich im Krieg getan habe, dann könnte die Antwort lauten: »Ich saß im Gefechtsturm eines Zerstörers, aß Pfannkuchen und feuerte Raketen ab.«

Ich würde ihr verschweigen, dass diese Raketen in bestimmte Planquadrate gefeuert wurden, dass die Planquadrate von einem Computer ausgewählt worden waren, nach der Wahrscheinlichkeit von Feindbewegungen in ihnen. Ich würde ihr verschweigen, dass es unmöglich für uns war, vorherzusehen, was sich in diesen Planquadraten befand – ein feindliches Lager, ein Marktplatz, ein Kloster oder eine Volksschule. Ich würde ihr nichts über jene Tage erzählen, die ich zusammen mit North und Blackbird im Dschungel verbrachte.

Die Fahrt von San Francisco nach Seattle dauert einen knappen Tag, wenn man den Freeway nimmt. Ich nahm die Küstenstraße, auf der es unendlich viel länger dauert; man braucht zwei volle Tage. Ich tat es aus Gründen des Selbstschutzes und der Vorbereitung. Der Geist arbeitet nicht immer so schnell und exakt, wie wir das gerne hätten. Ich fuhr einer Art dunklem Wahnsinn entgegen, vielleicht auch einem sterbenden Freund. Das Land, das ich mit meinem Auto ansteuerte, ist ein Land der Dunkelheit, des Nebels, ein Land der grauen Seen und der schwarzen Wälder, ein Land der chinesischen Geister, der indianischen Geister und der Angst der Weißen.

Viel Regen tränkt die finsteren Wälder, Moose und Flechten bedecken die mächtigen Stämme der Bäume. An dunkle Strände von Stein peitscht ein unablässiger Wind die Brandung, die Ströme der Gezeiten werfen sich gegen das Land wie ein riesiges Tier, eine Wildkatze oder vielleicht auch wie ein weniger geschmeidiges, archaischeres Tier, ein Ungeheuer, das nur einmal mit den Augen zwinkert, während ein ganzes Jahrhundert vergeht.

Die Hügel um San Francisco waren Ende August von der kalifornischen Sonne braungebrannt. Die Küste war dekoriert mit bunten Farben. Rot, blau, grün und gelb leuchteten die lackierten Verkehrsschilder, die Campinganhänger und Sportwagen. Hübsche Mädchen trugen sparsame, aber farbenfrohe Kleidung, an den Stränden trugen sie manchmal überhaupt keine Kleidung. Die Kinder erschienen mir wie kleine, helle Blitze, wie die leuchtenden Schweife der Papierdrachen, die der Küstenwind vor sich hertrieb. Sie kamen mir einen Moment lang wie Geister vor, und es liegt etwas besonders Schreckliches in der Vorstellung von Geistern, die an einem Strand entlangpromenieren und Hot-Dogs verspeisen. Möwen kreischten, schwebten, flatterten, immer auf der Suche nach Popcorn und Brotkrumen. Die Küste erschien mir wie ein Spektrum des Lebens, der Bewegung.

Strände sind so eine Sache, wenn man dort liegt und an nichts anderes als Sex, Baseball und Sonnenschein denkt. Ganz anders erscheinen sie einem, wenn man auf einem stählernen Deck steht und sich ihnen von der See her nähert.

Kurz vor Mendocino begannen die Farben sich von den

Stränden auf das Innere des Landes zurückzuziehen. Die Küstennebel rollten über die Stadt hinweg, über Flussmündungen und Landstraßen. Sie lagen wie kalte, graue Gedanken über allem, hüllten die großen Windmühlen von Mendocino ebenso ein wie die leuchtenden Motorhauben der Autos, um sich in den Ecken der Windschutzscheiben zu Wassertropfen zu destillieren. Sie legten sich über die Plastikspeisekarten auf den Tischen der Gartenrestaurants und trübten Straßenlaternen zu matt leuchtenden Scheiben im schummrigen Licht des späten Nachmittags.

Dieser Nebel kam mir vor wie ein maßgeschneiderter Anzug für einen Mann, der dem Tod entgegenreiste.

* * *

Blackbird trägt an beiden Handgelenken eine Uhr. Die eine ist eine Mickey-Mouse-Uhr, eine schwarze Maus auf dem Zifferblatt, die gelbe Handschuhe trägt, eine Maus, die gefangen ist in ihrem endlosen Winkzeichen, mit dem sie Sekunden zu Stunden, Tagen und Jahren addiert. Am anderen Handgelenk trägt Blackbird eine Uhr, die extra für den Krieg gebaut wurde. Sie ist absolut präzise und nahezu unzerstörbar. Er begann damit, Armbanduhren zu tragen, um die Narben an den Handgelenken zu verdecken, die er sich aufgeschnitten hatte, nachdem er den Sympathisanten-Corporal Kim getötet hatte. Heute trägt Blackbird die Armbanduhren aus anderen Gründen. North und Blackbird waren im weißen Licht des Morgenaufgangs an Land gegangen. Ein Schwachkopf von diensthabendem Offizier hatte sie dazu eingeteilt, Kartons mit Dosenpfirsichen, Kisten mit Phosphorgranaten, drei Kartons Eiscremepulver, vierzig Dosen konservierten Schinken, Dosen mit holländischem Käse, Folienpackungen mit Ketchup und Honig, sechzehn Flaschen Whisky, zwanzig

Kisten Bier, Kartons mit Verdauungsmitteln, fünfzig Pfund Äpfel, sechzehn Gallonen grauer Emailfarbe, vier Ries US-Navy-Briefpapier, einen riesengroßen Kochtopf, zwanzig Paar Winterstiefel, eine manuell betriebene Rechenmaschine, einen großen Globus auf einem handgeschnitzten Mahagonisockel, eine Kiste 10er Schrotpatronen, acht Dutzend sortierter Büstenhalter (kein Mensch fand jemals heraus, wie die in den Vorratsraum eines Zerstörers der US-Marine gekommen waren), unzählige Stangen von Mentholzigaretten, Kartons mit Aspirin, einen Vogelkäfig aus Bambus, zwanzig Gros Zimmermannsbleistifte und – und den Rest habe ich vergessen – an Land zu bringen. Blackbird ist noch im Besitz des Frachtbriefes. Er behauptet sogar, ihn eingerahmt über sein Bett gehängt zu haben.

Im Krieg weiß kein Mensch, warum der andere etwas tut. Die unbegreiflichsten und erstaunlichsten Dinge geschehen aus den unscheinbarsten Gründen. Vielleicht wollte der Diensthabende nur einem befreundeten Offizier in der Army behilflich sein. Vielleicht musste er eine Spielschuld begleichen. Oder der für den Nachschub zuständige Offizier wollte Ware loswerden, für die er keine Rechenschaft ablegen konnte oder wollte. Auf jeden Fall war die Fracht für einen Befehlsstand bestimmt, der sich etwa zwanzig Meilen im Landesinneren befand.

North und Blackbird organisierten einen Lastwagen, luden das ganze Zeug auf, nachdem sie den Whisky zu Handelszwecken zur Seite geschafft hatten, und machten sich, Bier trinkend, auf den Weg in das Landesinnere. Es war ihre erste Begegnung mit dem Dschungel. Zu Anfang schafften sie zwanzig Meilen pro Stunde. Die Schlammwege, die eine Straße darstellen sollten, führten unter tropfendem, süßlich vor sich hin rottendem Blattwerk hindurch. Die Sonne versteckte sich hinter riesengroßen Bäumen. Nach und nach wurde die Straße immer schmaler. Sie vermuteten bereits, den falschen Weg erwischt zu haben, auf einer

Straße zu sein, die ins Nichts führte. Nur ein schmales Band von Tageslicht wies durch die Baumwipfel hindurch den Weg. Nach zehn Meilen verschwand die Straße immer mehr. Sie hatten Angst, überhaupt nicht mehr weiterzukommen. Platz zum Wenden des Lasters gab es keinen. Im ersten Gang kämpften sie sich Zoll für Zoll vorwärts. Blackbird erinnerte sich später daran, dass er fürchtete, die Stille, den klaustrophobischen Zugriff des Urwalds nicht aushalten zu können.

Sie fielen den US-Marines in die Hände. Die ganze Angelegenheit mutete an wie ein Schwank, eine Burleske, eine Versammlung, die von Clowns einberufen war und dirigiert wurde. Die Marines waren ziemlich am Ende, aber merkwürdigerweise waren sie immer noch bei Verstand und höflich. Es waren keine Idioten. Das hatten sie allein schon durch die Tatsache bewiesen, dass sie noch am Leben waren. Der Krieg hatte sie gezeichnet. Ihre Gesichter waren abgezehrt, verbrannt von der Sonne, schwarz von Ruß und Schweiß. Blackbird hatte zunächst einmal Probleme, Schwarze und Weiße auseinanderzuhalten. Ihre Gesichter schienen nur noch den Zweck zu haben, den Nährboden für wuchernden Bartwuchs zu bilden. Alle hatten sie Bärte, die sie mit Messern notdürftig gestutzt hatten. Backen- und Schnauzbärte schienen ihrerseits nur als Umrahmung für die Zähne zu dienen. Die Männer zischten die Worte zwischen den Zähnen hervor, oder sie flüsterten.

North erinnerte sich später an ihre Ernsthaftigkeit und Klarheit. Sie ließen ihnen die Wahl, entweder die Waren abzugeben und nicht zu sterben, oder erst zu sterben und dann die Waren abzugeben. Er hatte irgendwie das Gefühl, überfallen zu werden. Schließlich hatte er geglaubt, wenigstens auf den gestohlenen Whisky ein Recht zu haben, und den nahm man ihm nun weg.

Man stellte sich die beiden vor: North, ein Bootsmann, und

Blackbird, der Lagerverwalter. Zwei Matrosen, die daran gewöhnt waren, das Verderben aus dem Himmel fallen zu sehen, in Form von Granaten, die auf dem Deck zerplatzten und die schlüpfrige Blutspur des Todes auf die Stahlplatten malte. Man stelle sie sich vor, wie sie zwischen halb verrückten Männern im nebeldurchdrungenen Dschungel standen, wo der Tod hinter dichtem Blattwerk lauerte, wo das Blut nur noch ein stummer, dunkler Kommentar auf dem feuchten Mutterboden war. Die Marines waren einmal eine vollständige Kompanie gewesen. Jetzt erreichten sie nur noch die Stärke eines Zugs, auch wenn sich ihnen einheimische Sympathisanten angeschlossen hatten. Einer von den Sympathisanten war fast noch ein Junge. Sein nahezu unaussprechlicher Name war zunächst zu Sidney, später zu Sidrey umgewandelt worden. Sidrey war ein kleiner Bursche. Wenn er neben Blackbird stand, dann erschien Blackbird fast so groß wie ein ausgewachsener Mann.

Die Marines entluden den Lastwagen. Was sie nicht gebrauchen konnten, stapelten sie auf einer Seite auf. North befürchtete, dass man ihm und Blackbird den Ketchup, die graue Farbe und die Winterstiefel lassen würde. Bis zum letzten Moment hätte weder North noch Blackbird im Traume daran gedacht, dass ihnen noch dreihundert Meilen Fußmarsch durch den tiefsten Dschungel bevorstehen würden, beladen mit Pfirsichdosen und den Gewehren toter Männer.

Blackbird erinnerte sich später in allen Einzelheiten an den feindlichen Angriff. Als hätte er ihn in Zeitlupe gesehen. Er erinnerte sich genau an das Gesicht des Jungen. Er hatte gerade auf den Mund des Jungen gesehen. Blackbird hatte Probleme, das schlechte Englisch des Sympathisanten zu verstehen. Während er die Lippenbewegungen des Jungen beobachtete, hatte er den Worten gelauscht, und nur ganz vage und aus den Augenwinkeln heraus hatte er das Anwachsen des Dosenhaufens am Rande des schmalen Weges wahrgenommen.

Und dann war das Gesicht des Jungen plötzlich verschwunden. Ein Geschoß war ihm von hinten in den Kopf gedrungen und explodiert. Blackbird merkte auf einmal, dass er aufmerksam auf Worte aus einem gesichtslosen Schädel wartete. Er konnte die Innenseite der Schädelknochen deutlich sehen. Vage wurde er sich der Tatsache bewusst, dass sein eigenes Gesicht mit weicher Hirnmasse und Flüssigkeit bedeckt war. Bis heute schwört er, dass er mindestens zwei Minuten dort gestanden und darauf gewartet habe, dass Worte aus dem offenen Schädel einer stehenden Leiche kämen. Natürlich kann es nicht so gewesen sein. Es war eine Angelegenheit von einer Sekunde, wahrscheinlich weniger. Der Sympathisanten-Corporal Kim stürzte sich nach vorne und stieß Blackbird zu Boden. Zusammen rollten sie in die Deckung einer Festung aus Pfirsichdosen. Bis zu diesem Moment hatte Blackbird noch kein ungewöhnliches Geräusch gehört. Jetzt, als er auf dem Boden lag, hörte er Gewehrfeuer. Eine feindliche Patrouille hatte im Hinterhalt gelegen.

Die Geschichte der Kriege ist voll von Tausenden nutzloser, verzweifelter Gefechte, die wegen der unbedeutendsten, lächerlichsten Dinge ausgefochten wurden. Dieses Gefecht im Dschungel war nicht weniger erbittert als jedes andere seiner Art gewesen, und es hatte zwischen Männern stattgefunden, die verrückt waren vor Gier nach Schinken, Käse und Pfirsichen.

Als die Schießerei vorüber war, war keiner der Lebensmittelkartons getroffen worden. Blackbird schwört noch heute, dass er hinter dem Stapel Pfirsichdosen sicherer war als in Abrahams Schoß.

Wie mochte es zu diesem Angriff gekommen sein? Diese Frage quälte North und Blackbird. Warum war ein kleiner Stoßtrupp von Männern, die obendrein noch das Überraschungsmoment auf ihrer Seite gehabt hatten, das wahnwitzige Risiko eingegangen? Warum hatte dieses kleine Häuflein einen Zug angegriffen, der aus alten Hasen im blutigen Geschäft des Tötens bestand? Die Angreifer waren nicht am Verhungern gewesen. North erinnerte sich später an das Bild einer gelblichweißen Fettschicht am Rande einer klaffenden Wunde, die eine Splittergranate gerissen hatte. Der Magen des feindlichen Soldaten hatte pulsiert, verdaut, während der Mann starb.

Die Marines waren nicht am Verhungern gewesen, die feindlichen Angreifer auch nicht. Trotzdem – und darüber mochte North später nicht einmal reden – musste ein enormer, unaussprechlicher Hunger nach irgendetwas dieses Feuergefecht ausgelöst haben.

Die Marines kannten keinen Korpsgeist. Solcher Unsinn mag gerade noch für die Kasinos und die Exerzierplätze taugen, im Dschungel hilft er einem nicht weiter. Stattdessen gab es unter ihnen so etwas wie eine raue Ehrlichkeit. Für sie waren North und Blackbird nichts anderes als Frachtaufseher, unerfahrene Männer, die sowieso keine Chance haben würden, zu überleben. Bis zu dem Zeitpunkt, an dem es sie erwischen würde, konnten sie aber immerhin noch als Packesel nützlich sein. Man kann nicht direkt sagen, dass die Marines Blackbird und North in ihre Dienste zwangen. Sie wiesen die beiden einfach darauf hin, dass der Kühler ihres Lastwagens einen Treffer abbekommen hatte, dann ermutigten sie North und Blackbird, sich die Sache durch den Kopf gehen zu lassen. Die beiden Männer taten das, während die Marines dem kleinen Sidrey ein flaches Grab aushoben. Bird und North hatten die Wahl. Sie konnten zehn Meilen die Straße entlang marschieren; dabei hätten sie jederzeit damit rechnen müssen, einer feindlichen Patrouille in die Arme zu laufen, oder sie konnten sich einem Zug von Killern als Lastesel anschließen.

North erinnerte sich später daran, wie wütend ihn diese Alternative machte. Schließlich hatten sie geglaubt, sich in einer gesicherten Zone zu befinden. Sie waren sich dessen so sicher gewesen, dass sie sogar ihre Helme in der Barkasse zurückgelassen hatten, als sie an Land gegangen waren. Sie waren nahezu unbewaffnet. North trug lediglich eine antiquierte 45er Automatik bei sich.

Blackbird, der auf den Straßen Philadelphias großgeworden war, verschwendete keine Zeit mit nutzlosem Ärger. Er suchte zwischen den Leichen der feindlichen Angreifer nach Helmen und Gewehren. Und dann inszenierte er eine der finsteren, aber irgendwie eindrucksvollen Gesten, die typisch für ihn werden sollten. Blackbird stellte den riesigen Globus mitten auf den Weg. Er stand dort auf seinem wunderschön geschnitzten Mahagoniständer. Das schmale Band von Sonnenlicht, das durch die Bäume fiel, betonte das Relief der Weltkugel. Sonnenlicht und Schatten. Farbige Kontinente, grüne, rote, orangefarbene Länder, blaue Ozeane.

Blackbird setzte dem Globus seine weiße Mütze auf. North behielt den letzten Blick auf den Weg genau im Gedächtnis, als der Zug langsam im Dschungel verschwand. Ein frisches Grab lag unter tropfenden Zweigen, darüber wachte in stiller Anbetung eine riesige Weltkugel mit einer Matrosenmütze. Niemand von der Schiffsbesatzung bekam sie während der nächsten Monate zu sehen. Schließlich war ich es, der sie aufspürte. Aber da war es bereits zu spät. Ich kann den genauen Unterschied zwischen Erinnerung und Gedächtnis auch nicht erklären. Gedächtnis ist etwas, was man aktiv bemühen muss, während eine Erinnerung oftmals ungebeten kommt. An solch einer Erinnerung hat man etwas länger zu kauen, man muss sich anstrengen, wenn man verstehen will, warum sie einem ins Bewusstsein gedrungen ist. Das ist wie bei der Deutung eines Traums. An solcherlei Probleme dachte ich, als ich zu Björn North und seinen Dämonen unterwegs war, als die enge kalifornische Landstraße zu einer engen Landstraße des Staates Oregon wurde.

Ich verbrachte die Nacht in einem düsteren Strandhotel an der Küste Oregons. Es war einer dieser Plätze, wo die Wände nach einem neuen Anstrich schreien, während man die Toilettensitze mit blauem, antiseptischem Licht überflutet, um die Illusion zu vermitteln, auf diese Weise würden alle bösen Krankheiten hinweggespült.

Im Krieg nehmen die Männer, die ständig im Einsatz sind, Verhaltensweisen an, die alte Gewohnheiten aus dem zivilisierten Leben lächerlich erscheinen lassen. Ein Mann, dem tagtäglich Gewehrkugeln um die Ohren fliegen, wird sich wenig darum scheren, dass er im Bordell eigentlich ein Präservativ benützen sollte. Später kehren die Männer dann zurück in eine hygienische Welt, wo es nicht mehr nur um Tabak, Alkohol und Drogen geht, sondern auch um gutes Benehmen und Antiseptika. Während eines Gefechts gibt es keine guten Manieren, allenfalls begegnet man etwas Mitleid. Es ist sehr schwer für die Männer, den Wechsel vom Geschützfeuer zu hygienischen Toiletten zu verkraften.

Im Dschungel ist man immer eingekesselt. Genau wie der Feind. Es gibt keine klaren Abgrenzungen. Der Dschungelkrieg ist ein tödliches Versteckspiel, bei dem man den Feind selten genau vor dem Gewehrlauf hat. Meistens wird er von der Seite kommen oder gar von hinten. Tag für Tag, wochenlang hat man das Gefühl, eingekesselt zu sein. Ganz langsam werden sie verrückt, Schwarze wie Weiße, und nicht anders ergeht es den Asiaten.

Das Gefühl, eingekesselt zu sein, dauert an, wenn der Krieg vorbei ist. All die hygienischen Menschen, diejenigen, die mit dem Krieg angefangen haben, die bestehen jetzt darauf, dass du ihre Illusionen teilst. Arbeite hart. Sieh zu, dass du vorwärts kommst.

Hier darfst du niemanden töten, und du musst einen Weg finden, Kinder ansehen zu können, ohne gleich an verbranntes Fleisch und leere Augenhöhlen zu denken.

Die antiseptischen Menschen verlangen von dir, dass du nett zu dem Kellner bist, der dich für einen Dollar besoffen macht, sie verlangen, dass du freundlich über die Politiker denkst, die schon wieder dabei sind, den nächsten Krieg auszuhecken, um auch noch deinen Sohn verheizen zu können.

Weil, so pflegen sie zu sagen, wir alle in einem Boot sitzen, mein Freund. Deshalb musst du freundliche Gedanken denken und uns lieben.

Ich versuche zurückzuschlagen, indem ich mich der Gesetzbücher bediene. Es ergibt wenigstens ein bisschen Sinn, Rechtsanwalt zu sein, und es gibt nicht viele Dinge, die Sinn ergeben. Ich bin ein guter Rechtsanwalt, weil ich einmal Raketen abgefeuert habe und weil ich zwei Monate im Dschungel verbracht habe.

Die Marines dieses Zuges waren praktisch Gesetzlose. In militärischen Kategorien heißt das, sie operierten ohne Bindung an direkte Befehle. Ihr Kommandeur, der hinten bei seinem Regiment saß, wusste nie genau, was sie unternehmen würden. Sie zogen umher, mit gewetzten Messern, und waren scheußlich effektiv. Ihre Aufgabe war es, die Peripherie des riesigen Lagers der Army abzusichern. Im Klartext bedeutete das: Sie zogen durch den Busch und töteten. Sie waren wie Phantome, versteckt im Dschungel, Phantome, die sich blitzschnell in eine heiße, alles verzehrende Flamme verwandeln konnten, wenn sie auf Widerstand stießen. Sie überlebten, weil sie auf der Basis der Wahrscheinlichkeit töteten. Wenn ein Einheimischer beobachtete, wie sie eine Straße überquerten, wurde dieser Einheimische erschossen. Vielleicht hätte er gar nichts über ihren Aufenthaltsort verraten. Die Marines blieben am Leben, weil sie die Wahrscheinlichkeit eines Ereignisses immer zu ihren Gunsten interpretierten.

Sie waren statistische Killer, nur waren sie einfacher und unmittelbarer zu verstehen als Computer, die Raketen abfeuerten.

Schon sehr bald ließen sich North und Blackbird dieser Maschinerie der Zerstörung einverleiben. Die Marines mögen zunächst nur Packesel in ihnen gesehen haben, Blackbird und North sahen das anders. Sie kapierten, dass sie schnell lernen mussten, wenn sie überleben wollten. Blackbird lernte sofort.

Zu der Zeit, als ich auf diese Gruppe von Marines stieß, hatten Blackbird und North schon vieles zu sehen bekommen, so manches hatten sie selbst auf dem Kerbholz.

Der Anlass, der zu diesem Zusammentreffen führte, war nur ein weiterer Beweis für den Irrsinn des Ganzen. Unserem Zerstörer waren die Raketen ausgegangen. Unglaublich. Kein Mensch an Bord hatte sich um meine Bestandslisten gekümmert. Das Schiff hatte zwei Sätze von Schnellfeuergeschützen an Bord genommen, die gerade weit genug schossen, um eine Hügelspitze in einer Reichweite von vier Meilen zu nehmen. Wir hatten ein paar infrarotgesteuerte Raketen an Bord, die jeder Jägerpilot, der alt genug war, um sich zu rasieren, mit ein paar Leuchtkugeln abgelenkt hätte. Außerdem hatten wir jede Menge Wasserbomben, nur besaß der Feind keine U-Boote. Mit anderen Worten, unser Schiff war praktisch wehrlos. Wir hatten Unmengen von Ahornsirup in der Speisekammer, der Käpt'n hortete den Whisky kannenweise in seiner Kajüte, aber es gab beim besten Willen keine Raketen mehr an Bord. Der Zerstörer drehte ab, um sich auf den Weg zu seinem Mutterschiff zu machen.

Aber bevor er abdrehte, setzte mich der Idiot von diensthabendem Offizier an Land.

»Sie haben das vermasselt«, sagte er zu mir. »Durch Ihre Schuld haben wir keine Raketen mehr an Bord. Keine Raketen, kein Geschützoffizier.« Der Mann hatte die Augen eines Yankees, seine Wangen sahen aus wie Pökelfleisch, das mit Schnaps und tropischer Sonne haltbar gemacht worden war. Ein großer Menschenführer. Und ein großer Navigator. Mit hängenden Schultern, Kugelbauch und fettem Arsch. Er war der einzige Schiffsoffizier in der Geschichte der Navy, dem es gelungen war, beim Ablegen einen Hafenkai zu rammen.

»Klagen Sie mich doch vorm Kriegsgericht an«, schlug ich ihm vor.

Er wusste genauso gut wie ich, dass es niemals zu einer Untersuchung kommen würde, wenn ich getötet würde. Dann würde sich kein Mensch mehr darum kümmern, dass sich ein Zerstörer aus der Kampflinie zurückziehen musste, weil er verteidigungsunfähig war.

»Bringen Sie die beiden Matrosen zurück«, befahl er mir, »dann wird der Kommandant glücklich sein.« Er war mit sich zufrieden. »Und wenn Sie nicht zurückkommen sollten, dann wird der Diensthabende sogar noch ein bisschen glücklicher sein.«

Ich ging an Land, und ich hatte Angst.

Es waren bereits Gerüchte an Bord gedrungen, Gerüchte über zwei Matrosen, die verrückter sein sollten als die schlimmsten Marines. Jeder der beiden war einmal in der großen Armeebasis aufgetaucht. Sie waren mit einem erbeuteten Lastwagen gekommen. Sie hatten Nachschub für den Zug der gesetzlosen Marines holen wollen.

Der weiße Matrose war nicht ganz richtig im Kopf gewesen. Er war ohne Begleitung gekommen, an seinem Hemd hatten verfault stinkende Skalps gebaumelt, die er dort festgenäht hatte. Erst hatte er sich mit Schnaps voll laufen lassen und ein ganzes Bordell kurz und klein geschlagen, nachdem er vorher mit jeder Frau im Haus ins Bett geklettert war. Das war natürlich nichts Ungewöhnliches. Das Ungewöhnliche war schon vor seinem Besäufnis passiert.

Der weiße Matrose hatte wie ein Irrer gewirkt. Sein Lachen

war grausam, mit seinen riesigen Zähnen und dem roten Gesicht hatte er ausgesehen wie die Karikatur eines Kobolds im bunten Treiben des Karnevals. Bevor er mit der Sauferei angefangen hatte, hatte er drei Stunden lang in andächtiger Stille neben einem buddhistischen Mönch gesessen. Dann war er aufgestanden, hatte sich vorgebeugt und dem gleichgültigen, keinerlei Schrecken verratenden Mönch mit seiner 45er mitten ins Gesicht geschossen. Er hatte die Stadt in aller Eile verlassen, war dabei rücksichtslos mit seinem Laster durch belebte Straßen gerast, ohne sich um Schreie, Zusammenstöße und Körper zu kümmern, die wie Lumpen in den Staub der Straße gerollt waren.

Der weiße Matrose hatte, und das gaben auch die Übermittler dieser Gerüchte ohne weiteres zu, keine Dinge getan, die es nicht auch vorher schon gegeben hätte, es war nur einfach so, dass die Männer, die ähnliches getan hatten, immer so etwas wie eine Entschuldigung, eine Erklärung für ihr Tun gehabt hatten, wie fadenscheinig sie auch gewesen sein mochte. Dieser Matrose aber – sein Name war North – war allen vorgekommen wie ein wildes, zähnefletschendes Tier über einem Kadaver. Er schien von der Angst getrieben, alles könnte knapp werden. Leichen, Frauen, Whisky könnten knapp werden, und das wäre nichts anderes gewesen als eine Verknappung der Illusionen von Omnipotenz, die in den Korridoren seines Bewusstseins verrückt spielten.

Aber es war der schwarze Matrose, der selbst die hartgesottensten unter den alten Kämpfern verstummen ließ. Der schwarze Matrose war später in der Basis erschienen. Er war mit demselben Lastwagen gekommen, aber er hatte einen Begleiter gehabt, den Sympathisanten-Corporal Kim. Die beiden Männer funktionierten gut. Sie verhielten sich ruhig beim Saufen, fielen im Bordell nicht auf und fuhren vorsichtig durch belebte Straßen.

Während der weiße Matrose mit Haarbüscheln auf dem Hemd angegeben hatte, trug der Schwarze einfach schwarze Federn im

Haar. Die Federn hatte er eingeflochten und vernäht, so dass sein Kopf zu einem einzigen, schwarzen Gekräusel geworden war. Er sah aus wie eine verblüffte Krähe. Der schwarze Matrose hinterließ als Visitenkarten scharfe Handgranaten mit ungekrümmten Abzugbolzen. Die Dinger waren völlig harmlos, solange kein Idiot an der Öse zog. Wenn er eine Bar verließ, lag eine Granate auf dem Tisch, verließ er das Nachschubdepot, fand der Sergeant hinterher eine Handgranate auf seinem Tresen liegen. Auch in den Betten der Frauen ließ er Granaten zurück. Der schwarze Matrose war amüsant, sogar höflich, und sowohl er als auch Corporal Kim schienen die Handgranaten nicht etwa als Trinkgeld für zufriedenstellende Dienste zu betrachten, sondern als eine Art Partyscherz. Es lag eine Art abstrakter Frohsinn über den beiden Männern; sie schienen im Krieg so etwas wie einen lustigen Tanz oder eine Strandparty zu sehen. Sie waren die besten Freunde.

Ich hatte das Pech, sie an dem Tag zu finden, an dem der Krieg gerade wieder so richtig entflammt war, an dem Tag, an dem der Feind eine große Gegenoffensive gestartet hatte. Ein Armeelastwagen setzte mich und meinen Proviant an einem Sammelplatz ab.

Über dem Dschungel fand ein Luftgefecht zwischen Hubschraubern statt; das peitschende Geräusch der Rotoren erinnerte an hämmernde Pulsschläge. Auf den Landstraßen und Wegen flüchtete eine verängstigte Bevölkerung vor den feindlichen Truppenbewegungen, während die Hubschrauber über ihren Köpfen den Dschungel mit Raketen und Gewehrfeuer bedeckten. Die Geräusche waren eine Gratiszugabe zu den Flammen, die sehr wirklich waren. Das Feuer breitete sich überall an den Straßen entlang aus, oder es wurde von der tropfnassen Stille des Dschungels absorbiert. Manchmal traf eine Rakete die Krone eines riesigen Baums. Wenn das passierte, dann leuchtete eine kleine Träne auf dem undurchdringlichen, grünen Schirm des Urwalds auf.

North rettete mir das Leben, und das nicht nur einmal. Ich fühlte mich verwirrt und verwundbar in dem explosiven Durcheinander der verfeindeten Streitkräfte um uns herum. North war nicht gerade hocherfreut, mich zu sehen. »Was zum Teufel tust du hier?«, fragte er mich. Ich war immerhin Offizier, aber wir waren vom selben Schiff. Diese Tatsache verlangte nach etwas Loyalität, die sich immer noch, wenn auch embryonisch zusammengerollt, unter Norths Vorstellungen von Rechtschaffenheit versteckte.

Und dann war da noch etwas anderes: North wusste, dass es früher oder später zu einer Kriegsgerichtsverhandlung gegen ihn kommen würde. Schließlich gab es keinen Zweifel, dass die Marines ihn nicht als Geisel behalten hatten. Vielleicht hat North mich auch deshalb beschützt, weil ich Anwalt war. Er rettete mir als seinem zukünftigen Rechtsbeistand das Leben.

Für die nächsten zwei Monate waren North und Blackbird immer in meiner Nähe zu finden. Wir sahen und taten die verschiedensten Dinge. So süß wie die Hölle und das Hallelujah, nannte Blackbird diese Dinge. North sagte gar nichts dazu. Er hatte mit seiner Angewohnheit aufgehört, Skalps zu sammeln.

Die beiden Monate verbrachten wir mit Rückzügen, Kreisbewegungen, Gegenangriffen, erneuten Rückzügen und noch mehr Kreisbewegungen. Irgendwo in einem Offizierskasino auf einem Flugzeugträger mögen vielleicht ein paar Admiräle und Generäle einen Gesamtüberblick über die Situation gehabt haben. Wahrscheinlich saßen sie zusammen, tranken, nannten sich bei den Vornamen – Pete, Tom, Bob – und unterhielten sich über Strategie und Weiber. Wir sprachen nur über Taktik, und wir nannten uns bei jedem Schimpfwort, das wir gerade zur Hand hatten.

Gegen Ende des zweiten Monats gab es eine schwache Hoffnung, den Dschungel bald verlassen zu können. Die militärische Situation stabilisierte sich, sie ähnelte jetzt wieder jener an dem Tag, an dem North und Blackbird die enge Straße in Angriff genommen hatten. Es gab keine klaren Angriffs- und Verteidigungslinien, wir und der Feind waren wieder dazu übergegangen, gegenseitig um uns herumzuschleichen. Das Gebiet wurde zur gesicherten Zone erklärt, das tödliche Versteckspiel fand seine Fortsetzung.

Damals gab es auch noch einen zweiten Anlass zur Hoffnung. Damals.

Wenn ich heute daran zurückdenke, und ich dachte auch daran zurück, als ich das letzte Teilstück der Küste des Staates Washington entlangfuhr, dann war dieser zweite Grund der Hoffnung eigentlich die Wurzel allen Schreckens, der in den dunklen Wäldern von Norths Geist schlummerte. Es war ein Schrecken, der auch in meinem eigenen Geist verschüttet lag, ein Schrecken, der dunkler ist als die Fichtenwälder des Staates Washington, dunkler als die sich überschlagenden schwarzen Fluten der Straße von Juan de Fuca.

Der zweite Grund zur Hoffnung war folgender: Unser Schiff war inzwischen mit dem Bauch voller Raketen auf seine Gefechtsposition zurückgekehrt. Die Raketen stürzten sich auf den Urwald und versetzten die Männer in Angst und Schrecken, aber ansonsten hatten sie eigentlich nur den Effekt, etwas Blattwerk zu versengen und den Gestank einer verfaulenden Vegetation in jenen scharfen Geruch hochexplosiver Sprengstoffe zu verwandeln. Einmal sahen wir sie auf ein Dorf fallen, sahen, wie der Schlamm mit dem Feuer aufspritzte, sich in Staub verwandelte und dann in Flammen. Zu der Zeit zog ich daraus lediglich den Schluss, dass der Computer noch funktionierte.

Und dann – mögen alle Götter des Universums, falls es welche gibt, uns beschützen –, dann fielen die Raketen eines Tages auf einen Friedhof.

Auf allen Friedhöfen des Landes gab es jede Menge frischer Gräber. Die einheimische Bevölkerung übte weiterhin die althergebrachten Zeremonien aus. Ein Teil des Rituals war es, um jedes Grab herum einen kleinen Zaun zu errichten. Diese Zäune nennt man Seelenzäune, die meisten von ihnen sind weiß und aus massivem Holz gezimmert. Sie haben den Zweck, die Seelen an ihrem Platz festzuhalten und die anderen, hungrigen Seelen fernzuhalten, die ohne Ruhe und Hoffnung, gequält von ewigem Zweifel, heulend und jammernd über die Welt hinwegfliegen.

Die Raketen von unserem Schiff nahmen sich dieser Zäune gründlich an. In den Gräbern wurde das Unterste nach oben gekehrt. Leichenteile spritzten in flammenden Geysiren himmelwärts, die Seelen wurden in die Freiheit entlassen. Für North war das Ganze ein grandioser Spaß. Blitz und Donner, die Absurdität kitzelte seine Fantasie. Er lachte wie ein irrer Inquisitor. Norths protestantischer Gott war einer von der skandinavischen Sorte, ein Gott, der sich mit Walküren einlässt. Für North fand hier eine großartige Offensive gegen eine von diesen heidnischen Religionen statt. Sein Gesicht war puterrot, als er lachte, seine blonden Augenbrauen dagegen wirkten merkwürdig weiß, so weiß wie sein sonnengebleichtes Haar. Man darf nicht vergessen, dass North bereits einen buddhistischen Mönch ermordet hatte.

Für den Sympathisanten-Corporal Kim war die Angelegenheit mit dem Friedhof eine ganz andere Sache. Während des ganzen Martyriums der vergangenen zwei Monate hatten Kim und Blackbird ihre verrückte Fröhlichkeit aufrechterhalten. Sie hatten ihr Essen geteilt, hatten gut gekämpft und waren tapfer marschiert. Sie hatten zusammengearbeitet wie die Finger an einer Hand. Sie hatten feindliche Soldaten mit unvoreingenommenem Vergnügen zur Hölle oder in den Himmel geschickt. Kim hatte große, fast kugelrunde Augen und einen kleinen Mund. Wenn er lachte, sahen sein Mund und seine Augen aus wie drei kleine, fröhliche Kreise auf einem flachen Gesicht.

Nach der Geschichte mit dem Friedhof wurde Kim mürrisch. Seine Augen bekamen schwere Lider, gelegentlich starrten sie North mit glanzlosen Blicken an. Kim lachte nicht mehr. North lachte aus Trotz weiter, aber die Schnalle an seinem Pistolenhalfter ließ er lieber offen, und er achtete fortan sorgfältig darauf, welcher Richtung er den Rücken zuwandte.

Warum hatte Kim die Raketen so furchtbar ernstgenommen?

War vielleicht Norths Gelächter der Grund gewesen? Zu dem Zeitpunkt wusste keiner von uns eine Antwort. Vielleicht waren diese Seelenzäune Kims symbolischer Schutzwall gegen die Wirklichkeit gewesen. Die Zäune mochten ihm denselben illusorischen Schutz geboten haben, wie uns die zwei Zoll dicken Stahlplatten an den Geschützen des Zerstörers, hinter denen wir uns versteckten.

Mit dem gesunden Menschenverstand betrachtet, boten weder die Stahlplatten noch die Holzzäune irgendwelche Sicherheit, aber wer hatte in jenen Tagen noch seinen gesunden Menschenverstand?

Kim und Blackbird kamen sich noch näher. Oft saßen sie ganz still da. Was Kim Blackbird anvertraute, wurde nicht bekannt, denn Blackbird pflegte nicht darüber zu reden. Der letzte, tödliche Akt folgte direkt auf ein Wunder. Es war ein geistloses Wunder, es passte gut zu der grenzenlosen Absurdität der Schlacht, aber es war ein Wunder, das selbst der Josua des Alten Testaments zu lobpreisen gewusst hätte.

Wir steckten mitten auf einem Feld im hohen Gras fest. Wir

hatten das Feld gleich nach dem Morgengrauen durchqueren wollen, dabei alle Grundsätze vergessend, die man uns beigebracht hatte. Aber wir vermuteten den Feind nicht in der Nähe.

»Das ist der Sommerschlussverkauf«, waren Norths erste Worte, als das Gewehrfeuer begann und jeder sich in Deckung warf. North brüllte die Worte heraus, bevor er sich auf dem Boden langmachte, das Gewehr im Anschlag. Zu unserer Linken schrie ein Mann. Die Stimme eines feindlichen Soldaten brüllte und lachte. Norths Gesicht war jetzt weiß, so weiß wie seine Augenbrauen.

North hatte recht gehabt. Das war kein Irrtum der Kommandantur. Der Zug war verkauft worden. Verraten. Jemand hatte mit dem Feind gemeinsame Sache gemacht. Wir saßen tief in der Scheiße. Festgenagelt. Unter Flankenfeuer genommen. Wir waren praktisch ein Zug toter Männer. Automatische Waffen eröffneten das Feuer an unserer linken Flanke, gedeckt durch hohes Gras, nichts als Gras. Maschinengewehre beschossen uns aus einem Stück Dschungel, das sich am Rande des Felds bis an die linke Seite unserer Linie heranzog. Ein schmaler Streifen Bäume ragte rechts von uns in das Feld, auch von dort begannen Maschinengewehre ihre Geschosse auszuspucken. Das feindliche Feuer war dicht. Es mähte im wahrsten Sinne des Wortes das Gras.

Tote Männer. Wir hätten versuchen können, zweihundert Meter über flaches Grasland zu fliehen, oder wir mussten liegenbleiben, wo wir waren, und warten, bis der Feind Granatwerfer einsetzen würde. Die Maschinengewehre suchten das Gras ab, peitschten das Gras. Die Luft schien voll von fliegenden Samen, Pollen, Blütenblättern. Die Waffen gingen sektorenweise vor, sie unterschieden sich dabei gar nicht sehr vom Vorgehen des Computers auf unserem Schiff. Unser Problem war es, dass diese Sektoren sehr klein waren, und dass es nicht allzu viele davon gab. North und ich krochen vorwärts, wir versuchten, mit unseren

Handgranaten in Wurfdistanz zu kommen. Ein dummes Unterfangen. Bei jeder unserer Bewegungen bewegte sich auch das Gras. Eine Salve aus einem Maschinengewehr strich knapp über uns hinweg.

Die Sonne lag wie ein Teppich auf dem Gras. Ich erinnere mich, wie ich auf dem Bauch lag, den Rand des Stahlhelms gegen den Boden gepresst, und wie ich plötzlich die Erde beinahe schmecken konnte. Mir war fast so, als könnte ich die Bewegung in der Erde hören, die Bewegung der Insekten, der Bakterien, der wachsenden Wurzeln. Dann begann das metallische Klirren der Granatwerfer. Wieder schrie ein Mann, und er hörte für die nächsten Minuten auch nicht auf zu schreien. Ich erinnere mich, dumme Gedanken gedacht zu haben, Gedanken, die mit dem Gesetz zu tun hatten. Das hier ist eine Scheidung, dachte ich, die Auflösung einer Gütergemeinschaft.

Und dann passierte das Wunder. Es näherte sich mit dröhnendem Motorenlärm.

Transportflugzeuge verdunkelten den Himmel. Die Schatten der Flugzeuge zuckten über uns hinweg wie die Schatten einer Lichtorgel. Man hatte den Eindruck, als sei jedem einzelnen Flugzeug aller Luftwaffen der Welt der Befehl gegeben worden, über unser Feld hinweg zu dröhnen. Es müssen genug Flugzeuge gewesen sein, um es einem Mann zu erlauben, von Tragfläche zu Tragfläche über den Himmel zu spazieren. Nach weniger als zwei Minuten begannen Männer und Leichen um uns herum aus dem Himmel zu fallen. Irgendwo in einem Hauptquartier hatte ein General auf eine Landkarte geschaut und dabei eine Reihe von freien Feldern entdeckt, zwischen denen ein Fähnchen mit der Aufschrift *Gesicherte Zone* gesteckt hatte. Das hatte ihn auf die grandiose Idee gebracht, ein Fallschirmspringen aus niedriger Höhe anzuordnen, eine Übung für die Fallschirmtruppen. Innerhalb einer Viertelstunde sprangen etwa zweitausend Mann aus dem Himmel, mitten in ein Feld, das unter heftigstem Maschinengewehrfeuer stand.

Neben uns brach eine Leiche zusammen. Der Morgen war windstill. Der Fallschirm bauschte sich leicht, dann fiel er zusammen, um das Gras zu bedecken wie ein tröstender Gedanke. In den toten Augen des Soldaten stand immer noch eher die Aufregung des Sprungs als die Überraschung über den Empfang geschrieben. Von der Brust abwärts war bei ihm nicht mehr viel heil geblieben. Die Motoren der Flugzeuge dröhnten weiter und dröhnten und dröhnten.

Ein lebender Fallschirmspringer landete auf der anderen Seite. Er rollte auf den Rücken, ließ den Schirm los und schrie. »Ted! Ted!«, schrie er, und: »Sani! Sani!« Er versuchte im verzweifelten Bemühen, seinen toten Freund zu erreichen, über uns hinwegzukriechen.

»Teddy-Boy ist mausetot«, sagte North zu ihm und kicherte. North wurde hysterisch vor Erleichterung. Die Farbe kehrte in sein Gesicht zurück. Die Flugzeuge bumperten und dröhnten, die Schatten zuckten. »Laden und entsichern, guter Mann!« brüllte North. »Rechte Flanke bereit, linke Flanke bereit, Feuerlinie bereit …!«

Norths Hysterie schepperte wie die Granatwerfer. Er krallte sich am Boden fest und hörte der Kakophonie aus Maschinengewehrfeuer, Rufen der Überraschung und Flüchen zu. Es war wie auf einem Schießstand, aber der Feind konnte nicht alle erschießen. Jetzt war es nur eine Frage der Zeit. North blieb flach liegen. Er begann vulgäre Ausdrücke und Witze zum Feind hinüberzurufen. Das Gedröhne der Flugzeuge ging weiter.

»Du kannst nichts tun«, sagte ich zu dem Fallschirmspringer. »Du kannst nur versuchen, dich selbst in Sicherheit zu bringen. Die Männer, die hinter den Gewehren landen, müssen sich um den Feind kümmern.«

Er war ein junger Indianer aus Alaska, das war an der Physiognomie leicht zu erkennen. Das braune, fleischige Gesicht schüttelte den Ausdruck der Trauer ab. Jetzt kam die Angst. Der Junge presste sich an den Boden. Er entsicherte nicht einmal seine Waffe. Es dauerte noch eine knappe Stunde. Granaten explodierten, das Maschinengewehrfeuer wurde langsam schwächer. Noch bevor der letzte Schuss verhallt war, hörten wir das Bumpern von Hubschraubern. Sie waren eigentlich gekommen, um die Männer nach ihrem erfolgreichen Übungssprung wieder einzusammeln, stattdessen stand ihnen ein langer, arbeitsreicher Tag bevor, an dem sie Tote und Verwundete zurücktransportieren mussten. Eine Episode im Krieg. Der General, der die Übung befohlen hatte, wurde später belobigt, weil er das letzte Nest feindlichen Widerstands in dieser Region ausgehoben hatte. Auch das war eine Episode in einem Krieg.

Wir erhoben uns aus dem hohen Gras wie Auferstandene, wie Männer, die sich des Leichentuchs wieder entledigt hatten und nun verwirrt blinzelnd im hellen Sonnenlicht am Rande ihres Grabes standen, wie Männer, die man noch einmal entlassen hatte, damit sie ihren Weg durch die unheilige Stadt fortsetzen konnten.

Kim und Blackbird standen aufrecht, sie standen sich im sonnenbestrahlten Gras gegenüber. Kim war ganz ruhig, aber Blackbird zitterte. Kim lächelte, sein gelbliches Gesicht lächelte ohne Furcht den verängstigten Blicken des Schwarzen entgegen. Kims Lächeln war nicht etwa reumütig oder kleinlaut. Blackbird murmelte etwas vor sich hin. Kim zuckte mit den Achseln. Die Waffe ruhte an seiner Seite. Einen Finger seiner freien Hand legte er auf einen Punkt auf seiner Brust, der Finger suchte noch etwas nach der richtigen Stelle. Dann nickte Kim.

Blackbird flüsterte »Nein«. Kim lächelte, gab nicht nach.

Blackbird schoss und traf genau an die Stelle, auf die der

Finger gedeutet hatte. In weniger als zehn Sekunden war es vorbei.

Wir hatten uns alle wieder in Deckung geworfen.

»Er sollte besser aufpassen, wo er mit dem Ding hinzielt«, beschwerte sich North. »Womöglich bringt er noch jemanden um.« Norths Stimme winselte ungläubig.

Ich sagte etwas furchtbar Dummes: »Dazu sind Freunde da.«

Wir waren alle schockiert. Kim hatte etwas Furchtbares von Blackbird verlangt, und doch war es so einfach zu verstehen. Kim hatte gewusst, dass für ihn alles vorbei war. Mindestens die Hälfte der überlebenden Männer des Zuges hatten sich schon gedacht, dass nur er der Verräter sein konnte. Sie hatten sich unsere Route der letzten Tage noch einmal durch den Kopf gehen lassen und hatten erkannt, dass nur ein Späher, Kim, Gelegenheit hatte, mit dem Feind Kontakt aufzunehmen. Kim hatte es ohne Zweifel vorgezogen, schnell und mit Würde zu sterben, als sich den Torturen zu unterziehen, mit denen die Marines ihn zu Tode gequält hätten.

Warum hatte Kim uns verraten? Blackbird wusste die Antwort, aber er redete nicht. Die Angelegenheit machte nicht viel Aufsehens und blieb unter uns. Als die restlichen Männer des Zuges sich noch einmal um Kims Leiche herumgruppierten, sahen nur ein paar Fallschirmspringer in unsere Richtung. Sie zuckten mit den Achseln und kümmerten sich um ihre Sachen. Ein totes, gelbes Gesicht mehr, eine Exekution mehr, was machte das schon?

Es war etwas Alltägliches. Weit weniger alltäglich war die Tatsache, dass sich Blackbirds Gefechtsneurose in einen dauernden Irrsinn verwandelte, der ihn festhielt wie die scharfen Zähne eines Hundes den Knochen.

* * *

Blackbird blieb den ganzen Tag neben Kim liegen. Manchmal umarmte er die Leiche, aber meistens lagen sie nur nebeneinander wie zwei Verliebte auf einer Wiese. Die Szene war auf merkwürdige Art erotisch, obwohl nichts Derartiges zwischen den beiden Männern passiert war. Gleichzeitig wurde man an ein wildes Tier erinnert, das in stiller Verzweiflung neben einem toten Artgenossen wacht. Blackbird führte lange Gespräche an jenem Tag. Er sprach zu Kim, und zumindest in seiner Fantasie bekam er auch Antworten von ihm. Manchmal stritten die beiden sogar, auch wenn wir nur Blackbirds Argumente hören konnten. Wenn jemand versuchte, sich ihnen zu nähern, hob Blackbird sein Gewehr an. Nach den ersten paar Minuten ließ man ihn allein.

Blackbird hätte beinahe sterben müssen, weil man ihn allein ließ. Als der Abend gekommen war, mussten die Hubschrauber ihre Landescheinwerfer einschalten, um auf dem ramponierten Schlachtfeld noch etwas erkennen zu können. Für uns war es Zeit aufzubrechen. Die überlebenden Marines wurden evakuiert. Ich traf alle Vorkehrungen, um meine Matrosen wieder mit an Bord zu nehmen. North und ich gingen zu Blackbird, um ihn zum Mitkommen zu überreden. Es war höchste Zeit aufzubrechen.

Er war beinahe tot, als wir zu ihm kamen. Rittlings saß er auf Kims Leiche. Blackbird hatte sich mit aller Sorgfalt die Pulsadern aufgeschnitten. Die Schnitte waren gerade tief genug, um das Blut gleichmäßig fließen und nicht etwa herausschießen zu lassen. Blackbird ließ das Blut in die offene Wunde auf der Brust der Leiche fließen, als wolle er sie durch eine Blutübertragung wieder zum Leben erwecken. Er musste schon seit einer ganzen Weile damit beschäftigt gewesen sein, jedenfalls hatte der Blutverlust ihn bereits so sehr geschwächt, dass er sich nicht mehr zur Wehr setzen konnte. Er starrte mich aus stumpfen Augen an, als wir die Blutung stillten und nach einem Sanitäter riefen.

Blackbird wurde ausgeflogen. Er kam zunächst in ein Lazarett, später in ein Internierungslager. Seine Handgelenke heilten. Er wurde aus dem Militärdienst entlassen. Diagnose: geistige Unzurechnungsfähigkeit, die schon vor seiner Einberufung bestanden habe. Keine Pension. Keine Kriegsversehrten-Entschädigung.

Das Militär, für das routinemäßige Zerstörung von Gesundheit ein ganz normaler Vorgang ist, reagiert verständnislos, wenn es sich um einen Selbstmordversuch handelt.

Ein paar Jahre lang erhielt ich merkwürdige Postkarten von Blackbird. Manchmal bestand die einzige Nachricht aus der Zeichnung eines schwarzen Gesichts, einer schwarzen Feder, eines braunen Gesichts. Oder er zeichnete Blumen und Kakteen. Die Postkarten kamen aus Reno, Salt Lake, Pocatello; sie kamen eigentlich von überall im Westen. Einmal schrieb er mir, dass er Pferden beibringe, wie sie sich gegen Cowboys zur Wehr setzen könnten. Er kritzelte seine Nachrichten mit Buntstiften.

Das war so ziemlich die ganze Geschichte, abgesehen von ein bisschen Reinemachen.

Ich vertrat North vor dem Kriegsgericht. Er wurde zu einem Monat Urlaubssperre verurteilt, außerdem wurde die Hälfte des Solds für diesen Monat einbehalten. Ich wurde in einen kleinen Militärhafen versetzt. Ein disziplinarischer Verweis begleitete mich. In meinem Eignungsbericht stand zu lesen, dass ich völlig ungeeignet für logistische Zwecke sei. Der Bericht räumte allerdings ein, dass ich durchaus verstünde, Raketen abzufeuern. Reinemachen. In den folgenden Jahren traf ich einmal mit North zusammen, er machte einen Besuch in San Francisco. Mit Blackbird blieb ich in Briefkontakt. Ein vages Gefühl der Freundschaft, vielleicht auch der Reue, ließ mich auf seine Karten antworten.

Ich war mir sicher, dass er früher oder später einen Rechtsanwalt benötigen würde.

* * *

Es nieselte leicht, als ich an Portland vorbeifuhr und Oregon verließ, um in den fernen Nordwesten einzufahren. Der Staat Washington schien sich dafür entschieden zu haben, mir seine trübsten Farben vorzuführen. Die Highways waren abgefahren und rutschig. Das Dunkel der Tannenwälder wurde manchmal von dem helleren Grün der Erlen oder dem Rot der Buchen aufgelockert. Die Küstenstraße führte an Stränden vorbei und ein langes Stück durch tropfende Wälder; vorbei an einem Indianerreservat. Selbst im Sommer gibt es an dieser Küste nur wenige Tage, an denen es überhaupt nicht regnet. Robben und Seevögel tauchen wie Geister aus den Küstennebeln auf, riesige Felsen halten Wache wie Grabsteine, meerumspülte Zeugen von zwanzigtausend Jahren menschlichen Lebens und Sterbens in diesem Meer von Feuchtigkeit. Der ewige Regen hatte die Dächer der Strandhäuschen dunkel gefärbt, Moos bedeckte die Schindeln aus Zedernholz wie graue und grüne Strickmützen. Die Strandhäuschen waren in ein Leichentuch gehüllt. Das ganze Land war in ein Leichentuch gehüllt.

In einer kleinen Stadt beschrieb mir der chinesische Inhaber eines heruntergekommenen, verwitterten Restaurants den Weg zu Norths Haus. Das asiatische Gesicht in dieser Umgebung, wo es feuchter ist als in den Everglades, war ein kleiner Schock, wenn auch keine Überraschung gewesen. Chinesen gab es an dieser Küste schon seit mehr als einem Jahrhundert, ebenso wie Japaner und Taiwaner. Die Asiaten kamen als Kettensklaven. Sie waren ausgezeichnete Arbeiter, im Gegensatz zu den Indianern.

Am späten Nachmittag, unter einem finsteren, regenverhangenen Himmel, wirkte Norths Haus wie ein Feuerzeichen in der Dunkelheit des Waldes. Alle Lichter im Haus brannten. Tief über der mit Schlaglöchern übersäten Zufahrtsstraße hingen die Äste der Bäume. Wasser füllte die Gräben bis zum Rand, und an einer Stelle floss es sogar über die Straße. Ich parkte neben einem alten Lieferwagen, hinter den man einen nagelneuen Pferdeanhänger gespannt hatte. Auf der Tür des Anhängers leuchtete die bunte Karikatur eines staunenden Vogels. Der Kasten des Lieferwagens war ein zusammengezimmerter Verhau. Er sah aus wie ein Zelt aus Schindeln, aber ich kannte Blackbird und wusste, dass die Sache wasserdicht war.

Ich stieg aus meinem Wagen aus. Am Waldrand bewegte sich etwas.

Die plötzliche Erinnerung an Bewegungen im Dickicht des Dschungels ließ mich in Deckung gehen. Ich ging auf dem durchnässten Boden neben meinem Wagen auf die Knie. Meine Pistole hatte ich im Koffer verstaut. Ich war wehrlos. Dann erinnerte ich mich daran, wo ich mich befand. Leise verfluchte ich den Wald und mich selbst. Ich stand wieder auf.

Vom Waldrand her kamen Geräusche. Eine kleine, dunkle Gestalt stand neben einem riesigen Leib, der sich vorwärtsbewegte, stehenblieb, weiter vorwärtsbewegte. Die Dunkelheit des Waldes war dicht, aber nicht dicht genug, um die beiden schwarzen Gestalten gänzlich zu verschlucken. Plötzlich schoss ein winziger, weißer Fleck, wie Fluoreszenz, zwischen die beiden Körper. Er bewegte sich wie eine Hand.

»Dies ist kein guter Platz«, sagte Blackbird. »In ein paar Tagen werden wir hier wieder verschwunden sein.«

Er trat aus der dunklen Kulisse des Waldes heraus. An einer Leine führte er ein Pferd mit schneeweißen Fesseln. Das Pferd war riesig, aber es bewegte sich leichtfüßig und graziös. Es wirkte irgendwie böse, argwöhnisch.

»Halte dich von dem Pferd fern«, sagte Blackbird im Plauderton. »Es ist ein Fleischfresser.«

Ich sah zu, wie Blackbird das Pferd in seinen Anhänger zurückführte und dort abrubbelte. Das Pferd schien es da drinnen gemütlicher zu haben als so mancher von uns Menschen. Der Anhänger hätte Platz für zwei Pferde geboten.

Blackbirds rechte Hand war weiß, so, als hätte er sie in Mehl getaucht. Er war durchnässt; Cowboyhut, Jacke und Jeans hatten sich mit Wasser vollgesogen. Wasser ließ auch das dunkle Fell des Pferdes erglänzen. In der zunehmenden Dunkelheit war als einziges die weiße Hand deutlich zu erkennen, die wie eine Knochenhand aussah.

»Du hast ein Pferd mitgebracht«, sagte ich in die Dunkelheit. »Den langen Weg von Montana her?«

»Ich habe nichts gegen Montana«, antwortete Blackbird leichthin. »Mit dem Burschen kann außer mir niemand umgehen.«

Er deutete auf das Pferd. »Ich erspare Montana ’ne Menge Ärger.« Er schloss die Heckklappe des Anhängers.

»Bin bald wieder da«, sagte er zu seinem Pferd. Dann drehte er sich um. »Man weiß nicht, was sie alles verstehen«, sagte er zu mir. »Ich sage ihm immer, wie lange es dauern wird.«

Er nahm den Hut ab. Sein Haar war ein dickes Geflecht aus schwarzen Federn, von Raben und Krähen. Die beiden Armbanduhren wirkten riesengroß an den dünnen Handgelenken. Er schüttete das Wasser aus der Hutkrempe. Die weiße Hand war nicht ganz weiß. Eine Tätowierung zog sich an der Skelettstruktur entlang. Irgendein Tätowierungskünstler hatte hier Geniales geleistet. Die Knochen schienen auf der Handoberfläche zu liegen und das Fleisch unter den Knochen. Die Armbanduhr für den

Kriegseinsatz wirkte wie ein dicker Klumpen auf dem weißen Untergrund. Seine linke Hand war nicht ganz so schwarz wie seine übrige Haut. Später sollte ich erkennen, dass er sie so gelb hatte tätowieren lassen wie Kims Gesichtshaut.

»Ich hätte dich lieber in San Francisco besucht«, sagte Blackbird, »aber nun sind wir beide hier. Ich freue mich auch so.«

Da Blackbird niemals log, freute er sich tatsächlich.

»Sicher«, antwortete ich. »San Francisco. Aber da wir nun mal hier sind …«

»Komm mit zum Lieferwagen. Da hinein gehen wir noch nicht so bald«, fügte er hinzu, wobei er auf das Haus deutete. Er ging voraus zu seinem Lieferwagen.

Es war gar nicht so übel, im Führerhaus des kleinen Lastwagens zu sitzen. Die abgewetzten Bezüge der Sitzpolster rochen nach einem Gemisch aus Diesel, Pferdegeschirr und Mist. Die eine Hälfte der zweigeteilten Windschutzscheibe hatte einen Sprung. Der Knopf auf dem Schaltknüppel war ein geschnitzter Vogel mit einer gelben Mütze.

»Und warum nicht?«, fragte ich und deutete jetzt meinerseits auf das Haus. Durch die Regenbäche auf der Windschutzscheibe sah ich zum Wald hinüber. In der Kabine des Lieferwagens war es trocken.

»Der Arzt glaubt, dass North sterben wird«, sagte Blackbird, und er sagte es, als erzähle er einen Witz. »Der Pfaffe ist sich sicher, dass er zur Hölle fahren wird. Anscheinend sträubt sich North noch ein wenig.«

»Trinkt er?«

»Da würde ich auch nicht nüchtern hinwollen«, kicherte Blackbird. »Oder vielleicht doch. Wenn man zu besoffen ist, verliert man jeden Überblick. Man will doch auch mitkriegen, wie so was vor sich geht.«

»Trinkt er jetzt?« Blackbird lachte. »Er sitzt da drinnen mit 'ner Flasche und seiner verdammten alten 45er. Er hat's drauf abgesehen, jemanden abzuknallen. Wir sollten aufpassen, dass wir es nicht sind.«

»Sich selbst? Will er sich selbst erschießen?«

»Nein«, sagte Blackbird. »North hat nie besonders viel gebracht, und das wird er ganz bestimmt nicht bringen.«

Die weiße Hand ruhte auf dem Schaltknüppel. »Ich habe von Leuten gehört, die von Geistern verfolgt werden, aber noch nie von einem Mann, dem eine ganze Armee davon im Nacken sitzt.«

»Ich hab' ihm gesagt, er soll nüchtern bleiben«, sagte ich. Auf einmal kam ich mir wie ein Prediger der Enthaltsamkeit vor.

»Er war nüchtern, als ich hier ankam. Als ich kam, fühlte er sich wohl sicher.«

Blackbird lachte fast ein bisschen hysterisch. »Sicher«, kicherte er.

»Ich weiß nichts über Pferde«, sagte ich.

»Ich weiß nichts über irgendetwas anderes«, erwiderte Blackbird. »Ich bilde mir ein, mich mit allem auszukennen, aber wirklich Bescheid weiß ich nur über Pferde.«

Und dann, plötzlich, lachten wir beide. Wir hatten einen hysterischen Lachanfall, lachten uns gegenseitig in die Gesichter wie zwei Schulmädchen auf einer Nachthemdparty. Wir kicherten, glucksten, kreischten vor Lachen. Ich wies darauf hin, dass in dem Haus vor uns ein Mann war, ein Mann, der uns beiden das eine oder andere Mal das Leben gerettet hatte, und der jetzt im Sterben lag, aber wir mussten nur noch mehr lachen. Blackbird schlug sich auf die Schenkel, schlug mir auf die Schenkel, wir donnerten mit beiden Händen auf das Armaturenbrett, Tränen liefen uns über die Wangen. Ich umarmte Blackbird, als sei er ein solider Pfosten, an den ich mich klammern konnte, um nicht vor Lachen in Ohnmacht zu fallen.

»Vielleicht ist es der Regen«, kicherte Blackbird. »Vielleicht bleibt einem nur die Wahl, zu lachen oder zuzuschlagen.«

Er wischte sich die Tränen aus dem Gesicht.

»Dieser Idiot«, sagte er. »Der Junge glaubt, der buddhistische Mönch, den er erschossen hat, sei zu ihm unterwegs. Er fürchtet, dass der Mönch seine ganze Verwandtschaft mitbringen könnte.«

Ich sah kichernd in die Dunkelheit und den Regen. Vielleicht war der Tod wirklich zu North unterwegs, aber er würde bestimmt nicht als buddhistischer Mönch kommen. Einem Mönch wäre das alles viel zu gleichgültig.

»Diese Leute haben eine große Verwandtschaft«, sagte ich. Ich versuchte ernsthaft zu sprechen, aber immer noch musste ich ein paar Gluckser verschlucken. »Um den Mönch muss North sich keine Sorgen machen, höchstens um seine nächsten Anverwandten.«

Blackbird kurbelte das Fenster hinunter und sah zum Haus hinüber. »Er wird sich bald bewusstlos gesoffen haben.«

»Das ist ganz und gar nicht komisch …«, sagte ich.

»Es ist das erste Mal, dass wir zusammen sind, ohne im Einsatz zu sein.« Es war ein verblüffender Gedanke.

Blackbird richtete sich gerade auf und hielt einen Finger in den Regen.

»Du bist einfach zu empfindsam«, murmelte er plötzlich sehr ernsthaft. »Sei bloß nicht zu nachsichtig mit ihm.«

North war ein großer, Mann. Es bedurfte schon einer großen Menge Whisky, um ihn vom Stuhl zu kippen. Als die Nacht anbrach und der Wald pechschwarz wurde, fuhr Blackbird mich, den Anhänger und das Pferd in das Städtchen. Wir parkten zwischen Holzlastern und aßen in einem heruntergekommenen

Hotel zu Abend. Wir unterhielten uns wie Brüder. Die Leute um uns herum sahen auf Blackbirds Hand, kauten dabei aber weiter auf ihrem Fisch, ihrem Steak oder ihren Kartoffeln herum. Die Holzarbeiter rülpsten, gähnten, kratzten sich. Eine indianische Kellnerin und ein chinesischer Kellner drehten stumme Runden um die Tische herum. An der Bar murmelten ein paar schrecklich junge und ein paar schrecklich alte Trinker leise miteinander oder widmeten sich den Würfeln auf den Spielbrettern. Die Leute kümmerten sich nicht besonders um Blackbirds Hand oder seine Federn in den geflochtenen Haaren. Langsam dachte ich freundlicher über diese Menschen, wenn auch nicht über das Lokal. Hier war immer noch Siedlungsland, oder jedenfalls etwas, was dem sehr nahekam.

Blackbird hatte was zu erzählen. Er war durch die Plains und die Berge immer weiter in Richtung Westen getrieben worden. Er verdiente sich seinen Lebensunterhalt durch Verkäufe aus seinem Lieferwagen. (Meine Bestandsliste ist ein Meisterwerk. Ich verkaufe Nägel, Schrotpatronen und wertlosen Plunder, Autoersatzteile, Stricke und allerlei legales Zeug.) Und er verdiente seine Brötchen durch das Zureiten wilder Pferde, mit denen sonst kein Mensch zurechtkam. (Ich weiß, wie man mit ihnen umgeht.) Manchmal arbeitete er auf einem Rodeo. (Mehr als ein gebrochenes Schlüsselbein hab' ich mir noch nicht eingehandelt. Ganz gut für einen Boy aus Philadelphia.) Er gewann mit seinem riesigen Pferd Rennen auf ländlichen Festen, und weil er Rennen gewann, gewann er auch Wetten.

»Ich habe hier ein bisschen rumgeschnüffelt«, sagte Blackbird. »Nachdem North sich über seine Flasche hergemacht hatte, ging ich hinaus, das Pferd ein wenig zu bewegen. Hinter Norths Haus gibt es einen Pfad, der führt hinauf in den Dschungel …« Er grinste über seine Fehlleistung. »Führt hinauf in den Wald.«

Blackbird kaute an seinem Steak und sah dabei aus wie ein Mann, der einen fulminanten Witz loswerden möchte. »Dieser Idiot«, sagte er über North. »Die Schuldgefühle haben den Jungen ausgerechnet zu dem einen Platz zurückgetrieben, an dem er nicht sein sollte. Da oben gibt's zwei Friedhöfe, einen indianischen und einen chinesischen. Mich kümmert weder der eine noch der andere. Der indianische Friedhof ist was ganz Besonderes.«

Der indianische Friedhof war voll von kunstvoll geschnitzten Geländern aus Zedernholz, die riesige Betten darstellen sollten. Die Geländer standen um die indianischen Gräber herum. Die Toten ruhten in symbolischen Betten.

»Ist in einem guten Zustand«, fuhr Blackbird fort. »Mit den ganzen Geländern sieht er aus wie ein gespenstischer Möbelladen. Schnecken gibt es und Moos und Spinnen. Die Betten sind damit dekoriert. Es gibt auch diese ganz großen Schnecken, und weiße Würmer.«

Er kaute, schlürfte seinen Kaffee, die Federn in seinem Haargeflecht glänzten im Licht der Leuchtstoffröhren.

»Es wirkt alles so ehrlich, wenn man es so sieht«, sagte er. »All die Schnecken und so. Ich kriege da so 'n Gefühl von Ruhe, so, als wäre der Tod schon in Ordnung. Ich mag das Gefühl nicht. Wir wissen doch alle, dass es so nicht stimmt.«

»Das ist doch kein schlechtes Gefühl«, entgegnete ich. »Früher oder später erwischt es uns doch alle. Es ist doch gar nicht schlecht, wenn du mit aller Ruhe ans Sterben denken kannst.«

Blackbird sah mich an, als mache er sich um mich Sorgen. »Dein Leben war einfach zu leicht«, sagte er. »Und du hast auch diesen anderen Friedhof nicht gesehen.«

Blackbird tunkte die Soße mit einem Stückchen Brot auf. Er sah sich im Raum um, sah zu dem chinesischen Kellner hinüber, dann schweifte sein Blick durch das Fenster hinaus in das Dunkel der Nacht. Er sah auf seine Felduhr. »Komm, sehen wir mal nach, ob von unserem Jungen noch was übriggeblieben ist.«

North lag schnarchend in einem Sessel, als wir das Haus betraten. Ein Holzfeuer im Kamin war gerade am Ausgehen. Nachdem wir einige der Lampen ausgeschaltet hatten, wurde das Feuer zum Mittelpunkt des Raums, eine Stellungnahme in Form von verkohltem Holz und Asche. Draußen wirkte der nasse Wald inzwischen wie schwarz gestrichen, hatte sich in eine finstere Wand verwandelt.

Ich hatte North lange nicht mehr gesehen. In dem schwachen Licht sah sein Gesicht sehr rot aus, sein blondes Haar leuchtete schneeweiß. Der Atem gurgelte ihm in schluchzenden Schnarchlauten aus der Kehle. Er trug Arbeitskleidung, eine Fischerjacke und Stiefel. In der Hand, die auf seinem Schoß lag, hielt er die dunkelglänzende, geölte 45er Automatik. Hätte er nicht geschlafen und furchtbar nach Schnaps gestunken, man hätte ihn für einen Mann halten können, der sich gerade für den Einsatz bereitgemacht hat, einen Mann, der in die finstere Nacht hinauswill. Was hätte er da draußen anfangen wollen? Einen Geist erschießen?

Blackbird schürte das Feuer wieder an. »Oben gibt's noch ein paar Zimmer«, sagte er. »Such dir eins aus. Ich schlafe draußen bei meinem Pferd.«

Er begann das Haus zu durchsuchen, in allen Wandschränken nachzusehen. Ich stand einfach nur da und betrachtete North. Blackbird blieb für ein paar Minuten verschwunden, schnüffelte in der Küche und den oberen Zimmern herum. Als er zurückkam, hatte er einen alten 30er-Karabiner und drei Küchenmesser in der Hand.

»Die werde ich bei mir behalten«, sagte er. »Wenn North wieder durchdrehen sollte, dann kann er dir höchstens mit dem Besen eins überziehen.«

»Steht's wirklich so schlimm um ihn?« Ich bereitete mich seelisch schon darauf vor, ins Hotel zu fahren und mir dort ein Zimmer zu nehmen.

Blackbird nahm die fast leere Flasche auf. »Ich schätze, er wird dir genügend Zeit für ein Nickerchen lassen. Er wird frühstens morgen mittag aufwachen.« Er tat einen Schritt auf North zu. »Vielleicht auch überhaupt nie mehr.«

Blackbird nahm North die 45er aus der Hand, dann blieb er über ihn gebeugt stehen, ein kleiner, schwarzer Mann, gefiedert, nachdenklich, der gerade über den Zusammenhang von Geschichte, Krieg und Schnaps nachzudenken schien. Blackbird nahm das Magazin aus der Waffe, aber er ließ den Schlitten nicht zurückschnellen. Es konnte noch eine Patrone im Lauf sein, das hing davon ab, ob North immer noch ein guter Soldat war. Blackbird spannte den Hahn. Er richtete den Lauf auf Norths Kehle, lächelte, kicherte, lachte, dann ließ er die Pistole sinken und drehte sich zu mir um.

»Sieh ihn dir an.« Er deutete auf North. »Wir sind den ganzen langen Weg gefahren, um diesem Mann zu helfen.«

»Was tust du da?«, fragte ich ihn. »Hör mit den dummen Scherzen auf.«

»Ich bin ein Spieler«, sagte Blackbird. Er betrachtete Norths rotes Gesicht, lauschte dem Atem, der aus Norths Mund röchelte. »Ich schulde diesem Mann etwas, und er schuldet mir etwas. Überlassen wir es seinem Geist, die Rechnungen zu begleichen.« Blackbird sah nicht verrückt aus. Er stand ziemlich locker da, leicht belustigt, ergeben in irgendein Schicksal, von dem ich keine Vorstellung hatte.

»Es wird darauf hinauslaufen«, sagte Blackbird, »wenn eine Kugel im Lauf steckt, dann ist North hinüber. Dann hat er keine Probleme mehr, dann werde ich mich um ihn gekümmert und meine Schulden bezahlt haben.« Er sah mich an. »Verstehst du das?«

»North will aber nicht sterben«, erwiderte ich.

»Wer will das schon? Er will auch nicht in der Hölle schmoren, aber Tod oder Hölle, eine andere Wahl bleibt dem Jungen nun mal nicht.«

Flammen schlängelten sich an dem frischen Holzscheit empor. Die Flammen schienen zu zögern, schienen nach dem günstigsten Platz zu suchen. In meinem Herzen lag eine uralte Dunkelheit, in die gerade Flammen zu züngeln begannen. »Was meinst du damit?« fragte ich ihn verzweifelt. »Was soll das heißen, du willst die Geister entscheiden lassen?« Ich versuchte Zeit zu gewinnen.

Ganz langsam erwachte Blackbirds Gesicht zu einem schwachen Lächeln. Vielleicht kann man ein Lächeln nicht historisch nennen, aber es war ein Lächeln, das mit Erinnerungen gefüllt war. »Ich werde dir jetzt etwas über Kim erzählen«, sagte er. »Kim war ein Mann.«

North schnarchte. Das neu entfachte Feuer knisterte. Die Nacht schien sich förmlich von draußen gegen die Fenster zu legen.

»Weißt du, warum Kim mit dem Feind Verbindung aufgenommen hatte?«, fragte Blackbird. »Hast du jemals darüber nachgedacht, warum Kim das feindliche Feuer herbeiflehte?«

»Ich habe darüber nachgedacht. Es waren keine schönen Gedanken, deshalb habe ich damit wieder aufgehört.«

Blackbird deutete auf die dunklen Fenster, auf die schwarze Nacht dahinter. »So waren unsere Herzen«, sagte er. »Unsere Herzen waren so flach wie diese Fenster da.«

»Wir waren doch noch halbe Kinder. Und wir waren im Krieg.«

»Wir waren der Feind«, entgegnete Blackbird. »Und wir haben alles zu Feinden gemacht, den Tod, die Kinder und alles andere.« Er schaute hinunter auf North. »Und dabei hatten wir nicht einmal ein Fünkchen Respekt.«

Es wurde heller im Raum, die Flammen züngelten jetzt in voller Pracht um das neue Holzscheit herum. Schatten zitterten wie Geister über die Wände. In meinem Bewusstsein, tief im Schatten davon, setzten sich Gestalten in Bewegung, marschierten los, bis sie eine nach der anderen hinfielen, die Hände gegen die Eingeweide gepresst oder nach den Gesichtern greifend, die in hellen Flammen standen.

»Nicht«, flüsterte ich. »Tu es nicht.«

Und damit meinte ich: *Erspare mir die Erinnerung. Erschieß meinetwegen North, damit es vorbei ist, aber erspare mir bitte die Erinnerung.*

»Wir standen etwas sehr Mächtigem gegenüber«, sagte Blackbird. »Etwas verdammt Altem und verdammt Mächtigem. Und wir wussten nicht einmal, was es war.«

»Erschieß ihn«, flüsterte ich. »Rede nicht so viel.«

Ich stand da, geschockt, verzweifelt, ein williger Komplize bei einem Mord, ein Mann, der seinen Freund verriet. Der Widerhall von Raketen schien das Zimmer zu füllen.

»Diese Geister«, sagte Blackbird leichthin, »haben Hunger. Es sind hungrige Geister. Kim wusste das. Sie geben sich niemals zufrieden. Niemals. Das hier« – und dabei legte er North den Pistolenlauf an die Schläfe – »wäre noch eine Gnade für den Mann. Das Schlimmste, was ihm dabei passieren könnte, wäre, dass er in die Hölle seines Mönches geschickt würde.«

Diese Worte halfen mir dabei, etwas Selbstkontrolle zurückzugewinnen. Blackbird war schließlich verrückt. Ich ließ mich hier von einem Verrückten beeinflussen.

»Wir waren doch schon dort«, murmelte ich. »Eine Hölle pro Kunde sollte eigentlich genug sein.«

»Diese Geister sind immer einsam, haben immer Hunger. Sie haben Hunger nach Essbarem, Schnaps und Sex. Sie haben Hunger nach irgendeiner Art Gott, Hunger nach Schlaf, nach hübschen Dingen, Hunger nach Sternen und nach Wärme.«

Blackbirds Stimme klang beschwörend. »Hunger nach Sonnenlicht, lieben Verwandten, nach Freunden, mit denen sie lachen können. Sie verzehren sich nach all diesen Dingen, und so ziehen sie bis in alle Ewigkeit über die Welt hinweg, heulend und jammernd vor Hunger.«

Er drehte sich zu mir um. »Sie schreien sehr viel. Sie heulen die ganze Zeit. Das hat Kim mir erzählt.«

Er sah wieder auf North hinunter. »Und sie haben Hunger nach diesem Mann. Sie werden ihn zu einem der ihren machen, und trotzdem wird es ihren Hunger nicht stillen.«

»Schieß!«, sagte ich. Das Feuer knisterte. Wenn Raketen auf einen Dschungel fallen, breitet das Feuer sich aus, die meisten Flammen aber schießen in die Höhe, wie ein Kirchturm aus Feuer, der sich in einem diabolischen Gebet gen Himmel wendet. »Schieß!«, flüsterte ich.

Blackbird sah mich neugierig an. Die schwarze Waffe lag träge in seiner weißen Hand. Blackbird sah sich im Zimmer um, hielt die Pistole immer noch gegen Norths Schläfe und dachte nach. »Es wird Dreck machen«, sagte er dann, »und dabei ist es doch solch ein hübsches kleines Haus. Am besten, wir verdrecken nur den Sessel.« Er zielte mit dem Pistolenlauf auf Norths Brust, suchte nach der richtigen Stelle, dann schlug der Hammer gegen die leere Kammer.

Blackbird sah auf North hinunter. »Bist ein guter Soldat«, sagte er. Er ließ die 45er in Norths Schoß fallen.

»Ich habe das Magazin. Wir sind hier einigermaßen sicher.«

Er ging zur Tür, kehrte noch einmal um, sah North an. Dann verglich er die Zeit auf seinen beiden Uhren. Blackbird sah jetzt ernster aus als in dem Moment, in dem er den Abzug durchgedrückt hatte.

»Du musst das mit der Zeit verstehen«, sagte er und hörte sich dabei an wie ein Lehrer, der seinen Lieblingsschüler belehrt. »Es gibt alle Zeit, die es gibt, zu jeder Zeit.«

Ich verstand nicht.

»Es gibt die Zeit, zu der North ein Geist ist«, fuhr er fort; »und es gibt die Zeit, zu der er es nicht ist. Das einzige Geheimnis an der Sache war: Würde er überhaupt jemals ein Geist sein?«

Blackbird zeigte auf die eine seiner Uhren. »Es gibt die Zeit, zu der du kein Rechtsanwalt warst, und die Zeit, zu der du es bist. Es gibt die Zeit, zu der du noch nicht geboren warst, und die Zeit nach deinem Tod. Alle diese Zeiten ticken unentwegt. Jetzt, in diesem Augenblick, wie die kleine Maus auf dieser Uhr.«

Er öffnete die Tür, drehte sich um und sah zu North hinüber. »Du hättest nicht lachen dürfen«, sagte er zu Norths schlafender Gestalt hinüber. »Jeder von uns hat schlimme Sachen gemacht, aber du warst derjenige, der gelacht hat.« Er schüttelte den Kopf. »Die Geister haben entschieden«, sagte er. »Sie wollen dich ganz.«

Blackbird trat hinaus in die Nacht. Ich ging quer durch den Raum und sah ihm aus einem der Fenster nach. In der Dunkelheit konnte man von ihm nur die weiße Geisterhand sehen, und auch die wurde bald von der Nacht verschluckt. Ich drehte mich um zu North, dem Mann, der immer noch dalag und schnarchte, weil er ein guter Soldat war, ein besserer jedenfalls, als ich geglaubt hatte.

»Was immer auch passieren mag«, sagte ich, »denke immer daran, dass Blackbird versucht hat zu helfen.«

Ich dachte, dass es manchmal gar nicht so verkehrt sein mochte, wahnsinnig zu sein.

* * *

Irgendwann während der Nacht hörte es auf zu regnen. Ich schlief den wachen Schlaf des Krieges, der einem den Luxus des Träumens nicht gestattet. Ein Teil des Bewusstseins passt immer auf, achtet auf jedes Flüstern, jeden Schritt. Ich war erstaunt, einigermaßen erfrischt aufzuwachen, auch wenn die Depression auf dem Fuße folgte. Ich war ein gefügiger Komplize bei einem Mord gewesen. Der Mord war nicht passiert, aber das änderte überhaupt nichts. Jetzt, im Grau des heraufziehenden Morgens, erschien mir meine Komplizenschaft wie ein Gradmesser für den beginnenden Wahnsinn. Ich hatte wieder einmal die Entdeckung gemacht, dass man selber wahnsinnig wird, wenn man mit dem Wahnsinn Seite an Seite lebt.

Ein erfrischender Wind trieb dicke Wolken vor sich her, der Wald war jetzt nicht mehr schwarz, sondern dunkelgrün. Ich machte Kaffee, saß in der Küche, schlürfte aus meiner Tasse und sah aus dem Fenster. North war aus seinem Sessel gerollt. Jetzt lag er in voller Länge auf dem Teppich und schnarchte.

Niemand außer Blackbird und vielleicht North hätte verstehen können, welches Geschenk Blackbird zum Angebot gemacht hatte. In einer gesunden Welt hätte man es ein Geschenk des Wahnsinns genannt, alle die lieben, netten Menschen hätten die Hände erschrocken vors Gesicht geschlagen. Die hygienischen Menschen hätten darauf bestanden, North in ein Krankenhaus zu schaffen, wo man ihn untersucht, gespritzt, aufgeschnitten, an Sauerstoffgeräte angeschlossen und durch eine Art medizinischer Einbalsamierung versucht hätte, ihn vor dem zu bewahren, was ihn langsam umbrachte, was immer das auch sein mochte. Die lieben, netten Menschen, die so eifrig damit beschäftigt sind, nicht zu sterben, dass sie ganz vergessen zu leben, wären sich ganz sicher gewesen, dass es sich bei Norths Geistern um so etwas wie eine psychische Störung handelte.

Kim hatte gewusst, dass es diese Geister wirklich gab. North schien es ebenfalls zu wissen, und das allein war Grund genug, Blackbirds Handlung nicht nur zu rechtfertigen, sondern sie zu lobpreisen. Der Wahnsinn begründet seine eigene Realität. Wenn die Geister North als wirklich erschienen, und sie erschienen ihm ohne Zweifel wirklicher als den meisten Menschen ihre Götter, dann waren die Geister wirklich.

Blackbird saß auf seinem Pferd, als er wieder auftauchte. Die beiden Gestalten zeichneten sich vor der Allee ab. Schwarz auf schwarz. Es war schwer zu verstehen, wie ein Mann aus den Slums von Philadelphia zu einem vollkommenen Pferdeverstand kommen konnte. Dennoch, Blackbird wirkte eher wie gestrickt als wie modelliert. Er war eins mit dem Pferd, ein Gemälde, Kunst, oder mehr noch, er sah irgendwie aus wie der Traum vieler Männer. Die primitive Energie, die unbewusste Kraft dieses Mannes auf seinem Pferd ließen ihn genauso aussehen, wie wir alle einmal aussehen wollten, als wir noch jung waren.

Als es in einen kurzen Galopp verfiel, streckte sich das Pferd wie eine Welle. Es war so flink, so behände wie ein Gott. Ich fragte mich, wie Blackbird immer noch Leute fand, die gegen ihn setzen wollten, wenn er mit solch einem Pferd antrat. Er ritt auf das Haus zu, wo er es an einen Pfosten band, der ein windschiefes Verandadach stützte. Ich glaubte, er würde ins Haus kommen, stattdessen lehnte er sich gegen den Pfosten und sprach zu dem Pferd. Es schien eine richtige Unterhaltung zu sein. Einen schmerzhaften Moment lang schoss mir eine Erinnerung durch den Kopf, die Erinnerung an Blackbird, wie er neben Kims Leiche gelegen und sich mit ihr unterhalten hatte.

Etwa nach einer Stunde passierten mehrere Dinge auf einmal. Ich rief in meinem Büro an. Mir antwortete eine fremde Stimme. Diese fremde Stimme erklärte mir, Miss Molly habe heute nicht zur Arbeit kommen können, und behauptete, von einem Zeitarbeitsdienst geschickt worden zu sein. Ich spürte einen leichten Unwillen. Miss Molly, fuhr die Stimme fort, müsse ihren Vater pflegen, der krank geworden sei.

»Sind Sie ein Mensch?«, fragte ich. »Ich rede doch nicht mit einem Computer?«

Die Stimme nannte einen Namen. Cynthia Seymour oder Lydia Claymore oder so ähnlich. Dann sagte die Stimme in einem ganz sterilen Tonfall, sie gehöre zu einer Mrs. Claymore oder Seymour.

»Nicht Mrs. Computer?« Ich meinte die Frage gar nicht ironisch.

Die Stimme schwieg beleidigt.

»Hier spricht der Chef«, erinnere ich mich gesagt zu haben. »Nehmen Sie Gespräche entgegen, bis Molly wieder da ist, aber tun Sie sonst nichts. Öffnen Sie nicht einmal die Briefe.«

Die Stimme belehrte mich, dass es sich bei Teilzeitaushilfen um ausgebildete Kräfte handele.

Hinter mir hörte ich Blackbird. Offensichtlich hatte er sein Zwiegespräch mit dem Pferd beendet. Er seufzte, dann schlenderte er in die Küche hinüber, wo er auf die Kaffeekanne zusteuerte.

»Öffnen Sie die Post, wenn Sie es für nötig halten«, sagte ich zu der Stimme. »Meinetwegen putzen Sie auch die Toilette, aber machen Sie sonst nichts. Treffen Sie keine Entscheidungen.«

Ich legte mit einem Gefühl des Unbehagens auf. Gedanken an Wirkliches und Unwirkliches gingen mir durch den Kopf.

North rückte seinem Kater sehr routiniert zu Leibe. Er wankte in die Küche und schenkte sich Kaffee, Orangensaft, Wasser und Bier ein. An dem Kaffee nippte er nur, während er den Inhalt der Gläser in sich hineinschüttete. Dabei gab seine bleiche, skandinavische Visage ein Bild ab, das jeden Leichenbeschauer zu Tode erschreckt hätte. Das Gesicht sah aus, als sei es vom Regen abgewaschen. Der Tod stand ihm schon in die Augen geschrieben, die hängenden Wangen sahen nach Tod aus, und der Tod schien auch die ohnehin schon fahle Stirn noch etwas fahler gezeichnet zu haben. Seine Hände zitterten. Die Kaffeetasse schlug ihm gegen die Zähne. Wenn er lächelte, und er versuchte tatsächlich zu lächeln, dann geriet das Lächeln nur zu einem schwachen Aufflackern des dahinschwindenden Lebens, das sofort wieder von der Totenmaske verschlungen wurde.

»Noch ein paar Bierchen«, sagte er, »und ich bin über'n Berg.« Er wirkte auf mich wie ein Mann, der ein Auto beurteilt, das er zu kaufen gedenkt, und der noch ein paarmal gegen die Reifen tritt, während er sich Vor- und Nachteile durch den Kopf gehen lässt.

»Vielen Dank, dass du die weite Reise gemacht hast.«

Seine Stimme klang humorvoll, missbilligend und verkatert gleichzeitig. »Du bist direkt in den Vorgarten der Hölle gefahren.«

»Du wirst das alles wieder auskotzen«, mischte Blackbird sich ein. »Man kann doch nicht so viel Orangensaft mit so viel Bier durcheinandermischen.«

»Gerade deshalb tue ich es ja. Es reinigt das ganze System.« North schien versuchen zu wollen, Blackbird nicht weiter zu beachten. Er kam mir fast reumütig vor.

»Es ist schließlich deine Kotze«, erwiderte Blackbird. »Aber pass auf, wo du hinzielst, damit es keinen Ärger gibt.«

Blackbird langte in seine Hemdtasche. Er zog das geladene

Magazin der 45er hervor und knallte es auf den Tisch. »Das nächste Mal bitte ich mir bessere Manieren aus.«

»War ich wirklich so unartig?« North schüttete Orangensaft in sich hinein, spülte mit Bier nach.

Da saßen wir drei Exkrieger nun, versammelt um einen Küchentisch, der mit einem grünen Wachstuch bedeckt war, und in dessen Mitte das Magazin einer 45er lag. Blackbird schnipste es mit dem Zeigefinger kräftig an. Das Magazin wirbelte herum, bis es liegenblieb. Die Spitze zeigte auf North.

»Flaschenroulette«, sagte Blackbird.

»Du bist raus.« Blackbird ließ das Magazin noch einmal herumwirbeln. »Du bist auch raus«, sagte er zu mir, sah dabei aber North an.

»Ich hätte dich letzte Nacht beinahe erschossen«, sagte er. »Ich finde, wir sollten aufrichtig zueinander sein.« Blackbirds Gesicht passt in der Proportion zum Rest seines Körpers. Es ist klein. Die Stirn wölbt sich etwas vor, aber die Lippen sind dünn. Die Worte, die von diesen Lippen kamen, klangen eher beiläufig. North sah erst mich an, dann Blackbird. Sein regenglattes Gesicht wirkte teilnahmslos und kein bisschen überrascht. Graues Licht fiel durch das Küchenfenster und schimmerte sanft auf dem kupfernen Geschoß, das als oberstes gegen den Rand des Magazins gepresst wurde.

»Du hast dir offenbar nicht besonders viel Mühe gegeben«, sagte er. »Ich weiß nicht recht, was ich von deinem Misserfolg halten soll.«

Er stützte seine bleichen Hände auf dem Tisch ab und drückte sich aus dem Stuhl hoch. »Der Orangensaft tut seine Wirkung. Bin gleich wieder da.« Er steuerte auf das Badezimmer zu.

North war nie ein Dummkopf gewesen, aber trotz aller Gerissenheit ging ihm die Begabung, sich zu verstellen, ab. Er starb.

Sein Gesicht glich einem Leichentuch, hinter dem unzählige, schreckliche Gefühle einen fürchterlichen Kampf ausgefochten hatten. Angesichts dessen, so wollte es mir erscheinen, hielt er sich hier ganz gut.

Draußen stampfte das Pferd mit dem Huf auf, es klang wie ein stiller Seufzer.

»Sie wissen Bescheid«, sagte Blackbird, und er meinte die Pferde. »Dem da draußen hat die ganze Sache von Anfang an nicht gefallen, seitdem wir hier angekommen sind.«

Im Zimmer wurde es gerade dann dunkler, als North zurückkam. Wolken wurden in Schichten über den Himmel geblasen. Aus dem ungestümen Firmament dort oben schütteten die Wolken die tiefe Dunkelheit über den Wald.

»Jetzt bläst es so dahin, aber spätestens heute Nachmittag wird es zu stürmen anfangen. Dann werden wir ein paar Tage lang diesen aufgerissenen Wolkenhimmel haben.«

North nahm seinen Platz am Tisch wieder ein. Er schlürfte etwas Bier. »Blackbird kann diesen Ort nicht ausstehen«, sagte er zu mir, als säße Blackbird nicht neben ihm. »Er ist mein Zuhause«, fuhr er fort. »Ich habe in diesen Wassern gefischt, seit ich ein Kind war. Es sollte einem Mann gestattet sein, zu Hause zu sterben.«

Das Pferd stieß schnaufende Laute aus, die langsam in ein leises Wiehern übergingen. Blackbird stand auf.

»In St. Louis wärst du besser aufgehoben«, sagte er und ging zur Tür. »Zeit für seinen Morgenspaziergang«, fügte er hinzu und meinte das Pferd.

»Ich muss dem armen Kerl Bewegung verschaffen, sonst reißt er noch das Haus ein.«

Er ging hinaus.

»Was ist dein Problem?«, fragte ich North. »Du hast am Telefon gesagt, du bräuchtest einen sicheren Platz zum Sterben.«

»Die Geisterzäune«, antwortete North. »Es ist eine sehr lange Geschichte.«

Es war keine ausgesprochen lange Geschichte. Während des letzten Jahrhunderts waren die Chinesen gekommen, und die brauchten mit der Zeit einen Friedhof. Sie hatten das nicht vorgehabt, aber sie hatten es ja auch nicht vorgehabt, als Sklaven in einem Kalkwerk zu arbeiten. Die Arbeit war grausam, die Sterberate war erschreckend hoch. Sie wurden auf diesem Friedhof beerdigt, mit wenig Hoffnung, dass ihre sterblichen Überreste jemals nach China zurückgeschafft würden.

»Die Leute hier«, fuhr North fort, »haben sich nie darum gekümmert. Den Friedhof dort oben gibt es seit siebzig Jahren. Die Zäune verrotteten, irgendjemand hat sie immer wieder repariert. Die Leute kümmern sich um ihre eigenen Sachen. Die Chinesen bleiben für sich und kümmern sich um ihre chinesischen Angelegenheiten. Blackbird meint, ich hätte nicht nach Hause kommen sollen, aber früher hatten die Chinesen hier überhaupt keine Macht.«

Draußen auf der kleinen Lichtung arbeitete Blackbird mit dem Pferd. Blackbird führte das Pferd an einer langen Leine. Das Pferd trabte oder galoppierte, oder wie auch immer man das bei Pferden nennt, in einem großen Kreis. An manchen Stellen schien das schwarze Tier eins mit der finsteren Kulisse des Waldes, dann hob es sich wieder deutlich davon ab. Die weißen Strümpfe an den Fesseln bewegten sich elegant, so elegant wie Blackbirds Hände.

North sah noch immer sehr bleich aus, aber er wirkte nicht mehr so in sein Schicksal ergeben. Seine Hände zitterten wieder.

»Ich habe diesen Leuten niemals etwas getan«, sagte er. »Ich habe diese Gräber nicht auseinandergerissen.«

Zwei Jahrzehnte zuvor, als North, Blackbird und ich noch im Dschungel steckten, hatten sich in San Francisco Anhänger eines satanischen Kults breitgemacht, die bereit waren, bis zu hundert Dollar für einen einzigen menschlichen Schädel zu zahlen.

»Das hat niemand aus dieser Gegend getan«, sagte North. »Vielleicht Leute aus Oregon oder aus San Francisco.«

»Also sind die Zäune wieder mal eingerissen.«

Erinnerungen an Feuer und Raketenbeschuss beherrschten meine Gedanken. Hinter den Fenstern trottete das schwarze Pferd wie ein Zirkusgaul. Der Wahnsinn schien mir die einzig normale Möglichkeit zu bieten, die Dinge zu betrachten. Ich beneidete Blackbird.

»Es sind nicht nur die Zäune«, sagte North.

»Die Grabräuber haben sich nicht einmal die Mühe gemacht, die Gräber wieder zuzuwerfen. Knochen liegen offen herum. Das alles ist inzwischen mit Tannennadeln bedeckt, aber die Gräber sind offene Gruben. In manchen steht sogar das Wasser.«

North schaute ehrlich entrüstet. »Ich habe damit nichts zu tun. Ich war zu der Zeit nicht einmal in dieser Gegend.«

Er sah mich an, es lag Demut in seinem Blick, aber auch Gerissenheit.

»Ich habe einen Mönch getötet«, fuhr er fort. »Und dieser Kerl ist jetzt hinter mir her. Ich höre sie, wie sie flüstern und leise Schreie ausstoßen, wie sie heulen und jammern. Sie sitzen in der Nacht um das Haus herum.«

North versuchte ruhig zu sprechen, aber seine Stimme zitterte genauso wie seine Hände.

»Der Mönch hätte nicht sterben müssen«, sagte ich. »Er wollte doch nur etwas beweisen. Du erinnerst dich doch an die Mönche, die sich mitten auf die Panzerwege gesetzt haben, und an die Panzer, die daraufhin in einen höheren Gang schalteten. Dein Mönch hat Widerstand geleistet.«

Hinter den Fenstern drehte das schwarze Pferd seine Kreise,

es drehte seine Kreise wie der Sekundenzeiger einer riesigen Uhr.

»Aber ich war das Arschloch, das ihn gelassen hat.« North riss eine neue Bierdose auf und betrachtete sie. »Du kriegst das Delirium tremens erst, wenn du nicht mehr weitertrinkst«, erklärte er. »Es ist kein Delirium, es sind wirkliche Stimmen. Ich bin jedenfalls davon überzeugt. Und deshalb habe ich euch Jungs hierhergebeten. Blackbird ist verrückt, aber du bist nicht verrückt. Ich brauche neutrale Beobachter, weil mein Urteilsvermögen beim Teufel ist.«

Der Mann sah jämmerlich aus. Was Ziele und Motivationen betraf, war er bereits tot. Der dunkle Himmel hinter den Fenstern bildete den richtigen Hintergrund für ein Gesicht, das schon etwas Geisterhaftes hatte. Ich wünschte mir, ihn so betrunken machen zu können, dass er ganz von selbst sterben würde. Der Gedanke kam mir und verschwand gleich wieder.

»Beim Sonnenuntergang fangen die toten Seelen mit ihrem Gejammer an«, sagte North. »Zumindest ich kann sie hören. Wenn du sie auch hören kannst und Blackbird ebenfalls, dann Gnade mir Gott.«

Er versuchte mit den Schultern zu zucken, stattdessen nahm er einen Schluck Bier.

»Dann bleibt mir nur noch die Möglichkeit, mit dem Boot in tiefes Wasser hinauszufahren und es dort mit mir zu versenken.« Er tippte mit einem Finger auf das grüne Wachstuch. »Das wäre eine Schande«, fügte er hinzu. »Schließlich gibt es hier so viele junge Burschen, die das Boot gut gebrauchen könnten.« Der verschmitzte Ausdruck wollte nicht von seinem Gesicht weichen.

»Sei nicht so sicher, dass ich nicht verrückt bin.« Das war die einzig aufrichtige Antwort, die mir einfiel. »Bevor ich hierherkam, war mit mir noch alles in Ordnung.« Dann fiel mir etwas ein.

»Warum haben die Grabräuber den Friedhof der Indianer nicht geplündert?«

»Wenn du ihn siehst, dann wirst du fühlen, warum sie es nicht getan haben«, antwortete North.

Der indianische Friedhof erläuterte sich selbst besser, als North oder Blackbird es vermocht hätten. Wir kamen an ihm vorbei, als wir zum chinesischen Friedhof hochstiegen. Aber das sollte erst später geschehen, kurz vor Sonnenuntergang.

North trank noch mehr Bier, quälte sich etwas Essbares hinein und legte sich dann schlafen. Blackbird erledigte ein paar kleinere Arbeiten an seinem Lieferwagen. Als er die Heckklappe des Wagens öffnete, fiel mir als erstes eine Reihe von Gewehren ins Auge.

»Es bringt 'ne Menge Geld, mit Gewehren und Munition zu hökern«, meinte Blackbird.

Als ich mich dem Pferd näherte, schlug es einmal mit dem Vorderhuf aus. Der Schlag war scharf und kurz, der Huf traf den Boden wie ein trockener Hammerschlag.

»Er schließt keine Freundschaften«, erklärte Blackbird. »Sei bloß nicht so dumm, dich hinter ihn zu stellen.«

Ich hatte mir das Pferd bis jetzt noch gar nicht genau betrachtet. Dieses Tier zeigte mir nichts von Pferden im Allgemeinen, sondern nur etwas von sich selbst. Es war präzise wie ein Falke in seinen Bewegungen, es besaß die Energie und die Kraft, die sich bei großen Tieren so blitzschnell auf einen Punkt richten können. Ich stellte mir dieses Pferd im Kampf mit einem Grizzly vor, und ich konnte mir keinen Ausgang dieses Kampfes vorstellen, jedenfalls keinen, bei dem nicht beide Tiere tot auf dem Kampfplatz zurückbleiben würden. Dieses Pferd war so furchteinflößend wie eine Naturgewalt, wie ein starker Wind, ein Sturm, ein Hurrikan, wie ein Vulkan.

»Auch mit Artgenossen kommt er nicht besonders gut aus.«

Blackbird reinigte die Zündkerzen. Seine Hände waren mit Motorenöl verschmiert. Die weiße Hand schwebte über dem Motor, machte sich in dem dunklen Motorraum mit geschickten Bewegungen zu schaffen. »Nicht einmal von Frauen hält er besonders viel.«

Im Wald begann sich etwas zu bewegen. Zumindest hielt ich es für eine Bewegung. Ich traute meinem eigenen Verstand nicht mehr richtig.

»Ich schätze, es handelt sich um indianischen Geisterspuk«, sagte Blackbird. »In Montana kann man das ständig beobachten. Du musst dich einfach nicht drum kümmern.«

Blackbird hatte dem Wald während seiner Arbeit den Rücken zugewandt. Er summte vor sich hin, als er die Zündkerzen wieder festzog.

Wenn sich im Dschungel etwas bewegt, dann sieht man es nicht, man fühlt es viel eher. Wenn man danach Ausschau hält, dann wird man bestimmt nichts erkennen. Bewegung im Dschungel spürt man manchmal, irgendwo am Rande der Wahrnehmung, aber viel häufiger wird sie einem durch das Gefühl im Magen vermittelt, oder durch einen kalten Schauer, der einem den Rücken runterläuft. Zweimal während dieses Nachmittags hätte ich mich beinahe in Deckung geworfen, weil ich im nächsten Moment Maschinengewehrfeuer erwartete.

Blackbird war mit seinen Zündkerzen fertig. Er kroch unter seinen Lieferwagen.

»Ich hab' dir doch geraten, dich nicht drum zu kümmern, aber du hebst ja gleich ab, Mann. Pass auf, dass du nicht zu hoch fliegst.« Seine Stimme klang hohl unter dem Fahrzeug hervor. Der Wind, den North vorhergesagt hatte, begann mit einer leichten Brise.

»Es ist schon richtig, aufmerksam zu sein«, sagte Blackbird, »aber nicht auf den Wald da drüben.«

Erinnerungen und Zwangsgedanken vereinigten sich in meinem Kopf. Seit Jahren hatte ich diese Gedanken verdrängt, hatte böse Erinnerungen wegrationalisiert. Jetzt holte ich meine Pistole aus dem Gepäck hervor. Es war nicht viel mehr als eine kleine Erbsenschleuder, eine 38er von der Sorte, die von Richtern und Anwälten bevorzugt wird. Es gibt jede Menge dieser Stupsnasen in Juristenkreisen. Wir tun so, als existierten die Dinger gar nicht. Aber wir, die wir mit Scheidungen, Überfällen und Gutachten über psychische Gesundheit befasst sind, wir tun ja auch so, als seien menschliche Gefühle objektiv, als würden sie im Zusammenhang mit juristischen Problemen gar nicht existieren. Folglich besitzen wir 38er.

Ein Teil meines Bewusstseins war sich im Klaren darüber, dass ein archaischer Wahnsinn nach mir griff, aber dieser Wahnsinn besaß eine eigene Schöpferkraft. Ich hörte nicht auf, Bewegung im Wald wahrzunehmen.

»Wenn es wirklich Chinesen sind«, sagte Blackbird, »dann glaube ich nicht, dass sie hinter dir her sind. Wenn du zu nervös wirst, macht es dich am Ende fertig.« Seine Stimme hallte unter dem Lieferwagen hervor. Er sprach jetzt mit sich selbst: »Die alte Mühle muss noch mal zehntausend Meilen bringen … alte Kiste … das ist sie mir schuldig.«

Am späteren Nachmittag wurde der Wind stärker und blies regelmäßiger. Der Wald erwachte zum Leben. Hundert Fuß über unseren Köpfen schwankten Tannen- und Zedernwipfel hin und her. Regenschauer fuhren immer wieder über sie hinweg. Blackbird beendete seine Fummelei am Wagen. North trat aus seinem Haus. Er trug Stiefel, Arbeitskleidung und eine alte Jacke.

»Wir haben doch August«, wandte Blackbird sich an ihn. »Wird es denn in dieser Gegend niemals wärmer?«

»Manchmal schon«, antwortete North. »Aber nicht so oft, wie man erwarten sollte.« Er sah mich an, musterte meine Kleidung.

»Verdammt feiner Aufzug«, meinte er. »In der Kammer hängen noch ein paar alte Mäntel und anderes Zeug.« Dann sah er zum Wald hinüber. Die Baumwipfel waren immer noch in Bewegung, wenn auch langsamer. Jetzt, in der hereinbrechenden Dunkelheit, erschienen die Bewegungen willkürlicher, wie von Figuren an einer Schießbude, die sich nur ganz kurz und kaum wahrnehmbar als Ziel darbieten und wieder verschwinden. »Geh weg!«, rief er dem Wald zu. Seine Stimme zitterte. »Siehst du das?«, fragte er Blackbird. »Sag doch nicht, dass du es nicht auch siehst.«

Blackbird lehnte sich gegen seinen Lieferwagen. Der erstaunte Vogel auf der Tür kam mir auf einmal höchst amüsant vor. Ich konnte mir vorstellen, wie Blackbird ihn gemalt hatte, wie er dabei gekichert und in sich hineingelacht hatte.

»Ich habe es hier mit einer Bande von Verrückten zu tun«, sagte Blackbird. »Bei euch beiden spukt's ja. Bei meinem Pferd spukt es auch schon. Ihr Spinner seid losgegangen und habt den Wald verhext. Natürlich sehe ich es. Warum auch nicht?«

»Ich könnte nicht beschwören, dass ich es sehe«, sagte ich zu North, »aber wenn ich es sehe, dann ist es schon seit einer ganzen Weile da.«

»Wie kann ein Mann sterben, wenn er nicht einmal eine Verletzung spürt?«, fragte North. »Ich kann so gut gehen wie eh und je, und ich habe auch keine Schmerzen im Bauch.« Er schien sich davon überzeugen zu wollen, dass es sich bei der ganzen Angelegenheit nur um ein Possenspiel handelte. Er zog die 45er aus der Hosentasche und betätigte den Schlitten. Dann hielt er sich die Waffe vor das Gesicht und sah den Lauf entlang.

»Hallo, alte Freundin«, sagte er zu der Pistole. »Woll'n wir noch 'ne Runde zusammen dreh'n?«

»Pass auf, dass du dir mit deinem Baby nicht in die Nase schießt«, sagte Blackbird im Plauderton. »Du solltest den Sicherheitsbügel runterdrücken.«

»Ich habe sehr bewegliche Hände«, meinte North. Er spannte den Hahn, kauerte sich zusammen und gab einen Schuss auf den Wald ab. Der Knall der schweren Pistole hallte über die Lichtung und wurde vom Wald verschluckt. North schoss ein zweites Mal. Der Wald stand da, dunkel, bewegungslos, aber bewegt. Das Pferd stampfte auf, wieherte und zog kräftig an den Zügeln, mit denen es an die Veranda gebunden war. Das Verandadach schwankte bedenklich.

»Tu das noch mal«, sagte Blackbird, »dann brauchst du dir wegen der Chinesen keine Gedanken mehr zu machen.« Er überquerte die Lichtung, vogelgleich, wie das Flackern einer schwarzen Flamme. Er blieb neben dem Kopf des Pferdes stehen und sprach mit dem Tier.

»Ich glaube, du kämst besser weg, wenn du dich ersäufen würdest«, sagte ich zu North. »Wir haben alle drei den Verstand verloren.«

North sah hinüber in den Wald.

»In einer Stunde wird die Sonne untergegangen sein. Ich sollte es hinter mich bringen.« Er nahm das Magazin aus der Pistole, dann ließ er die Patrone aus dem Lauf schnappen. North wollte Zeit gewinnen. Ich machte mir Sorgen und war vorsichtig, während Blackbird schimpfte. North ging zum Haus hinüber, bestand darauf, dass wir vorher etwas essen sollten. Erst trieb er uns zur Eile an, dann verzögerte er den Aufbruch wieder. Als wir den Wald endlich betraten, ging North voran. Ich folgte ihm, Blackbird bildete die Nachhut. Er führte das Pferd.

North beschwerte sich bitterlich über das Pferd. Blackbird erwiderte ihm, das Pferd sei verängstigt, und das sei Norths Schuld, und wenn North das nicht aushalten könne, dann würde er, Blackbird, die Dinge so regeln, dass North es aushalten könne.

Wir hatten wasserdichte Taschenlampen mitgenommen.

Blackbird hatte einen kleinen Leinensack über der Schulter hängen, das Pferd trug Satteltaschen. Auf dem Rückweg würde der Wald mit Sicherheit in tiefe Nacht gehüllt sein.

Der langsam ansteigende Pfad war ziemlich breit.

Wenn sie ein bisschen achtgaben, konnten zwei Männer nebeneinandergehen. »Hinter dem indianischen Friedhof wird der Weg schmaler«, kündigte North an.

Keine Beschreibung hätte es vermocht, mich angemessen auf diesen Platz vorbereiten zu können. Er zog sich über die gesamte Kuppe eines Hügels. Die Bäume standen hier etwas spärlicher, ein paar hohe, uralte Exemplare reckten sich hinauf in den Wind und die wehenden Nebelschwaden. Der vorherrschende Farbton war Rot; das Rostbraun der Zedern, die sich dem schwindenden Tageslicht entgegenstreckten, das Kastanienbraun verrottender Ahornblätter.

Der Friedhof selber war ein Hain, in dem Geflechte von wildem Wein und Efeu sich zu einem Durcheinander fließender Muster verwoben. Wind rauschte durch die Blätter, aber hier, so tief im Wald, blies er unstet und flüchtig. Weiter oben, in den Baumkronen, war der Wind gleichmäßiger, und dort stürmte er mit ziemlicher Vehemenz.

Die Grabsteine standen schräg oder lagen gänzlich flach. Die bettähnlichen Gestelle und ihre Verzierungen schimmerten im rostigen Rot der Zedern. Wie in einem Möbellager sah es hier nicht aus. Die riesigen Betten standen in viel zu großem Abstand und den merkwürdigsten Winkeln zueinander, und nicht etwa in Reih und Glied, obwohl es dort, wo offensichtlich ganze Familien begraben waren, zu Häufungen kam.

Zedern- und Tannenzweige lagen als frische Dekoration quer über den riesigen Betten. Man hatte den Eindruck, als habe der Wind, der die Zweige von den Bäumen riss und in den Wald fallen ließ, die Dekorierung des Friedhofs zu seiner Sache gemacht.

»Spürst du es?« Blackbird sprach entweder mit mir oder mit seinem Pferd.

»Das würde sogar ein toter Mann spüren«, flüsterte ich.

Eine Kraft lag ganz still über diesem Friedhof. Die Kraft war so deutlich spürbar, so lebendig, dass ich sie auch gefühlt hätte, wenn mein Verstand nicht in Aufruhr gewesen wäre. Im Gegenteil, als diese Kraft fast allmächtig wurde, wurde mein Verstand ruhiger. Ruhe. Stille. Frieden. Hier war für Verdorbenes kein Platz.

North wurde nervös. Ich verstand nicht, warum.

»Das ist ein Trick«, sagte er, und es schien, als spreche er mit dem Wald. »Hier stirbt ein Mann, und du schickst die Raben, stimmt's? Stimmt's?!« Er blieb stehen und sah sich zu mir und Blackbird um.

»Lasst euch nicht an der Nase rumführen«, sagte er. »Ich kenne die Indianer, ich weiß, wie sie es machen. Sie herrschen über die Raben und die Krähen, und sie lieben die Rache.« Sein Gesicht wirkte in der zunehmenden Dunkelheit bleich, wie ein weißer Mond vor der rötlichen Kulisse des Friedhofs. »Spürt ihr, dass es dort wartet? Spürt ihr es? Sie herrschen über Eulen und Ratten und alles, was beißt.«

»Was hast du denn den Indianern angetan?« Blackbird grinste. Die weiße Hand ruhte auf dem Hals des Pferdes, als wir stehenblieben. Dann gestikulierte die weiße Hand, zeigte in Richtung des Friedhofs. »Die Indianer kümmern sich gar nicht um dich. Hör' doch, wie still es ist. Du kannst doch hören, wie wenig sie sich um dich kümmern.«

»Die Leute haben experimentiert«, sagte North. »Früher. Die Indianer haben hier ihre Vettern liegen, hier und weiter oben. Es gibt chinesische Indianer, aber keine indianischen Chinesen, weil ...« In seiner schrecklichen Angst atmete er schluchzend und schnaubend, dann schrie er: »... weil es keine chinesischen Frauen gab.« Seltsamerweise schien diese Tatsache für North von großer Bedeutung zu sein. Man konnte deutlich sehen, wie weit seine Angst und seine Fantasie ihn trugen.

»Ich weiß 'ne ganze Menge über die Indianer.« Blackbird machte den Versuch einer ernsthaften Antwort und kicherte nicht dabei. »Diese Leute kümmern sich selbst um ihre Götter. Du bist für sie nur einer von diesen verrückten Weißen. Du hast für sie keine Bedeutung.«

Blackbird nahm die Hand herunter und trieb das Pferd wieder vorwärts. »Macht dass ihr weiterkommt«, sagte er zu North und mir, »oder ich lasse mal eben die Zügel los.«

Wir spürten die stille Anwesenheit des Friedhofs in unseren Rücken, als wir weiter bergauf gingen. Ich ging hinter North. Ich wusste jetzt, dass er verrückt war vor Angst, vor diesem Abgrund der Angst. Ich ging hinter ihm und erwartete jeden Moment, dass er stolpern und auf die Knie gehen würde, um einen seiner skandinavischen Götter um Hilfe anzuflehen, dass er beten würde für Stürme oder den Schutz des heiligen Kreuzes und der himmlischen Heerscharen. Ein Gebet hinter gefärbtem Glas, ein Gebet für eine Ruhestätte hinter dicken Kirchenmauern.

Der Pfad wurde schmaler. Niedrige Tannen- und Ahornzweige streichelten die Flanken des Pferdes. Der Streifen Himmel über unserem Weg leuchtete rötlich und war so weit weg; ein schmales Band über einem Land des Windes und der hereinbrechenden Nacht.

North stolperte vorwärts. Im Wald begann es sich zu bewegen. Ich blieb stehen und sah mich um. Der indianische Friedhof war hinter den Bäumen in der Finsternis verschwunden.

»Siehst du es?«, flüsterte North. »Siehst du es nicht?«

»Ich sehe es.« Ich flüsterte ebenfalls. Die Bewegung war so flink wie das Schlagen von Fledermausflügeln, es waren bleiche Schatten, die sich da bewegten.

Sie erschienen und verschwanden am äußersten Rand des Wahrnehmungsfeldes. Wenn Blackbirds Hand magisch gewesen wäre, wenn sie die Fähigkeit gehabt hätte, plötzlich dort aufzutauchen und zu verschwinden, wo die Augen gerade nicht hinschauten, dann hätte sie diesen Schatten geähnelt.

»Brrr!«, rief Blackbird.

Das Pferd scheute nicht, aber es war angespannt. Es sah aus, wie ein Rennpferd Sekunden vor dem Start aussieht. Das Tier war riesengroß, eine massige, dunkle Gestalt, die den schmalen Pfad ganz ausfüllte. Sein Atem ging schwer, ein Klang, wie ein Versprechen von Kraft, das sich auf die Dunkelheit und die düstere Melancholie des Pfades legte. Wenn das Pferd sich entschlossen hätte durchzubrechen, dann wäre Blackbird wie ein Blättchen Kohlepapier im Wind durch die Luft gewirbelt worden. North und ich hätten wahrscheinlich nicht rechtzeitig ins seitliche Gebüsch abtauchen können und wären zertrampelt worden. »Kein Wort mehr«, sagte Blackbird. »Ich muss diesen armen Teufel zu der Lichtung kriegen, schnell und ruhig. Ihr wisst doch, was zu tun ist. Ihr wart doch im Dschungel.«

Dieses Wort fuhr mir wie ein plötzlicher Zorn ins Bewusstsein. Dschungel. Meine Einstellung zu den Dingen veränderte sich. Ich akzeptierte plötzlich diesen archaischen Wahnsinn. Im Krieg gibt es keine geistige Gesundheit, es gibt nur nützliche Formen des Wahnsinns. Wahnsinn ist der einzige Weg zu überleben, und Wahnsinn zieht seine eigene Einstellung zu den Dingen nach sich.

Wir stiegen den Pfad schnell hinauf, und unsere Füße machten kein Geräusch mehr. Unsere Füße wussten genau, wo sie hinzutreten hatten, unsere Füße knickten keine Zweige, stießen nicht gegen Steine. Sie rutschten auch nicht auf dem nassen Waldboden aus. Es war wie im Dschungel, im Krieg. Wir betraten den chinesischen Friedhof leiser als ein Flüstern. Das Licht zog sich aus dem Wald zurück wie ablaufendes Wasser von den Felsen. Die

Sonne musste wohl schon direkt über dem Horizont stehen. Hier herrschte kein Friede, sondern nur Zerstörung.

Auf diesem Friedhof herrschte Kriegszustand.

Bleiche Überreste von Seelengittern ragten in den verrücktesten Verrenkungen und Winkeln aus dem aufgerissenen Waldboden hervor. Manche Gräber standen fast aufrecht an dem abschüssigen Gelände, als habe man die Toten absichtlich in einer besonders unbequemen Stellung zur Ruhe betten wollen. Die ausgehobenen Gräber glichen leeren Gesichtern und blanken, ausgebleichten Knochen. Es war ein riesiger Friedhof, viel größer als der Indianische. Chinesen gab es in diesem Teil der Welt seit ungefähr hundert Jahren, Indianer seit zwanzigtausend Jahren, und trotzdem erschien einem dieser Friedhof so groß und so alt wie das gesamte Leiden der Menschheit.

»Deshalb haben sich die Schädel so gut gehalten – deshalb lohnte es sich, sie auszugraben«, murmelte ich. »Der abschüssige Hügel bietet die beste Dränage. Es ist ein fast trockener Hügel mitten in einem Regenwald.«

Ein paar der bevorteilten Gräber lagen an einigen flachen Abschnitten im Hügel. Hier hatten die Körper der Toten fast waagerecht in die Erde gebettet werden können. Jetzt stand das Wasser in den ausgehobenen Gruben. In diesem Rest von Tageslicht und angesichts der Fäulnis des abgestandenen Wassers und des Verfalls ringsherum, wäre einem eine völlige Finsternis wie ein Segen vorgekommen.

»Und wenn du noch so viel Angst hast«, flüsterte ich North zu, »nichts gab dir das Recht, uns hierher zu bringen. Oh Mann, von allen Plätzen auf dieser Erde ist das der einzige, wo du wirklich nicht sein dürftest.«

Seelengitter sind nicht besonders groß. Manche sind nicht höher als die Zierzäune, die Gärtner um ihre Blumenbeete stellen. Die Macht des Zaunes besteht in der Kraft des Symbols, aber hier bestanden die Symbole nur noch aus einem Durcheinander erstickter Stimmen. Die Symbole bezeichneten den Tod von Zärtlichkeit, Glauben, Liebe, Vertrauen, Respekt, Ehre und Erinnerung.

Einige der Zäune wiesen komplizierte, ausgeklügelte Schnitzereien auf. Ich ließ den Lichtstrahl meiner Taschenlampe hin und her wandern. Ein abgebrochenes Stück lag direkt vor meinen Füßen (stand ich etwa mitten auf einem Grab?), und dieses Stück – vielleicht zehn, zwölf Zentimeter Holz, von dem die Farbe schon abblätterte – war so sorgfältig und geduldig geschnitzt, dass es auf Stunden intensiver Arbeit und in langen Jahren erworbene Kunstfertigkeit hinwies.

Es war noch genug Tageslicht übrig, um den Lichtstrahl der Taschenlampe undeutlich zu streuen. Trotzdem klammerte ich mich an meine Taschenlampe. An diesem Ort war sie wertvoller als Feuer, Waffen oder Nahrungsmittel. An diesem Ort stand sie für das Überleben, für die Möglichkeit, wieder wegzukommen.

»Ganz schön schnell jetzt«, flüsterte North. Seine Stimme zitterte. »Ich bete zu Gott, dass ich diese Stimmen nur wegen des Deliriums höre. Oder weil ich verrückt bin. Vielleicht hört ihr Jungs sie gar nicht.« Seine Stimme hörte sich an, als bemühe er sich, überzeugend zu klingen, aber es wollte ihm nicht gelingen.

Blackbird stand ganz still da. Er prägte sich das Gelände ein. Auf dem Friedhof standen keine Bäume, nur ein paar alte Baumstümpfe. Der Wind blies über den Rand des umstehenden Waldes hinweg, fiel auf den Hügel hinunter und fegte zwischen den ramponierten Gräbern umher. Das Chaos eines Schlachtfeldes rührt nicht von den Leichen her, sondern von der Unordnung. Bäume sind zerbrochen. Die Körper der Toten sind auch zerbrochen, aber es sind die zerrissene Vegetation und die zerstörten Werke der Menschen, die das Chaos ausmachen. Ich erlebte einmal eine Explosion in einem Zug mit, der Passagiere und

Waren transportierte. Ich sah die zerbrochenen Blätter des Gemüses, das rote Fleisch der Tomaten, das sich über verbogenen Stahl ergossen hatte.

Aus einem Salonwagen entflogen Zeitungen wie Seelen im Wind. Die einzelnen Blätter stiegen auf und drehten sich, immer im Kreis, um einen Schlund aus Feuer.

»Die Leute sagen, ich sei verrückt«, murmelte Blackbird seinem Pferd zu. Das Pferd stand ganz still nach dem Aufstieg. Ich glaubte plötzlich, dass der Gaul Blackbirds Erklärungen zuhörte und sie auch verstand. »Vielleicht bin ich es auch«, fuhr Blackbird fort, »aber jetzt bin ich bestimmt nicht verrückt. An einem Platz wie diesem kennt Bird sich ganz genau aus.«

Norths Hand streichelte über die 45er.

»Es geht los.«

Es war nur noch die Erinnerung an das Licht zurückgeblieben. Der Wald war jetzt so schwarz wie Blackbirds Haut, und er war zum Leben erwacht. Der Wind klang wie eine Stimme, er heulte hoch über unseren Köpfen dahin, als gelte es, das letzte Tageslicht in die entferntesten Höhlen des Universums zu fegen.

Die Bewegung spielte sich jetzt nicht mehr nur am Rande der Wahrnehmung ab, sie fand nicht mehr ausschließlich tief drinnen im Wald statt. Wir beobachteten, wie die Bewegung zu einer unvollständigen Welle wurde, die ganz vorsichtig nach dem Friedhof zu greifen begann, zu einer Welle von Weiß, die sich immer wieder selbst erschöpfte, wie die Brandung am Ufer.

Das Weiß war nicht direkt ein Aufflackern von Licht, es wirkte viel mehr wie ein Fehlen von Dunkelheit. Erst wenn es die Bruchstelle eines der Seelengitter oder das hohle Gesicht eines leeren Grabes berührte, leuchtete es auf wie ein Licht. Meine Einbildung, die jetzt von einem Bewusstsein akzeptiert wurde, das sich im Kriegszustand befand, spiegelte mir jetzt auch Bewegung zwischen den Gräbern vor.

Es war inzwischen vollständig dunkel. North stand neben mir, und alles, was ich von ihm erkennen konnte, waren die bleichen Umrisse seines Gesichts und der weißen Haare. Blackbird stand etwa zehn Schritte von uns entfernt. Von ihm sah ich nur die weiße Hand, die er erhoben hatte, wahrscheinlich weil sie auf dem Hals des jetzt völlig unsichtbaren Pferdes ruhte. Ich hörte Atemgeräusche, meine eigenen, diejenigen des Pferdes, Blackbirds und Norths heftiges Keuchen.

Als die Stimmen ertönten, klangen sie nicht so besorgniserregend wie der Wind. Ich konnte unmöglich genau sagen, wann es damit anfing. Zuerst waren sie ganz schwach, das Bewusstsein akzeptierte sie, als seien sie schon die ganze Zeit über dagewesen.

Sie erinnerten an das Stimmengewirr in einer großen öffentlichen Markthalle oder das unzusammenhängende Summen und Brummen auf einer belebten Straße. Als sie lauter wurden, bemühte sich meine Einbildungskraft, jeder Stimme ein Gesicht zuzuordnen, aber sie war damit überfordert. So viele Gesichter hätten den Wald gefüllt, sie hätten sogar den Wind zum Erliegen gebracht und den Himmel verdunkelt. So viele Gesichter. So viele asiatische Gesichter.

»Oh Kim«, sagte Blackbirds Stimme. »Nein, Mann. Oh nein.« Blackbirds Stimme zitterte, aber nicht vor Angst. Seine Stimme war bewegt von Trauer und Schmerz.

»Oh mein Gott«, sagte er. »Sie sind blind. Sie sind tot, und sie sind blind.«

Seine Stimme klang, als würde er innerlich schreien, aber als er jetzt zu North sprach, kam nur ein gepresstes Murmeln hervor.

»Ich sollte dich töten und ihnen vorwerfen«, sagte er. »Es gibt Wahrheiten, die sollte ein Mann besser nicht wissen, und du hast mich gerade eben mit einer von diesen Wahrheiten bekannt gemacht.«

Die Stimmen wurden lauter.

»Ich kann das nicht mehr hören«, sagte er und sprach wieder mit Kim. »Nein, Mann, tu' es nicht.«

»Schätze, er kann nichts dafür«, sagte North. In seiner Stimme schwang ein unheimlicher, grausamer Unterton mit. Es war eine Stimme der Angst, aber es war noch mehr, es war auch die Stimme des Kampfes.

Das Stimmengewirr veränderte sich. Zunächst war es unmöglich zu beschreiben, wie die Stimmen ihre Tonart wechselten, aber man schreckte vor dem Klang nach fürchterlichem Leid zurück. Die Stimmen waren ineinander verschlungen, und trotzdem konnte man jede einzelne unterscheiden wie die Fäden eines Spinnennetzes. Die Stimmen kamen mir vor wie ein Wandteppich aus Klängen, bei dem jeder Faden in die Farben des Leids getaucht worden war. Es klang nach Weiß, nach feinem Blau und Grau, der Farbe eines sterbenden Gesichts. Die einzelnen Schreie waren verwoben zum Leichentuch der Dunkelheit.

Wie kann ein wahnsinniger Mann verrückt werden?, fragte ich mich, als die Stimmen laut zu wehklagen begannen. Die Klageschreie sprachen von dem Hunger, der jemals in einem menschlichen Herzen gewütet hatte: Dem Hunger nach Schnaps und Nahrung und Sex. Dem Hunger nach irgendeinem Gott irgendwo. Dem Hunger nach Schlaf, nach hübschen Dingen, dem Hunger nach Sternen und nach Wärme. Dem Hunger nach Sonnenschein, nach Menschen, die einem nahestehen, und nach fröhlichen Stunden im Kreise guter Freunde.

»Wenn du mit Kim redest«, sagte North zu Blackbird, »dann sag ihm doch bitte, dass ich ihm einen Handel vorschlagen möchte.«

»Es ist nicht Kim«, erwiderte Blackbird mit leiser Stimme, die den ganzen Schrecken eines Schreis in sich trug. »Es ist der, der Kim war, als er tötete. Der Rest von ihm … Der ganze Rest von ihm ist gefressen worden …«

Blackbird verschluckte die letzten Worte. Seine weiße Hand verschwand in der Dunkelheit. Man hörte das Geräusch des Reißverschlusses von seinem Campingbeutel, dann die gedämpften Klänge von Stahl, der gegen Stahl schlug. Blackbird hatte sich bewaffnet.

»Rechtsanwalt«, sagte er, »du suchst dir besser irgendwo eine Grube.«

Ich blieb stehen. North neben mir zögerte ebenfalls, dann setzte er sich in Bewegung. Er packte meinen Arm gerade in dem Moment, als ich zur anderen Seite davonlaufen wollte. Ich riss mich von ihm los, warf mich auf den Boden und rollte mich zur Seite.

Ein hoher Heulton stieg auf und breitete sich in der Nacht aus. Leuchtende Blitze schossen aus dem Inneren des Waldes hervor. Der Friedhof war angefüllt mit tanzenden, ziellosen Lichtpunkten. Es war, als würde man betäubt, als zerspränge einem das Gehirn in einzelne Blitze und Laserstrahlen. Ich ließ mich hügelabwärts rollen. Es gab keine Deckung. Ein kleiner Erdwall stoppte meine Flucht. Vielleicht ein Grab. Wahrscheinlich handelte es sich um einen regendurchweichten Erdhaufen, einen Wall zwischen zwei Gräbern, der von den Grabräubern aufgeschichtet worden war.

»Versuch' es nur, Baby«, rief Blackbird zu North hinüber. »Wir wollen mal sehen, wie gut du wirklich bist.« Blackbird kicherte.

»Du hinterhältiger Idiot. Hast dir wohl gedacht, du könntest Bird reinlegen, was? Du da oben im Dunkeln, mit deiner verschwitzten alten 45er. Wie bist du bloß auf diesen Schwachsinn gekommen?«

Blackbirds Stimme schien mal von hier, mal von dort zu kommen, so, als sei er in der Dunkelheit ständig in Bewegung. Das Pferd bewegte sich mit ihm, aber von ihm hörte man nur das Atmen. Es bewegte sich auf leisen Hufen, auf die Art, wie man

Pferde im letzten Jahrhundert trainiert hat. Sowie Blackbird aufgehört hatte zu sprechen, hatte ich den Eindruck, er selbst sei ein Geist. Er hätte drei Schritte von mir entfernt stehen können, ich hätte es nicht gemerkt. »Mach' deine Lampe an«, rief North. »Ich habe keine Ahnung, von was du da redest.«

Seine Stimme war voll der Lüge. Ich suchte in der Dunkelheit nach ihm. War es Illusion? Einbildung? Wahnsinn? Ich konnte die Lichtpunkte deutlich erkennen, aber sie beleuchteten nichts. North und Blackbird blieben unsichtbar.

»Mach du doch deine Lampe an.« Blackbird kicherte. Er war ganz in meiner Nähe, höchstens acht bis zehn Schritte von mir weg. Es erklang ein leises Rascheln, als er sich wieder entfernte.

»Versuche, am Leben zu bleiben, Rechtsanwalt.« Blackbirds Stimme wurde mit der Entfernung leiser. »Wenn du in diesem Scheißhaufen hier stirbst, dann wird dir das Fleisch von den Knochen gezogen, dann bleibt von dir nur noch das, was jetzt den Pistolengriff umklammert.«

Ich hatte die 38er in der Hand. Die alten Verhaltensmuster hatten sich automatisch wieder eingestellt. Ich hatte zur Waffe gegriffen, noch während ich in Deckung gerollt war.

»Sollen wir ihn uns jetzt gleich holen?«, fragte Blackbird. »Oder sollen wir ihn noch ein bisschen schwitzen lassen?« Blackbird sprach nicht mit mir, sondern mit seinem Pferd.

»Du hast das in den falschen Hals gekriegt.« Norths Stimme kam jetzt von einer anderen Stelle her. Er befand sich höher auf dem Hügel und weiter links.

Es war für mich keine Frage, wohin ich mit meiner Pistole zielen wollte, ich fragte mich nur, warum ich sie ganz automatisch auf North richtete. Dann kam mir zwischen den tanzenden Lichtpunkten die Erleuchtung.

Die Götter des Donners. Walküren. Kathedralen. Begräbnis in der Kirche. Das Opferlamm. Opfer.

»Er hat uns hier raufgelockt, um uns umzubringen«, hörte ich Blackbird zu seinem Pferd sagen. »Wahrscheinlich hat er geglaubt, er könnte einen für zwei einhandeln. Er wollte seine Freunde verschachern.« Blackbirds Stimme klang grausam, als er sagte: »Kim, hör' jetzt auf mit deiner Lightshow. Lass es schwärzer als schwarz werden und sag deinen Jungs, sie mögen bitte den Abwasch machen. Es ist Zeit fürs Abendessen.«

Die weißen Lichter verschwanden, das Heulen verstummte. Nur der Wind sang irgendwo über der totalen Finsternis sein Lied.

»Ich brauche meine linke Hand, um das hier zu werfen«, sagte Blackbird. Er sprach jetzt entweder zu dem Pferd oder zu Kim. »Ich brauche die braune Hand, die chinesische Hand, um es fortzuschleudern.«

Seine Stimme wurde von dem gewaltigen Donner einer Explosion im Wald verschluckt. Die Hitze der Granate schoss mit rotem Feuerstrahl zwischen die feuchten Tannenzweige. Der Donner ließ den ganzen Friedhof erzittern, die Explosion glich einem glühenden Hochofen. Äste wurden losgerissen und zu Boden geschleudert, eine Wolke von Sprengstoffqualm fuhr über den Friedhof hinweg wie eine Flutwelle.

»Ein ganzer Sack voller Granaten ist 'ne feine Sache«, hörte ich Blackbird sagen. »Man kann 'ne Menge Spaß haben mit 'nem Sack voller Granaten.«

»Leg dein Schießeisen weg«, sagte ich zu North und blieb sogar während des Sprechens in Bewegung. »Wenn das Ganze ein Irrtum ist, warum legst du dann nicht dein Schießeisen weg?« Ich rollte mich zur Seite, dann kroch ich hügelabwärts auf den Wald zu.

Die nächste Handgranate explodierte. Blackbird warf sie nicht auf den Friedhof. Die Granate explodierte im Wald. »Ich habe auch ein bisschen Hochexplosives dabei«, sagte Blackbird. »Willst du mal 'n bisschen Plastik probieren?«

Das Ganze war ein Wartespiel. Die Nacht war wie die finsterste Ecke eines tiefen Kellers. Hoch über unseren Köpfen schien der Wind ganze Berge von Dunkelheit auf den Friedhof zu schaufeln. Tiefe, undurchdringliche Dunkelheit. Der Wind war eine riesige Krähe, ein Rabe von gewaltigen Ausmaßen, der seine Flügel über uns ausbreitete.

Als der hochexplosive Plastiksprengstoff in die Luft ging, gab es einen scharfen, weißen, hellen Blitz. Blackbird hatte das Zeug am Stamm einer hohen Tanne befestigt. Der Friedhof sah einen Augenblick lang so aus, als sei er mit Hilfe eines Blitzlichtapparats fotografiert worden. North kauerte oben am Hügel, etwa hundert Fuß entfernt, irgendwo zwischen den Gräbern. Blackbird und das Pferd blieben unsichtbar, versteckt zwischen den Bäumen im Wald.

Ich versuchte einen Zufallsschuss mit meiner mitleiderregenden kleinen 38er. North fuhr herum und feuerte ein ganzes Magazin auf mich ab. Wir waren beide wie betäubt von dem hellen Licht, unsere Ohren waren taub von dem heftigen Schlag der Explosion.

Noch bevor Norths letzte Kugel neben mir in eines der bereits zerbrochenen Seelengitter schlug, donnerte die gesprengte Tanne wie mit einem Schmerzensschrei zu Boden, wo sie noch einmal aufschlug und endgültig liegenblieb.

North hatte nichts von der Fähigkeit eingebüßt, mit dieser Pistole umzugehen. In den Händen der meisten Männer ist eine 45er nicht übermäßig gefährlich, jedenfalls nicht auf eine Entfernung von hundert Fuß, aber North war gut. Seine Schüsse waren nicht auf Zufall angelegt, er wandte die Technik des Sperrfeuers an, wobei er mit statistischer Sorgfalt vorging. Ganz systematisch platzierte er seine Kugeln um die Stelle herum, an der er mich zuletzt gesehen hatte. Ich hörte das unverwechselbare Geräusch des Schlittens. North schob ein neues Magazin ein.

»Ich glaube, wir sollten mit der Spielerei jetzt aufhören«, hörte ich Blackbird zu seinem Pferd sagen. »Dieser Rechtsanwalt ist auf dem besten Wege, seinem bekloppten Selbst den Garaus machen zu lassen.«

Ich ließ mich weiter abwärtsrollen. Mit neuem Selbstvertrauen erreichte ich den Waldrand.

»Halt jetzt mal die Klappe«, flüsterte Blackbird mir zu. Er saß, nur ein paar Fuß von mir entfernt, rittlings auf seinem Pferd. Sein Flüstern wurde vom Wind verschluckt.

»In zwei Minuten lässt du eine knallen. Dann wartest du wieder zwei Minuten, und du lässt die nächste knallen.«

Er gab mir zwei Handgranaten. »Wir müssen ihn vom Wald fernhalten«, flüsterte er.

Wenn North erst einmal den Wald erreicht hätte, dann brauchte er nur noch auf den Strahl unserer Taschenlampen beim Verlassen des Friedhofs zu warten, oder er könnte uns im Morgengrauen irgendwo zwischen den Bäumen auflauern.

»Ich habe eine kleine Schaltuhr dabei«, sagte Blackbird. »In sechs Minuten geht der ganze Krempel hoch.«

Er verschwand wieder in der Dunkelheit. Das ruhige Pferd bewegte sich flink zwischen den Gräbern hindurch, aber selbst ein Pferd, das sich so leise zu bewegen wusste, konnte auf diesem steilen Abhang nicht alle Geräusche vermeiden.

Ein grausames, wunderbares Glücksgefühl ging von den beiden Handgranaten aus. Sie schmiegten sich in meine Handflächen wie zwei zutrauliche Tierchen. Ich liebte sie mehr, als ich jemals eine Frau hätte lieben können. Ihr aufregendes Gewicht, schwer und eindringlich, wie ein sexuelles Verlangen, vielversprechend wie ein gutes Buch oder ein teurer Whisky. Mein Gott, dachte ich, so also bin ich wirklich. So. Kein Wahnsinn konnte so ausgeprägt sein, dass er ihre Schönheit hätte trüben können, die Schönheit dieser gesunden, perfekt geformten Granaten.

Ich liebte Blackbird. Ich liebte ihn so sehr, wie ich noch niemals in meinem Leben eine Frau geliebt hatte. Er war mein Kamerad, mein Freund. Er vertraute mir. Wir hatten uns unsere Leben gegenseitig in die Hände gelegt.

Die erste Granate warf ich in hohem Bogen in den Wald. Sie prallte von einem Baum zurück und explodierte in einem kleinen Wasserloch, einem Graben, einer stehenden Pfütze, einem versteckten Grab, irgendetwas Ähnlichem. Wasser und Dampf stiegen hoch in die Bäume wie kurze Schnaufer aus den Lungen der Hölle.

Norths Pistole krachte. Ein Schuss. Der Mündungsblitz war irgendwo über mir, jetzt etwas weiter rechts. North feuerte quer über den Hügel, hinter einem Geräusch des kletternden Pferdes her.

Das Aufprallen der Kugel gab einen Knall, als habe sie den Sattel, einen Steigbügel oder eine Satteltasche getroffen. Das Pferd wieherte, und das Wiehern stieg auf in den Wind wie die Stimme eines verängstigten Kindes. Dann stöhnte das Pferd, beruhigte sich. Es atmete in schweren, saugenden Atemzügen.

»Oh Mann«, sagte Blackbird. »Jetzt muss ich dich zweimal umlegen.« Er bewegte sich schnell weg von seinem Pferd. »Schieß lieber«, schrie er, »weil Bird dir gleich ganz furchtbar weh tun wird.«

Blackbird zog das Feuer absichtlich auf sich. Es ergab keinen Sinn, es sei denn, er hatte die Absicht, North auf dem Hügel festzunageln.

Vielleicht wollte Blackbird Norths Pistolenschüsse auch nur

von seinem Pferd ablenken. North leerte das Magazin in die Dunkelheit, in die Richtung, aus der er Blackbirds Stimme vernahm.

Ich schoss einmal und zielte dabei knapp über Norths Mündungsfeuer.

»Tot«, rief Blackbird. »North ist mausetot.«

Man hörte, wie North ein neues Magazin in seine Pistole schnappen ließ. Ich konnte nicht glauben, dass ich ihn verfehlt haben sollte. Mein Gefechtsinstinkt sagte mir, dass ich ihn nicht verfehlt haben konnte. Ich lauschte auf das schwere Atmen eines verwundeten Mannes. Ich wartete auf sein verzweifeltes Feuer.

Vielleicht hatte er sich einfach aus dem Staub gemacht und schlich sich gerade auf schnellstem Wege in den Wald.

Stille. Dunkelheit. Wind. Ich warf die zweite Granate.

Die Explosion blitzte zwischen ein paar Büschen am Waldrand auf.

North feuerte zwei ungezielte Schüsse ab. Indem ich eine Granate nach links, die andere nach rechts geworfen hatte, hatte ich ihm erlaubt, mich einigermaßen zu orten. North war gut. Kein Mensch konnte bezweifeln, dass er gut war, und offensichtlich war er nicht verwundet. Er stand unter Strom wie wir alle. Seine Schüsse waren ungezielt, aber seine Instinkte funktionierten. Die Kugeln schlugen nur zwei oder drei Fuß neben mir ein. Er verbrauchte viel Munition. Er hatte sich eingedeckt, als gelte es, einen kleinen Krieg zu gewinnen. Die zweite Handgranate war verbraucht. Jetzt blieben noch zwei Minuten.

Stille. Dunkelheit. Wind. Das Klagegeschrei der toten Seelen klang nur noch gedämpft, vom Winde verweht, aber ihre Gegenwart, vielleicht auch nur die Erinnerung an Kims blutige Brust und die schreckliche Erinnerung an Blackbird, der sein eigenes Blut in die offene Wunde tröpfeln ließ, schwebte über diesem

Friedhof, und die Stille, mit ihrem unterdrückten Schluchzen und Seufzen, erschien einem voller Bedeutung.

O ja, er war verrückt. Dieser Blackbird war tatsächlich verrückt. Ich liebte seine Verrücktheit, denn als die Zeituhr abgelaufen war, wurde aus der Dunkelheit eine ohrenbetäubende, blendende Hölle des Lichts.

Kein Mann, der seinen Verstand beisammen hat, hätte Granaten und Feuerwerk mit sich rumgeschleppt. Handgranaten vielleicht, aber Feuerwerk? Blackbird hatte beides dabei.

Ich warf mich in Deckung, als ganze Serien von Knallfröschen losknatterten wie mittleres Gewehrfeuer. Der Wind fuhr zwischen sie, der qualmende Gestank nach Schwarzpulver breitete sich über den blitzenden Explosionen aus und wurde vom Wind über die Gräber verteilt. Die Explosionen sahen aus wie Mündungsfeuer aus einer ganzen Ansammlung von Gewehrläufen. Eine lange, schnelle Zündschnur brannte ab, zog sich wie eine dünne, rotglühende Linie durch die Dunkelheit. Knallfrösche explodierten neben einem fast intakten Seelengitter, das wie die Knochen eines Skeletts in die Höhe stand. Auf den von geschnitzten Ornamenten verzierten Latten des Zauns begannen zwei Feuerräder herumzuwirbeln wie Höllenfahrzeuge auf ihrem Weg ins Nichts. Die Feuerräder schleuderten lustige, kleine, rote Blitze von sich. Eine Komödie. Ein Mickey-Mouse-Film.

Die Zündschnur brannte. Eine Leuchtrakete stieg auf, beschrieb einen Bogen, zeigte auf den Friedhof.

»Schieß!«, brüllte Blackbird. »Schieß! Schieß! Schieß doch!«

Ich beugte mich in Norths Richtung. Die Rakete spuckte Fontänen von Feuer aus, von roten, grünen und weißen Blitzen. North löste sich aus seiner Kauerstellung. Ich feuerte einen Schuss ab, als er sich schon wieder hinwarf. »Nein«, murmelte ich. »Das nicht. Nicht einmal du …«

Ich schrie zu North hinüber. »Du wärst besser in der Hölle aufgehoben als dort, wo du jetzt bist.«

North hatte sich in einem der offenen Gräber verschanzt. Ein makabrer Fuchsbau. Hinter mir wurde das Geknatter schwächer, die Farben fielen in sich zusammen, als die Feuerräder spuckend ihr Leben aushauchten. Ich zielte sorgfältig auf die halbverdeckte Gestalt von North und drückte ab. Zwei Patronen verblieben mir noch in meiner 38er.

Etwa hundert Fuß über North blühte es rot am Nachthimmel auf. In der Dunkelheit wirkte es zunächst wie ein Scheinwerfer hinter rotgetöntem Glas, dann zerbarst das Ganze zu einem gewöhnlichen Blitz, wie von einer Napalmbombe. Eine ganz gewöhnliche Eisenbahner-Signallampe warf ein rotes Licht zwischen die zerbrochenen Seelengitter. Das Feuerwerk hatte Blackbird als Ablenkung gebraucht, um in Ruhe das einzelne Signallicht entzünden zu können. Er wartete irgendwo hinter der Signallampe. Unsichtbar. Das Licht ließ den ganzen unteren Teil des Friedhofs schemenhaft sichtbar werden. North feuerte einen Schuss ab. Und noch einen. Das Pferd löste sich aus der Dunkelheit. Seine Flanke glänzte feucht, und es hinkte den Hügel abwärts.

»Schieß!«, rief Blackbird. »Nagel ihn fest!«

North schoss. Der Mündungsblitz blieb verborgen, der Knall klang gedämpft. Es hatte sich angehört, als habe er absichtlich in die Erde des Grabes geschossen.

Schieß. Nagel ihn fest. Ich zielte. Schoss. North schrie. Seine Pistole knallte noch einmal, der Schuss ging wieder in das Grab.

Das Pferd stolperte. Am Waldrand wurde zaghaftes Flackern von Licht sichtbar. Das Pferd fiel beinahe in ein ausgehobenes Grab. Blut lief ihm an der Flanke herunter, Blut, das in dem roten Licht schwarz glänzte. Zu viel Blut. Das Pferd stolperte direkt auf North zu. Als Silhouette wirkte es so schwarz und so riesig wie die Apokalypse, und es näherte sich North mit unheimlichem Schritt. Blutiger Schaum tropfte ihm vom Maul.

In der roten Silhouette sah es so aus, als sei das Pferd nur von einer weißen Hand und einem Stiefel beritten. Blackbird bediente sich indianischer Tricks. Er ritt auf North zu, und er hing dabei ganz auf der entfernten Seite des Pferdes.

North schoss. Dann schrie er auf. Ich kenne Schreie. Ich habe schon so manchen gehört und kann sie beurteilen. Mit North musste etwas ganz Schreckliches passiert sein. Seine Pistole hatte sich angehört, als sei sie explodiert. Erde hatte den Lauf verstopft, als er die Waffe abgefeuert hatte.

Wie oft ist das schon passiert? dachte ich und kroch mit meiner 38er im Anschlag auf North zu. Wie oft war die Luft schon angefüllt mit Qualm, Kordit und Schreien? Wieviel Rot gibt es eigentlich auf der Welt? Wieviel Feuer? Wieviel Blut? Wie oft musste man schon Leichen untersuchen oder noch einmal auf sie schießen, um ganz sicher zu sein, dass sie auch wirklich tot waren?

Das Pferd näherte sich dem schreienden North ganz langsam. Blackbird glitt herab auf den Boden, die Zügel behielt er fest in der Hand. Die Augen des Tieres waren weit aufgerissen und rot in dem Licht der Signallampe. Das Pferd trug an seiner Wunde wie an schweren, mit Blei gefüllten Satteltaschen. Es versuchte einen Schritt rückwärts zu machen, stolperte, der riesige Leib stürzte beinahe. Es hob einen der weißbestrumpften Vorderhufe an und versuchte vergeblich, nach Norths Kopf zu treten. Es keuchte, zitterte, dann senkte es den Kopf und packte Norths rechten Unterarm mit seinem kräftigen Gebiss. Es hob den Kopf an, ich hörte, wie ein Knochen zerbarst.

»Lass ihn los«, sagte Blackbird zu dem Pferd. »Komm, mein Baby, lass ihn los.« Er zog die Zügel an und führte das Pferd rückwärts.

Vom Wald aus ergossen sich Lichtpunkte über den Friedhof wie die auslaufende Gischt von Brandungswellen. Der Wind verursachte flüsternde Geräusche bei seinem Spiel mit den Seelengittern.

North war ein großer Mann. Bei ihm gab es viel zu töten.

Er war zäh wie der Wind über den Bäumen. Er stützte sich auf seinen linken Arm und schrie. Seine Füße strampelten, als er versuchte, sich aus dem geplünderten Grab zu ziehen. Ich lehnte mich vor, versuchte ihn umzudrehen.

Er versuchte, mich dabei zu unterstützen, stieß mit dem linken Arm, mit den Beinen. Ich zog, versuchte ihn umzudrehen, die Wunde zu finden, aber er steckte fest in seinem leeren Grab. Sein Wahnsinn hatte ihn in diese Falle getrieben.

Es war keine Wunde zu sehen. Nur der rechte Arm stand in einem völlig ungewöhnlichen Winkel ab, ein bisschen Blut sah man an der Stelle, wo der Knochen sich durch das Fleisch gebohrt hatte. Das Regenwasser in dem Grab war abgestanden, trübe von Schlamm und stank verfault, aber es war kein frisches Blut darin.

In dem Licht der Signallampe, dem Heulen des Windes wirkten die tanzenden Lichtpunkte wie weit entferntes Gewehrfeuer. Rot und weiß. Eine rote und weiße Brandung schien in den Friedhof geblasen zu werden, begleitet von der Stimme eines roten und weißen Windes.

»Woher hast du es gewusst?«, fragte ich Blackbird. Er hatte die Jacke und sein Baumwollhemd ausgezogen.

»Gib dein Hemd her«, sagte er zu mir. »Und vergiss den Haufen Dreck da.« Er deutete auf den schreienden North.

Ich zog die Jacke aus, dann das Hemd. Ich gab es ihm.

»Eine Arterie ist angekratzt«, erklärte Blackbird. Seine Stimme klang hohl vor Trauer und Schmerz. »Ich muss die Blutung zum Stillstand bringen, oder das Loch wird immer größer.« Er riss mein Hemd in Streifen. »Ja, woher habe ich es gewusst?« murmelte er. »Kim hat es mir erzählt. Natürlich konnte Kim auch gelogen haben.« Blackbird legte dem Pferd einen Druckverband an.

»Ich muss den Burschen bis zum indianischen Friedhof bringen, bevor er umfällt.« Seine Stimme war leise, seine dunkle Gestalt war nur unter dem roten Flackern zu erkennen. »Ich will ihn nicht hier sterben lassen. Mann, er war so leichtfüßig und schnell. Sie würden es ihm nehmen.«

In dem roten und weißen Licht wirkte sein Gesicht wie eine kleine Skulptur der Trauer. Er arbeitete mit flinken Fingern. »Ich werde ihn verlieren. Ich würde meinen halben Anteil an der Hölle für eine Nadel und etwas Katzendarm geben.« Er drehte sich zu North um, dessen Schreie immer heiserer wurden. Norths Kehle musste wund sein vom vielen Schreien, und plötzlich, verbunden mit einem Schauer der Angst um meine eigene Seele, wurde mir bewusst, dass ich diese Schreie während der letzten Minuten gar nicht mehr richtig wahrgenommen hatte. Sie hatten für mich zu alltäglich geklungen.

»Meine kleine Lightshow hat zu echt gewirkt«, sagte Blackbird. »Vielleicht hat dieses Stück Dreck«, er deutete auf North, »sie so echt wirken lassen. Oder das alles war echt. Die 45er war für uns bestimmt, aber wenn North das alles vorhergesehen hätte, dann hätte er gewusst, dass es auf der ganzen Welt nicht genug Kugeln gegeben hätte.«

Blackbird sah North an, dessen offener Mund Schrei auf Schrei über den Friedhof jagte. Es gab mechanische Schreie, gewöhnliche, alltägliche Schreie, Schreie, denen man während eines Gefechts weniger Aufmerksamkeit schenkte als jedem unfreiwilligen Fluch oder dem Heulen des Windes über den Baumkronen des Urwalds.

»Ich biete dir ein Geschäft an«, sagte Blackbird zu North. Seine Stimme klang ganz neutral, weder grausam noch freundlich. »Du verdienst es nicht, aber ich biete es dir trotzdem an. Du bist doch der Mann, der so gut lachen kann. Also, lache. Wenn du für mich lachst, werde ich dich aus dem Loch ziehen.«

Irgendwo in meinem Bewusstsein begann Entsetzen sich auszubreiten, rot wie das Signallicht und gleichmäßig wie das Blasen des Windes. Ganz hinten begann es sich auszubreiten, aber wirklich bewusst war mir im Moment nur ein Gefühl der eisig kalten Freude.

Norths weißes Gesicht, dreckverschmiert und gezeichnet von der Geschichte eines harten Lebens, vom Krieg, schien zu einer Maske zu werden. Ein Schrei erstickte hinter seinen zusammengepressten Zähnen. Sein Gesicht starrte hoch aus diesem seichten Grab, das für ihn so tief war wie ein verlassener Steinbruch. Es schien sich auf das zu konzentrieren, was er als nächstes zu tun hatte. Die linke Hand wischte über die Erde an der Kante des Grabes. North hatte die Zähne noch immer zusammengebissen, dann öffnete er sie. Sein Mund wirkte unter dem roten Licht wie ein schwarzes, leeres Loch. Er verzog die weißen, geisterhaften Lippen zu einem Lächeln, zu einem dünnen, schrecklichen Lächeln. Dann kicherte er, ein Kichern, das sich anhörte, als würden Kieselsteine in einer Blechbüchse durcheinandergeschüttelt. Er zwang sich zu einem Lachen, einem Lachen über die Geschichte, den Krieg, über uns und über sich selbst. Es klang dünn, fast wie ein Weinen.

»Oh Mann«, sagte Blackbird, »das ist doch kein Lachen.«

Er liebkoste dabei zärtlich sein Pferd, die weiße Hand ruhig führend wie ein Vater bei seinem Sohn. Mit der anderen Hand suchte er nach seiner Taschenlampe. »Aber du hast ja alle Zeit der Welt zum Üben«, fuhr er fort. »Vorausgesetzt, sie lassen dir etwas, womit du lachen kannst …«

Der kleine Lichtpunkt von Blackbirds Taschenlampe suchte seinen Weg wie ein kleiner Leuchtkäfer, der langsam hügelabwärts entschwand. Für eine kurze Weile hörte man noch die schweren Atemzüge des sterbenden Pferdes, das beinahe bei jedem Schritt ins Stolpern kam.

North hatte wieder damit begonnen, ganz leise Schreie auszustoßen. Seine linke Hand krallte sich in die Kante des Grabes. Blackbird verschwand in Richtung des indianischen Friedhofs.

Ich weiß nicht, warum ich zurückblieb. Vielleicht tat ich es nur in Befolgung der alten Kampfregel: »Lass dich nicht von einem toten Mann umbringen«, die nichts anderes besagte, als dass auch ein Mann, der nur noch ein bisschen am Leben ist, immer noch reagieren kann. Vielleicht blieb ich aber auch wegen der Schuld. Ein Mann, der mir früher einmal das Leben gerettet hatte, lag nun vor mir als Opfer seines eigenen Verrats. Oder, noch schlimmer, es kann auch sein, dass ich blieb, weil ich an meinen eigenen Tod dachte, der irgendwo in der Zukunft lag, und weil ich Angst hatte vor den furchtbar alten und mächtigen Kräften, von denen Blackbird gesprochen hatte.

Vielleicht blieb ich nur, weil die Zeit tickte wie die gelben Handschuhe der Mickey Mouse auf Blackbirds Zifferblatt.

North war ein Porträt in Rot und Weiß. Meine Taschenlampe ließ seine starrenden Augen erglühen. Der Wind griff nach der Signallampe, verwandelte ihre Spitze in einen kleinen Hochofen. Die Lampe warf sich überkreuzende Schatten auf die gespenstische Szenerie des Durcheinanders von aufgerissenen Gräbern und zerbrochenen Seelengittern. Norths weißes Gesicht, sein weißes Haar wirkten grotesk in diesem roten Licht. Flache Atemzüge hechelten ihm durch den offenen Mund. Er war nicht mehr in der Lage zu schreien. Der gebrochene Arm musste ihm schreckliche Schmerzen bereiten, aber er schien von etwas Größerem als Schmerzen in Anspruch genommen.

In diesem Gesicht mit dem nach Luft schnappenden Mund und den in Konzentration zusammengezogenen, schneeweißen

Augenbrauen stand etwas anderes geschrieben als Schmerz, etwas viel Schlimmeres. Dieses Gesicht spiegelte das Wissen um die grenzenlosen Schrecken wider, die ihm noch bevorstanden.

Der Wind spielte die ihm angemessene Rolle in diesem grausamen Spiel. Er begann, die Klänge entfernter Klageschreie herüberzuwehen, dünner Schreie, die sich hinter dem flackernden Leuchten eines Schirms von Weiß versteckten, der langsam näher kam. Eingehüllt war bereits die Kuppe des Friedhofhügels, eingehüllt von einem Weiß, das so dicht war wie ein Schneesturm. Hügelabwärts breitete es sich aus, bedeckte geplünderte Gräber und sprühte weiße Funken von den geschnitzten Streben der zerbrochenen Holzgitter. Das Weiß wirkte wie die Arbeitsfläche eines Künstlers, wie gegipste Leinwand, die darauf wartete, dass die Farben der Schreie auf ihr verewigt würden.

»Das hat kein Mensch verdient«, sagte ich zu North. »Nicht einmal du. Wenn ich könnte, würde ich dir helfen.«

Vielleicht hörte er mich. Ich hätte gern geglaubt, dass er mich hörte, dass er selbst in dem Moment, als seine schreckliche Seele zur Hölle fuhr, noch in der Lage war, die eine menschliche Stimme wahrzunehmen, die ihm bestätigte, dass er einmal ein menschliches Wesen war.

Die Klageschreie wurden lauter, und jetzt klangen sie dämonisch. Das waren die Schreie des Hungers, die Schreie der Blinden, das Wimmern der hohlen Gesichter, in denen einmal Augen gesteckt hatten. Keine gotische Kathedrale, und hätten vor ihr auch die schrecklichsten Fratzen Wache gehalten, wäre von dem Geschrei verschont geblieben, das sich jetzt auf dieser taumelnden Gischt von Weiß näherte.

North wurde von einem letzten Energieanfall heimgesucht.

Seine Füße strampelten und traten. Er stützte sich auf seinen linken Ellenbogen. Der rechte Arm stand schief heraus. Jetzt zog und stieß er mit der linken Hand. Das Grab hielt ihn fest. Die ersten, züngelnden Arme der weißen Flut hatten die Grabkante erreicht. Die Schreie, die immer lauter und schriller wurden, nahmen jetzt Formen an, die Formen hohler Gesichter, die Totenschädeln glichen. Die äußerste Spitze des Lichts berührte North.

Er schrie nicht. Ich schrie. Sein Gesicht war nur erstaunt, seine weit aufgerissenen Augen schauten ungläubig. Ein Mann versank in seinem Wissen um das Entsetzen, in seinem Wissen um die Tatsache, dass man ihm alles nehmen würde, bis auf den Hunger, und doch wirkte er immer noch ungläubig. Während der Tage und Monate, in denen sich das Entsetzen langsam genähert hatte, während der endlosen Stunden der Trunkenheit und des Zitterns der Nüchternheit hatte nichts ihn auf das hier vorbereitet.

Ich schaute zu. Zunächst glaubte ich, das Jammern in meiner Seele gelte North, Blackbird und mir selbst. Norths Gesicht fiel von einem Schock der Offenbarung in den nächsten. Eine Decke von Weiß hatte ihn eingehüllt. Er schrie und jammerte und schrie. Jeder Schrei zog ihn tiefer in das entsetzliche Meer des Verlorenseins. Kein Tod, sei es auch der Tod durch Napalm, eine Kreuzigung oder eine Hexenverbrennung, konnte so furchtbar sein wie diese Unsterblichkeit des Hungers.

Mein Jammern breitete sich aus, vom Herzen zu den Augen. Trauer füllte meinen Kopf, mein Herz, meinen ganzen Körper wie eine Wüste von Weiß.

Plötzlich verspürte ich einen Schmerz. Es war, als wäre ich von einem Floh, einer Ameise oder einem Ohrwurm gezwickt worden. Angst und Schrecken, wie ich sie noch nie erlebt hatte, breiteten sich in mir aus, denn das Zwicken hatte nicht von etwas Körperlichem hergerührt. Es war, als hätte mich eine Erinnerung gebissen, die Erinnerung an etwas Schönes, an Sonnenstrahlen, die durch grüne Blätter fallen, an das Muster von Licht und Schatten, das sie auf das Gesicht eines geliebten Menschen zeichnen. Vorbei. Verloren. Ich wich zurück und sah hinunter auf North.

So ging es ihm also in jenem Moment. Seine Erinnerungen an das Schöne wurden von ihm genommen. Die vielen Male, die er auf das Meer geblickt hatte oder in die Nebelbänke über dem Puget Sound. Vorbei. Die erhabene Majestät des tiefen Waldes, der ihn umgab, selbst die Gedanken an den endlosen Regen. Vergessen.

Sein Gesicht schien zusammengefallen, alles Menschliche war schon aus ihm entwichen, aber sein Mund sog immer noch Luft in sich hinein. Die Lippen waren schneeweiß. Jeden Augenblick musste der Tod eintreten.

Wieder durchfuhr mich ein heftiger Ruck. Das Entsetzen versuchte, meine Beine in Bewegung zu setzen, versuchte mich dazu zu bringen, mich in die rotschimmernde Dunkelheit zu stürzen, womöglich ins Stolpern zu kommen und in eines der leeren Gräber zu fallen.

Norths Körper war tot. Sein Unterkiefer hing lose herunter, seine Augen sahen aus wie gefrorene Scheiben, die über die weißen Wellen der Hölle hinwegstarrten, zu einem weißen Horizont hinüber. Die schlaffen Lippen, die raushängende Zunge, alles blieb jetzt bewegungslos, aber ganz aus der Tiefe dessen, was von seinem Geist noch übriggeblieben war, ließ sich noch immer seine Stimme vernehmen. Es war ein Klagen, ganz leise noch. Langsam schwoll es an, wurde lauter. Norths toter Körper beklagte seine Blindheit, seinen verzehrenden Hunger. Das Klagen wurde zu einer weißen Kreatur, zunächst war es nur eine Nadelspitze, dann eine Nadel, eine weiße Nadel.

Weiß begann sich auszubreiten. Weiße Blitze tanzten um mich herum. Das Klagen aus Norths Mund fuhr in den Himmel empor, neugeboren, suchend, jagend, gejagt.

Ich flüchtete. Ich rannte, aber ich rannte vorsichtig hinter dem

Lichtstrahl meiner Taschenlampe her. Zerbrochene Gitter ragten in die Höhe, offene Gräber lagen da wie dunkle Mäuler. Ich flüchtete vor dem Rot und dem Weiß, folgte dem Schein meiner Lampe in die Geborgenheit der undurchdringlichen Nacht. Hinter mir stiegen die weißen Lichtpunkte über den geplünderten Gräbern auf wie der Umhang eines archaischen Hexenmeisters.

Als ich den Waldweg betrat, beherrschte den Friedhof ein infernalisches Durcheinander von Schreien und Wehklagen. Die Geister verwüsteten die bereits verwüsteten Gräber.

Der indianische Friedhof lag vor mir, schwarz wie Blackbirds Haut, ruhig wie Blackbirds Entschlossenheit. Über diesen etwas ebeneren Grund liefen kleine Rinnsale von Wasser, nasse Tannennadeln bildeten einen angenehm nachgiebigen Untergrund für meine Füße.

Ich rief nach Blackbird, als ich den indianischen Friedhof betrat. Hinter mir, auf dem schmalen Streifen Himmel über dem Waldpfad, schien es, als würden hier und da schneeweiße Wolken vom Wind in die Unendlichkeit getrieben.

Blackbird antwortete nicht sofort. Beinahe hätte ich die Taschenlampe ausgeschaltet. Sie machte mich zu einem Ziel. Als Blackbird endlich antwortete, klang seine Stimme unterdrückt. Ich bahnte mir durch die stillen Gräber hindurch meinen Weg zu ihm. Seine Stimme hatte sich ruhig angehört. Ich war nicht ruhig, und einen Moment lang dachte ich, die kochenden, weißen Wolken hinter mir müssten die Wolken meines Wahnsinns sein.

Blackbird kniete neben den dunklen Umrissen des toten Pferdes. Blut hatte sich auf dem Teppich aus Tannennadeln ausgebreitet, eine große, weiße Schnecke saß am Rande dieses Sees. Blackbird nahm sie auf, betrachtete sie, dann schleuderte er sie in die Dunkelheit. Seine Stimme war voller Trauer, aber für mich waren das viele Blut und der Kadaver des Tieres ein Trost. Mitten in diesem ganzen Wahnsinn waren wenigstens die Pistolenkugeln wirklich gewesen.

»Tot«, sagte Blackbird. Ich weiß nicht genau, ob er North meinte oder sein Pferd.

»Vorbei.« Meine Stimme klang so, wie unsere Stimmen nach einem Gefecht im Dschungel geklungen hatten. Man hatte sich Fragen gestellt, hatte sich gegenseitig versichert, dass aus der unmittelbaren Umgebung keine Gefahr mehr drohte.

»War ganz schön hart für ihn, oder?«

»Es war furchtbar«, antwortete ich. »Schlimmer, als er es verdient hat.«

»Nein, das war es nicht«, sagte Blackbird. »Ich wünsche ihm, dass er wie ein Schwein am Spieß über offenem Feuer geröstet wird.«

»Darüber wäre er glücklich gewesen. Es war viel schlimmer.«

»Ja, ja«, erwiderte Blackbird, »das sagt sich so leicht dahin.«

»Du warst nicht dabei.«

»Nein«, sagte Blackbird, »aber ich habe den ganzen Krawall mitangehört.«

Ich knipste die Taschenlampe aus, um die Batterien zu schonen. Keine Höhle der Welt war so dunkel wie dieser Wald. In dieser Dunkelheit war die erhabene Kraft dieses Friedhofs beinahe körperlich spürbar. Eine Frage kam mir in den Sinn. Warum hier diese stille Kraft, wo doch nur ein Stückchen hügelaufwärts Zerstörung und Chaos herrschten?

»Was für eine Hölle haben eigentlich die Indianer?« Wahrscheinlich stellte ich Blackbird diese Frage, vielleicht aber auch dem Friedhof.

»Das hängt von den Indianern ab. Schnaps. Schlechte Träume. Ein bisschen Tuberkulose.«

»Du weißt genau, was ich meine.«

»Vor allem versuchen sie, nicht darüber nachzudenken«,

antwortete Blackbird. Die Nachwirkungen eines Gefechts sind immer dieselben. Man redet wenig. Für Tränen ist kein Platz. Was soll ein Mann schon tun? Schreien? Schreien hilft nicht. Das hast du schon während des Gefechts versucht. Manchmal schreien die Männer im Schlaf.

»Ich kannte mal einen Burschen«, kicherte Blackbird, und das Kichern hörte sich nicht besonders gesund an, »der musste sein Pferd begraben. Also grub er ein Loch.« Blackbird lachte nicht etwa über seine Geschichte. Vielleicht lachte er über sich selbst, über seine Erinnerungen. »Nur, als er das Loch endlich gegraben hatte, war die Leichenstarre bereits eingetreten. Die Beine guckten aus dem Loch heraus.« Das Kichern war eigentlich kein Kichern, es war aber auch kein Schluchzen. Ich hatte so etwas früher schon mal gehört, aber das war schon viele Jahre her. Keine Macht der Welt hätte mich bewegen können, die Taschenlampe wieder anzuknipsen. Blackbird kämpfte mit seiner Gram.

Blackbird hätte mich so schnell töten können, dass ich nicht einmal mitgekriegt hätte, dass ich getötet werde.

»Also ging er in einen Metzgerladen«, setzte Blackbird seine Geschichte fort, »und borgte sich eine Knochensäge aus. Er sägte die Beine einfach ab und warf sie in das Grab. Jetzt passte das Pferd gut hinein.«

Wir saßen in der Dunkelheit. Freunde. Männer, die damit beschäftigt waren, sich gegenseitig das Leben zu retten. Männer, die einander etwas schuldig waren. Das zumindest war wahr, wenn die Leben, an die sie sich klammerten, noch ein paar Erinnerungen enthielten, die nicht vom Feuer versengt worden waren.

»Ich werde dir beim Graben helfen«, sagte ich. »Wir werden die Beine einknicken, bevor die Leichenstarre eintritt.«

»Ich wäre dir sehr dankbar. Sowie es hell wird, werden wir uns Spaten holen. Wir müssen uns beeilen. Wer auch immer North findet, er wird lauthals nach den Cops schreien.«

Ich dachte an das Gesetz, an die Dunkelheit, an die Geschichte. Erinnerungen an ein nasses Land, Erinnerungen an Schreie, an Fallschirme, an gelbe Gesichter, an weißgescheuerte Knochen, die von den Hügeln heruntergewaschen werden, an das Lächeln Buddhas.

Ich würde meine 38er in einen Fluss schmeißen müssen.

Ich dachte an Miss Molly und hoffte, dass es ihrem Vater besser ging. Dann hoffte ich, dass er tot wäre. Ich entdeckte, dass ich Miss Molly nicht besonders mochte. Die Gedanken schossen mir kreuz und quer durch den Kopf. Ich dachte an all die lieben, netten Menschen. Keinem von ihnen würde ich mehr trauen. Nur noch Blackbird würde ich vertrauen, denn Blackbird konnte das Spiel spielen, ohne zu kommandieren oder das Spiel zu kaufen oder auch nur zu applaudieren.

»Gefällt es dir, wahnsinnig zu sein?«, fragte ich Blackbird.

»Es gefällt mir nicht, aber alles andere gefällt mir noch weniger.«

»So geht's mir auch«, kicherte ich. »Du hast die Gesundheit des Wahnsinns, ich habe das Gesetz.«

»Ich weiß sehr viel über die Indianer«, sagte Blackbird, »und ich weiß alles über Pferde.«

Wir knickten die Beine des Pferdes ein, dann setzten wir uns auf die nassen Tannennadeln und lehnten uns gegen die eingeknickten Beine. Die Leichenstarre setzte ein. Wir fühlten uns sicher in der Dunkelheit, selbst der Wind, der gegen die Küste, die Berge und die Wälder anrannte, er konnte uns hier nichts anhaben.

Für uns war die Dunkelheit kein Fluch. Wir saßen da und warteten auf das erste Licht des Morgens über den Baumkronen. Wir saßen nur da und warteten den Rest der Nacht ab. Hier waren wir sicher vor den schrecklichen Lichtern einer weißen, klagenden Welt.

Jack Cady
Inagehi

Auf dem Weg zum wahren Selbst

In »Inagehi« kehrt eine junge Cherokee-Frau nach langer Abwesenheit in ihre alte Heimat zurück, um die Mysterien um den Tod ihres Vaters aufzuklären. Die Geheimnisse mit denen sie dabei konfrontiert wird, verändern ihre Sicht der Welt …

Dieses überaus faszinierende Werk von Jack Cady spielt im North Carolina der 1950er Jahre und ist Krimi, spirituelle Erfahrung und klassische Tragödie in einem.

»Inagehi« war in der Endauswahl zum Philip K. Dick Award und gilt, unter Kennern, als Klassiker der fantastischen Literatur!